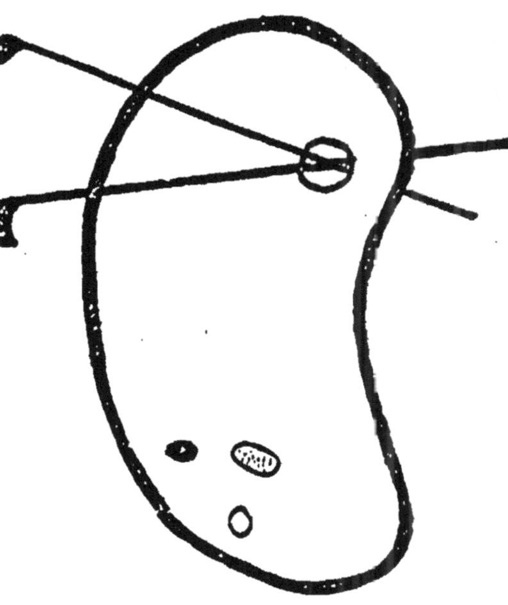

ALEXIS TROUVÉ

ARTICLES POLITIQUES

(DE 1887 A 1891)

NICE
IMPRIMERIE DE L'ÉCLAIREUR
27, Avenue de la Gare, 29

1908

UN MOT

Les articles qui composent ce volume ont été écrits il y a un peu plus de vingt ans, à l'âge des juvéniles ardeurs et des douces illusions.

Vingt ans! Que d'événements se sont produits depuis, qui ont fait oublier ceux de cette époque agitée, déjà lointaine, où pouvait sombrer la France!

Nous vivons dans un tourbillon, et je sais que les choses passées sont des choses mortes!

Je sais que le présent seul intéresse et retient l'attention.

Si donc j'ai réuni ces feuilles éparses et vieillies, auxquelles je n'ai rien voulu changer, bien que mes opinions d'alors ne soient plus toutes mes opinions d'aujourd'hui, c'est parce qu'elles me rappellent mes enthousiasmes d'autrefois, enthousiasmes que la connaissance et la pratique des hommes ont d'ailleurs quelque peu refroidis.

C'est parce qu'elles firent dans ma mémoire les émotions intenses des heures enflammées vécues dans la fièvre des batailles.

C'est enfin parce que j'ai le culte du souvenir, et que dans ces pages, est enveloppé un morceau de ma vie.

A. TROUVÉ.

1ᵉʳ Mai 1908.

BIOGRAPHIE

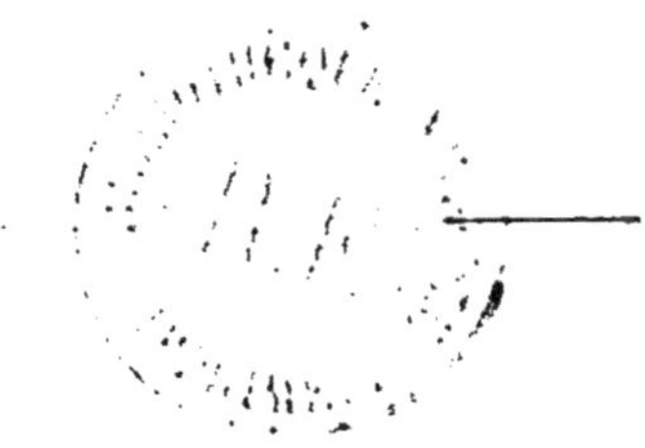

Le Midi Colonial, de Marseille, a publié dans son numéro du 19 Janvier 1907, sous la signature de son Directeur, l'article suivant, que je demande la permission de reproduire en tête de ce volume :

« Dans la dernière promotion de la Légion d'honneur, j'ai particulièrement été heureux de voir le nom de M. Alexis Trouvé, le très sympathique et très distingué secrétaire général de l'Agence Havas, dont les constants rapports avec la presse sont si aimables et si cordiaux.

« Vivace, comme s'il datait d'hier, m'est apparu le souvenir d'un voyage charmant que nous fîmes en 1897, en Tunisie, à l'occasion de l'inauguration du port de Sfax, accompagnant MM. Darlan, ministre de la Justice, Boucher, ministre du Commerce et Cochery, ministre des Finances.

« M. A. Trouvé, mon ami Paul Vivien, président de la Presse Coloniale Française et les quelques journalistes qui étaient à bord, formèrent un petit groupe intime, ce qui rendit des plus agréables la traversée. J'en ai gardé la meilleure impression et en apprenant que le ruban rouge avait été attaché à la boutonnière du secrétaire général de l'Agence Havas, j'ai voulu être des premiers à lui adresser mes félicitations.

« Toute la presse française a complimenté le nouveau légionnaire, et cet unanime concert d'éloges démontre combien le ministre a été heureux dans son choix. Fils de ses œuvres, ayant acquis la situation qu'il occupe par son intelligence supérieure, son travail et ses brillantes qualités, Alexis Trouvé est certainement une des personnalités les plus aimées parmi les journalistes.

« Né au Chamblac (Eure), le 24 Janvier 1853, fils de modestes cultivateurs, qui ne purent lui faire donner qu'une instruction très rudimentaire dans une école de village, il fit, comme volontaire, la campagne de 1870-71, et après un labeur acharné de plusieurs années pour compléter une instruction à peine ébauchée, après des jours difficiles, pénibles même, il débuta dans le journalisme en 1885, en qualité de correspondant de nombreux journaux de province, parmi lesquels le *Petit Marseillais*, le *Petit Méridional*, le *Lyon Républicain*, le *Petit Nord*, la *Dépêche de Nancy*, etc., etc. Il collabora pendant sept ans à un grand journal d'outre-mer auquel il envoyait des chroniques politiques qui obtinrent un succès très vif.

« M. Alexis Trouvé entra, en 1890, à l'*Agence Havas*, comme petit employé. Dès le début de l'année suivante, il était appelé au secrétariat de cette grande administration dont, deux ans plus tard, il devenait le secrétaire général, poste qu'il occupe depuis lors.

On sait quelle besogne délicate il comporte. Dans

ses fonctions, M. Alexis Trouvé est en rapports constants avec le grand public et l'universalité de la presse française, auprès de laquelle il jouit d'une considération et d'une estime justement méritées.

« Comme je l'évoquais au début de ces notes rapides, M. Trouvé, en 1897, accompagna en Tunisie les ministres du Commerce, des Finances et de la Justice, à l'occasion de l'inauguration du port de Sfax. Il a rapporté de ce voyage un petit volume d'impressions qui n'a pas été livré à la publicité.

« Le nouveau chevalier de la Légion d'honneur est un modeste et un timide, mais c'est aussi un caractère, et s'il jette un regard en arrière, il peut être fier du chemin parcouru depuis le jour où, petit écolier en blouse et en sabots, il cheminait enfant, à travers les plaines normandes !

« M. Trouvé est membre de l'Association des Journalistes Parisiens et Syndic de la Presse Coloniale Française. Officier, commandeur ou grand officier de nombreux ordres français et étrangers, il a reçu le ruban rouge dans la promotion du 1er Janvier 1907, à la satisfaction générale et aux applaudissements unanimes de la presse française. »

A. HUGUES.

LETTRES DE FRANCE[1]

---

30 Juin 1887.

Il n'y a pas à se le dissimuler, la France traverse en ce moment une crise politique extrêmement grave.

Notre grand parti républicain s'émiette et la division s'accuse tous les jours davantage dans son sein.

Tout se ressent de l'instabilité des choses et des hommes, et le jour n'est pas loin où la réaction, que l'on croyait morte, relèvera la tête.

Nous en avons la preuve dans les élections récentes où les candidats républicains n'ont obtenu que des majorités de quelques voix.

Ce sont là des avertissements auxquels on ne peut se méprendre et qui sont d'autant plus significatifs qu'ils ont été donnés par des départements où l'élément progressiste avait toujours triomphé sans peine.

On accuse notre nouveau ministère de pactiser avec la Droite, sans le concours de laquelle il ne saurait vivre longtemps. J'ignore ce qu'il y a de vrai dans cette assertion, mais

(1) Articles publiés dans le journal *Le Peuple* (Antilles).

ce qui est certain, c'est que le coup de barre a été donné de ce côté et que les opportunistes, avec M. Ferry pour chef, tiennent maintenant les ficelles dans la coulisse.

C'est donc bien, d'une façon déguisée, la rentrée en scène des hommes du Tonkin, si sévèrement condamnés aux élections d'octobre 1880. Dans ces conditions, aucune majorité de gouvernement n'est possible, et la dissolution dont on nous menace timidement ne remédierait à rien. Ce serait au contraire une grosse partie, dans laquelle l'existence même de nos institutions pourrait être sérieusement menacée, car le public est las d'un régime parlementaire qui a beaucoup promis et très peu tenu.

Mais, dans cette lutte des partis et cette guerre de plume que nous déplorons, il y a quelque chose de particulièrement attristant : ce sont les attaques violentes auxquelles des publicistes distingués se livrent depuis quelques jours envers le chef de l'Etat dont ils amoindrissent le prestige et compromettent l'autorité. Quelques extraits d'un de ces articles que je trouve dans *Le Paris*, sous la signature de M. Charles Laurent, vous donneront une idée de la campagne entreprise dans la presse, même modérée, contre M. Grévy dont le caractère si grand et si digne n'avait jamais cessé d'être respecté :

. . . .

« Le ministère que vous avez formé paraît devoir lutter énergiquement contre les germes de maladie et de mort que vous avez insoucieusement déposés dans son sein. Il se raidit contre la protection de la *droite* que vous lui avez imposée. Echappera-t-il aux conséquences de vos compromissions ? Se dégagera-t-il des liens dans lesquels vous l'avez enlacé ? Il y tâche, voilà ce qui est certain, mais les circonstances sont plus fortes que les hommes : ceux que vous avez choisis ne pourront peut-être pas triompher de celles que vous avez créées.

« En tout cas, vous avez repris à moitié votre belle sérénité. Deux questions graves seulement restent pour vous pendantes : que fait le général Boulanger ? qu'a fait M. Wilson ?

« Le général, qui est régulièrement en congé à Paris, vous

le faites espionner comme jamais M. de Mac-Mahon ne fit surveiller Gambetta ou Emile de Girardin pendant le 16 Mai.

. . . .

« Vous vous cachez au moment où se montre un personnage dont les services ont cessé de plaire à votre nonchalance.

« Vous manquez injurieusement de confiance dans le loyalisme de l'armée comme dans le civisme de la population.

« Cela est piteux, Monsieur le Président.

« Je sais bien qu'il vous reste à peine assez de temps pour sauver de la calomnie la réputation de votre gendre. Entre temps, vous oubliez votre pays ; mais c'est une tradition de votre maison que le pays doit être content quand les vôtres sont pourvus. Quand Auguste avait bu, la Pologne était ivre ; quand Grévy n'a plus de souci, la France doit être satisfaite.

« Votre carrière, si prodigieusement heureuse, puisque sans avoir jamais rien risqué vous avez tout obtenu, votre carrière a besoin de la consécration suprême qui lui manque encore : celle de l'affection populaire. Méritez-la et souvenez-vous qu'elle s'accorde toujours en France à la droiture, à la générosité, au courage. »

Il ne serait pas étonnant que cette campagne ouvrît à bref délai une crise gouvernementale, car on dit M. Grévy très affecté et très découragé de ces attaques réitérées qui trouvent beaucoup d'écho dans les masses.

Ce qu'on reproche surtout au Président, c'est d'avoir *voulu, sur la demande formelle de l'Allemagne,* le remplacement du général Boulanger au ministère de la Guerre, ce qui peut paraître une faute à cette heure précise d'imprévu et de périls ; mais la haute personnalité du chef de l'Etat n'en devrait pas moins, toujours et quand même, rester en dehors des atteintes de la critique et planer au-dessus de nos malheureuses dissensions.

——✳——

Aurons-nous ou n'aurons-nous pas la guerre ! telle est la redoutable question que tout le monde se pose en France depuis le fâcheux incident de Pagny, où Bismarck s'est si maladroitement démasqué et compromis aux yeux de l'Europe stupéfaite.

On ne saurait, certes, trop répéter que nous sommes pour la paix, et nous l'avons prouvé ; mais, pour la paix digne et fière, telle qu'il convient à une grande nation dont le drapeau compte plus de victoires que de défaites.

Cependant, si, comme tout l'indique, l'orage doit éclater et qu'il nous faille repousser d'injustes agressions, eh bien ! la France se défendra, car elle est prête.

Elle est prête, grâce au patriotisme et à l'énergie du jeune général qu'une coterie parlementaire a fait *momentanément* descendre du pouvoir, malgré la volonté du pays qui l'acclame.

N'est-ce pas, en effet, le général Boulanger qui a fait l'armée ce qu'elle est ? qui l'a organisée, qui l'a réveillée, et, avec elle, la France tout entière ?

Si l'heure du danger venait à sonner, on verrait quelle œuvre considérable a été accomplie à l'insu de l'opinion publique ; on verrait surtout ce qui a été fait pour déjouer l'irruption subite que les Allemands se targuent de réserver à notre frontière.

Oui, que nos ennemis le sachent bien, nous sommes forts, et par les armes et par la confiance profonde que nous avons dans l'issue des luttes futures. Nous pouvons donc, sans faiblesse comme sans jactance, regarder du côté du Rhin et attendre avec calme les événements gros d'orages qui s'y préparent.

On discute en ce moment dans nos Chambres la loi militaire élaborée par l'ancien ministre, partisan du service de trois ans et de la suppression du volontariat. Dès à présent, il est facile de prévoir que cette loi sera votée à une grande majorité par nos députés, mais le Sénat paraît moins bien disposé.

L'enrôlement des séminaristes dans l'armée, *adopté par la Chambre*, sera aussi un débat très mouvementé au Luxembourg.

Paris, 12 Juillet 1887.

Les rapports entre la France et l'Allemagne se tendent de plus en plus.

Après l'affaire de Pagny, le procès de Leipzig, où plusieurs de nos compatriotes, coupables d'avoir envoyé leur obole à la *Ligue* et gardé l'espérance sur une terre asservie, viennent d'être odieusement condamnés à l'emprisonnement dans une forteresse.

L'Alsace, cette terre fidèle, n'est plus qu'un réduit où le citoyen français ne peut plus mettre un pied sans trembler pour son honneur et sa liberté.

Les perquisitions, les emprisonnements, les expulsions se multiplient ; les ruines s'amoncellent, tout le monde est suspect, et la terreur avec la misère règnent maintenant d'un bout à l'autre de ce pays infortuné.

Devant les souffrances stoïquement supportées de nos frères du Rhin, nous devons faire taire notre douleur et attendre de sang-froid les évènements de l'avenir.

Il faut qu'aux provocations calculées de l'Allemagne nous continuions d'opposer le calme réfléchi qui nous a valu, dans des circonstances récentes, les sympathies de l'Europe.

Il faut qu'à tout prix, le droit, cette force morale, reste de notre côté.

Et, si nous sommes attaqués ou qu'une insulte directe nous oblige à sortir de notre position expectante, on saura qui a cherché, qui a voulu la guerre.

Nous espérons qu'alors les guidons des différents partis seront tous tricolores, que les querelles intestines se tairont et que le grand drapeau des gloires françaises flottera sur les discordes apaisées.

En attendant, les travaux de défense sont poussés avec une fiévreuse activité de part et d'autre.

Chez nous, l'on s'attend à une attaque de l'Allemagne par la Belgique, dont le territoire serait violé avec le consentement tacite du Gouvernement Belge.

La question est de savoir si les Gouvernements étrangers laisseront faire.

✳

L'action combinée de la diplomatie française et russe vient de faire échouer le projet de confiscation de l'Egypte par l'Angleterre. *Le Sultan n'a pas ratifié la convention Anglo-Turque* qui devait ajouter un nouveau fleuron à la couronne de sa Très Gracieuse Majesté.

Rappelons les faits :

Il y a cinq ans, l'Angleterre est intervenue en Egypte sans raison plausible. Le Sultan a protesté et les puissances n'ont rien dit. Mais, depuis, ces mêmes puissances ont reconnu que la France était la plus intéressée dans la question, et elles ont attendu la fin des pourparlers engagés entre Paris et Londres. L'Angleterre a alors soumis au Sultan une convention par laquelle il abandonnerait à cette puissance la moitié de sa souveraineté nationale et la totalité de sa souveraineté effective sur l'Egypte. Depuis, la France a fait tous ses efforts pour décider le Sultan à ne pas accepter de compromettre ainsi l'intégralité de son empire. L'Angleterre, qui avait consenti à attendre d'abord jusqu'au 27 juin, puis jusqu'au 4 juillet la réponse du Sultan, a laissé le protocole ouvert jusqu'au départ de son plénipotentiaire. Si la convention avait été signée, l'Angleterre aurait reçu une sorte de blanc-seing de la Turquie. Le fond de la question, c'est que la perfide Albion ne veut pas s'en aller. Avec la convention, elle s'engageait à partir dans trois ans, *avec la faculté de retourner si elle le jugeait utile :* sans la convention, elle reste où elle est, mais alors elle devra compter avec la France et la Russie qui, seules, ont des intérêts majeurs en Egypte, et qui l'obligeront bientôt, hélas ! à reprendre le chemin de son île nébuleuse.

Peu nous importe la colère de John-Bull. La rage froide de nos aimables voisins doit céder devant le droit appuyé par la force. L'édifice élevé péniblement par la perfidie et la cruauté ne sera donc pas couronné. Cela prouve que la patience humaine a des bornes et que l'égoïsme anglais finira bien par trouver son châtiment.

Bojé Tsara Krani ! Dieu protége le Tsar ! Nous sommes avec lui et nous saurons ensemble abaisser un pavillon que nous avons toujours trouvé derrière toutes nos amertumes.

Pendant que la Russie s'avance vers l'Inde, qu'elle menace, l'Irlande gronde sourdement et le vote par le Parlement du

crimes bill sera peut-être le signal d'une violente insurrection.

Pauvre peuple, que la famine, les maladies, les injustes
violences, l'exception brutale soutenue par les baïonnettes,
la prison, l'incendie ont réduit au désespoir !

1.225.000 individus morts de faim. — 4.186.000 obligés
d'émigrer par misère. — 3 668.000 expu'sés de leurs chau-
mières faute de pouvoir payer leurs loyers, telle est la
lugubre statistique qui résulte des rapports officiels établis
pour les cinquante dernières années. N'est-ce pas navrant ?

C'était bien la peine qu'O'Connel saluât l'avènement de la
Reine Victoria comme l'aurore de l'émancipation de l'Irlande !

Pauvre Italie aussi, qui ne comprend pas combien est
odieuse son attitude hostile, combien est vide l'alliance
allemande !

Si nous déplorons cette attitude, nous n'en sommes pas
moins humiliés pour elle du rôle que joue son gouvernement à la remorque de ceux qui l'ont lié à leur destinée
politique par des promesses aussi fallacieuses que vaines.

Elle devrait pourtant se rappeler que c'est avec le sang
des nôtres que s'est faite son unité !

·❀·

Notre ciel parlementaire s'obscurcit, il y a des éclairs à
l'horizon.

L'attaque va commencer.

Une interpellation est imminente. Quel en sera le dénouement? Peut-être la chute du ministère.

Déjà M. Laisant a ouvert le feu en quittant la Commission
de l'armée dont il était le président.

Et cela, parce que le premier paragraphe de l'article 49
de la loi militaire a été repoussé par la Chambre.

Cet article était ainsi conçu:

« Les jeunes gens qui, après deux ans de services sous les
drapeaux, justifieront d'une éducation et d'une instruction
militaire suffisantes, pourront être renvoyés en congé illi-
mité dans leurs foyers, dans une proportion qui sera fixée
par le ministre de la Guerre sur tout l'effectif du contingent

incorporé. Parmi ces jeunes gens, la désignation de ceux qui devront être renvoyés dans leurs foyers aura lieu par voie de tirage au sort dans chaque corps. »

Le service *effectif* sera donc de *trois ans*, et l'égalité absolue.

Nous nous en réjouissons, car c'est le seul moyen d'avoir une armée forte, capable de faire face à toutes les éventualités.

Le général Boulanger a quitté Paris le 8 juillet, pour se rendre à Clermont-Ferrand prendre le commandement de son corps d'armée.

Jamais Paris n'avait assisté à une aussi imposante manifestation patriotique.

A un certain moment, cette manifestation a véritablement pris des proportions inouïes.

Vingt mille personnes attendaient le général à la porte de l'hôtel du Louvre où il avait ses appartements. A sa sortie, les applaudissements ont éclaté et un immense cri de: « Vive la République! Vive Boulanger! » s'est échappé de toutes les poitrines.

De vigoureuses acclamations l'ont accompagné sur tout le parcours. On agitait les mouchoirs, les chapeaux; des fleurs tombaient de toutes les fenêtres.

En arrivant à la gare, le général a été enlevé, porté en triomphe par la foule en délire qui, dans son élan formidable, a renversé les barrières, brisé les portes des salles d'attente et envahi les quais en poussant de frénétiques vivats.

Pendant deux longues heures, le service a été complètement interrompu.

Tous les trains ont été pris d'assaut. La toiture des wagons, les marche-pieds étaient noirs de monde. Il y avait des manifestants jusque sur les locomotives. D'aucuns s'étaient couchés sur les rails pour empêcher le départ du train !

150.000 personnes au moins assistaient à cette manifestation sans précédents.

Vers 11 heures, des désordres graves ont eu lieu sur la place de la Bastille. Un café a été saccagé, de véritables charges ont eu lieu et l'on a pu craindre un instant une émeute dont les conséquences eussent pu être sérieuses.

La réception officielle du général à Clermont a revêtu le même caractère d'enthousiasme. Les paysans si apathiques de l'Auvergne étaient descendus en foule des montagnes pour faire accueil à celui dont le portrait figure jusque dans la plus misérable chaumière du plus humble hameau. Crions: « Vive Boulanger ! » disait l'un d'eux, parce que Boulanger c'est l'espérance !

En arrivant, le général ayant appris qu'on voulait élever des arcs de triomphe, s'y opposa formellement: « On élève, dit-il, des arcs de triomphe aux généraux qui reviennent vainqueurs ou aux Césars. Il ne m'a pas été donné jusqu'ici d'être un des premiers, *et je ne serai jamais l'autre* ».

Ces événements auront un grand retentissement en Europe.

Je dirai pourquoi dans une prochaine correspondance.

Le gouvernement est très inquiet. On redoute pour le 14 Juillet une manifestation de la population parisienne contre M. Grévy et le Ministère.

A qui la faute ?

                                        5 Août 1887.

Les deux plus graves événements survenus en Europe depuis ma dernière correspondance sont incontestablement la mort de M. Deprétis, Président du Conseil des Ministres d'Italie, et celle de M. Katkoff, le grand patriote-publiciste russe.

M. Deprétis était un homme d'État remarquable, souple, conciliant et prudent. C'est lui qui prépara l'entrée de Victor-Emmanuel à Naples, et qui aida le plus à l'annexion du Piémont à l'Italie.

Il fut le successeur de Cavour et le continuateur heureux de sa politique. Avec lui disparaît la tradition Piémontaise et l'Italie va désormais appartenir aux jeunes, avec M. Crispi pour chef.

M. Crispi n'est pas un ennemi de la France.

Malheureusement, l'influence germanique est grande dans l'entourage du roi Humbert, et il est à craindre que l'ancien ministre, M. de Robillant, partisan fougueux de l'alliance allemande, reprenne le pouvoir et cherche à se débarrasser d'un homme qui est soupçonné d'avoir quelques sympathies pour nous.

Cette hypothèse paraît d'autant mieux fondée que M. de Robillant se trouve actuellement à Berlin où il s'est rencontré plusieurs fois déjà avec le Prince de Bismark.

Le moment choisi pour ce voyage indique assez qu'il ne s'agit pas d'une simple promenade de courtoisie.

·❋·

Après Skobeleff, Katkoff !

La mort du grand apôtre du Slavisme est un deuil national pour la Russie et une perte cruelle pour la France.

Nous n'oublierons jamais, en effet, que Katkoff a protesté bien haut contre l'inaction de son pays en 1870. Cet homme aimait la France de toute son âme.

C'est grâce à lui qu'un rapprochement, maintenant définitif, a pu s'opérer entre les deux gouvernements, et il est mort avec la conviction que sa politique sera désormais suivie par le Czar dont il était le confident et l'ami.

« Le colosse Allemand, disait récemment Katkoff à un de nos hommes politiques, n'est si haut placé en Europe que parce qu'il se tient debout sur les épaules complaisantes et résignées de la France et de la Russie. »

Et il ajoutait : « Nous n'aurions qu'à nous écarter tous deux de lui pour qu'il tombe ; qu'à nous rapprocher tous deux l'un de l'autre, pour qu'il ne se relève plus. »

Katkoff vivra dans notre souvenir aussi longtemps qu'il y aura une France.

·❋·

En Russie, les expulsions des sujets allemands continuent en masse. A *Wreschen* est arrivée il y a quelques jours une colonie de cinquante familles jetées hors du territoire sans avoir eu même le temps de réaliser leur modeste avoir.

C'est un spectacle fréquent depuis que le Czar se débarrasse de l'élément allemand. Les trains venant de l'extrême frontière Orientale de la Prusse, comptent tous deux ou trois wagons de quatrième classe bondés d'expulsés. Ils ne passent

ni par *Varzin* ni par *Friedrischsruche*, mais le chancelier
sait néanmoins le nombre des lamentables convois dont
chacun est une insulte à sa puissance.

Depuis quelque temps, le terrible ministre de l'Empereur
Guillaume est en proie à une colère formidable, mais il
n'ose pas, malgré tout, recourir à *« l'ultima ratio »*.

A titre de représailles, il s'est contenté de faire ouvrir par
sa presse semi-officieuse une campagne effrénée contre les
valeurs russes.

Comprenant que le moment n'est pas éloigné où une
alliance *étroite* unira les destinées des deux grandes puissances qui enserrent l'Allemagne, il fait des efforts déses-
pérés pour affaiblir chacune d'elles. A la France, il vient
d'enlever l'Exposition Universelle ; à la Russie, il veut ôter
le nerf de la guerre, l'argent.

Le marché allemand s'est déjà débarrassé de plus de
quatre-vingts millions de marks, et nous ne sommes qu'au
début des hostilités.

Les valeurs dépréciées sont, parait-il, rachetées à vil prix
par des agents du Prince qui pense arriver ainsi à tenir dans
sa main la clef de la position financière de la Russie.

On dit que le Gouvernement Autrichien, sous la pression
du cabinet de Berlin, va prendre des mesures analogues
contre le papier russe.

L'Angleterre entrerait également dans la coalition, et le
baron de Rotschild aurait déjà fait plusieurs voyages suspects à Londres et à Berlin, où il aurait longuement entretenu le comte Herbert de Bismarck de ses projets avec la
Banque d'Angleterre.

Or, aujourd'hui, qui touche à la Russie touche à la France,
et il vaut bien la peine que nous suivions d'un œil attentif
les agissements du Chancelier.

C'est ce qu'on fera.

⁎

La Reine d'Angleterre vient de passer la revue de sa flotte
à *Spithead*. La plupart des cuirassés qui ont figuré à cette
revue étaient armés de canons se chargeant par la bouche,
c'est-à-dire d'une artillerie qui n'a ni la puissance ni l'effi-

cacité des canons se chargeant par la culasse, seules pièces en service à cette heure dans toutes les marines.

La marine anglaise a encore beaucoup à faire pour être en possession d'une artillerie comparable à celles dont disposent la France, l'Allemagne et la Russie. Sur vingt-cinq cuirassés que cette bonne vieille a exhibés, *vingt* sont d'ancienne construction, la moyenne de *treize* nœuds, vitesse considérée aujourd'hui comme insuffisante pour le moindre navire de combat.

Pour comble de malheur, plusieurs accidents sont arrivés la veille de la revue. La *Dévastation* faisait eau à raison de 240 tonnes par jour. L'*Azincourt* et le *Black-Prince* se sont abordés, et le yacht que montaient la Reine et le Prince Impérial d'Allemagne avait lui-même subi des avaries.....

Le métal employé pour la fabrication des canons est mauvais. A différentes reprises, des pièces ont éclaté, tuant et blessant beaucoup de monde. La puissance de l'Angleterre ne serait-elle donc faite que de prestige ?

On le croirait volontiers en lisant le discours que vient de prononcer Lord Randolph Churchill, à Wolverhampton :

« Les cuirassés sont mal construits et mal armés, dit-il ; les canons éclatent ou ne supportent pas la charge. Il est prouvé qu'un bon tiers des bombes qui ont été lancées sur Alexandrie n'ont pas éclaté et que la construction de plusieurs des vaisseaux de guerre a été si mal comprise que, quand ils ont leur complet de charbon à bord, ils ne peuvent plus naviguer et que les blindages se trouvent submergés au lieu d'être à fleur d'eau. »

Mais la manifestation navale de *Spithead* a eu un but politique ; on a voulu frapper l'imagination des princes Indiens venus du fond de l'Asie pour assister au jubilé de la Reine d'Angleterre. Sous ce rapport au moins, on a réussi, car les hurrahs des marins anglais retentiront jusqu'aux confins de l'empire Britannique.

·#·

Voilà une affaire faite.

Le projet sur l'expérience de mobilisation a été voté par la Chambre et par le Sénat à une grande majorité.

On nous faisait un épouvantail de l'Allemagne qui ne laisserait pas passer de la théorie à la pratique. On nous répétait sur tous les tons que nos voisins rappelleraient leur ambassadeur, que nous allions droit à la guerre, etc., etc.

Le Gouvernement allemand n'a rien dit, absolument rien, et il a bien fait.

Il eût d'ailleurs été malvenu à se plaindre, car n'est-ce pas plus qu'un essai de mobilisation qui a été opéré par une partie de l'armée allemande en Alsace-Lorraine à la suite du vote du Septennat militaire ?

Mais il y aura toujours des timorés qui, sous prétexte de *prudence patriotique*, seront prêts à toutes les platitudes.

La mobilisation se fera donc, l'opinion publique la réclamait impérieusement et fort logiquement.

On a bien fait de lui donner satisfaction.

Si l'opération ne réussit pas, eh bien ! on modifiera les parties du plan général qui laissent à désirer, et il sera toujours préférable d'avoir réalisé en pleine paix ces améliorations, au lieu d'attendre que de grandes lacunes viennent compromettre le début des hostilités en cas de guerre.

Si l'opération réussit, la France verra s'accroître considérablement sa confiance dans la valeur de ses moyens de défense.

C'est ce que nous voulons.

· # ·

Une petite statistique de circonstance pour finir :

Il y a en ce moment *trois millions cinq cent soixante mille hommes* sous les armes sur le continent.

Il y en aura *douze millions quatre cent cinquante-cinq mille* au premier coup de canon.

Ces formidables armements nécessitent une dépense de *quatre milliards six cents millions* par an.

Les dettes inscrites des puissances se sont élevées de *soixante-quinze milliards* à *cent quinze milliards* depuis 1870 ; QUARANTE MILLIARDS en dix-sept ans ! Et ce n'est pas fini.

Voilà ce que coûte à l'Europe l'homme de *Varzin*.

· # ·

La grande revue du 14 Juillet s'est passée sans incidents notables.

Mais la réception n'a pas été très chaleureuse. Nous devons même avouer que le cortège officiel a marché dans une véritable tempête de sifflets.

Il y avait un déploiement de police absolument inusité ; des régiments avaient même été appelés de Versailles, de Meaux et de Melun pour être prêts à marcher au premier signal. M. Grévy était très pâle ; il caressait nerveusement sa barbe blanchissante. A ses côtés, M. Rouvier, président du Conseil, paraissait singulièrement inquiet.

Le général Ferron, ministre de la Guerre, arrivé à la tête d'un brillant état-major, a reçu une bordée formidable de : « *Vive Boulanger !* » assaisonnés de vigoureux coups de sifflet.

Le défilé a été très réussi. Partout un ordre et une tenue admirables.

·❋·

M. Jules Ferry vient de prononcer un discours malheureux à Epinal. A la suite de ce discours dans lequel il avait traité le général Boulanger de « Saint-Arnaud de café-concert », celui-ci lui a envoyé ses témoins, avec le mandat en quelque sorte impératif d'exiger une réparation au pistolet, à la plus courte distance réglementaire admise par les codes du duel, et au visé.

Mais les témoins de M. Ferry n'ayant pas accepté ces conditions, l'affaire est restée pendante.

On croit cependant qu'elle aura un dénouement à la suite d'un arbitrage possible.

La presse commente et apprécie sévèrement l'attitude… prudente de l'ancien Président du Conseil, qui ne veut échanger qu'une balle, au commandement, à vingt-cinq pas…

·❋·

Un « *De profundis* » sur le câble des Antilles.

La Chambre vient de l'enterrer.

Ce n'est pas la faute de M. Granet, ancien ministre des Postes et Télégraphes, mais la question d'économie a prévalu.

Les Anglais ont éprouvé une vive satisfaction de cet échec car c'est, d'ici à quelques années, deux ou trois cents millions de travaux qu'ils feront à notre place, et lorsque nous aurons des dépêches à envoyer à nos Colonies, il faudra que nous en demandions la permission à nos voisins.

Ce sera donc toujours la même chose !

23 Août 1887.

Les Empereurs d'Allemagne et d'Autriche se sont rencontrés dernièrement à Gastein. Il paraît qu'à cette occasion, les Tchèques ont eu le mauvais goût de ne pas joindre leurs voix aux concerts de félicitations et de congratulations de la presse germanique qui s'en plaint vivement.

Un journal de Prague est même allé jusqu'à imprimer ceci :

« Nos représentants à la Chambre n'accorderont jamais un crédit qui puisse, dans le cas d'un conflit Russo-Allemand ou Franco-Allemand, aider l'Autriche à se joindre à l'Allemagne.

« *Nous ferons tous nos efforts pour obliger l'Autriche à garder la neutralité.* »

L'avertissement est sérieux. On fera bien de le méditer à Vienne et d'y penser à Berlin.

Sans compter outre mesure sur les sympathies de l'Autriche, nous sommes de ceux qui croient qu'elle n'a pas oublié *Sadowa* et que, le jour venu, l'attitude de cette puissance pourrait bien réserver d'amères déceptions à ceux qui, avec son concours, rêvent l'anéantissement de la France.

⁕

Un éminent publiciste des bords de la Sprée, M. Joerg, vient de faire paraître une étude aussi nette que pessimiste sur la situation de son pays.

Bien que partisan enthousiaste de la politique de M. de Bismarck, il voit des points noirs, beaucoup de points noirs à l'horizon, et il les signale avec une brutale franchise.

Bien avant la rupture des trois Empereurs, il *prophétisait* l'attitude de la Russie et engageait l'Allemagne à ne pas compter sur un allié que ses intérêts jetteraient tôt ou tard au travers de la voie suivie par le chancelier de fer. Dès 1882, il écrivait : « le Panslavisme regarde du côté de la France ; le jour où une épée luira au-delà du Rhin, l'ours moscovite posera sa griffe sur nos frontières de Pologne. »

« La France et la Russie, dit aujourd'hui M. Joerg, s'unissent dans la question Orientale comme elles se sont unies dans la question Egyptienne. Elles iront dorénavant la main dans la main. C'est le prélude de la guerre au milieu des inquiétudes de la paix. »

Et l'éminent publiciste tire de tout cela une conclusion qui n'est guère réjouissante pour l'avenir de l'Empire Allemand.

· ✻ ·

En attendant que sonne l'heure de la grande liquidation, rendue inévitable par le canon de *Sedan*, le vent de haine qui s'est élevé en Russie contre le Germanisme souffle plus furieusement que jamais.

La guerre est virtuellement engagée sur toute la frontière indécise et flottante qui sépare le monde slave du monde germanique. C'est une guerre de races qui ne prendra certainement fin que sur un champ de bataille. Du golfe de Finlande aux bouches du Danube, ce ne sont qu'arrestations, expulsions, poursuites judiciaires, procès incessants. L'exaspération y est à son comble, et des deux côtés de la frontière, on se menace et on s'injurie. Tous les théâtres, tous les cafés-concerts allemands ont été fermés, toutes les sociétés allemandes dissoutes.

On applique à nos *amis naturels* les mêmes procédés qu'ils emploient en Alsace-Lorraine. Les Russes vengent les Français.

Toutes les enseignes en langue allemande qui s'étalaient sur les devantures des magasins ont dû faire place à des inscriptions en langue russe.

Et pendant ce temps, les Français se voient ouvrir toutes les portes. A Saint-Pétersbourg comme à Moscou et dans toutes les villes de l'Empire, il suffit d'être Français pour être fêté et choyé comme un ami de la maison.

Tout est prétexte à manifestation sympathique pour la France. Et ce n'est pas seulement à la ville, c'est aussi dans la caserne et jusqu'au Palais qu'on manifeste publiquement la plus vive admiration pour notre pays. Notre ambassadeur n'a qu'à se montrer pour être l'objet d'ovations ou de manifestations amicales.

···*··

Le Roi des Belges vient, lui aussi, de jeter un cri d'alarme.

« Les guerres, a-t-il dit à l'occasion de l'inauguration de la statue de Jean Breydel, à Bruges, les guerres sont devenues foudroyantes. Ceux qu'elles surprennent sont perdus. Souffrez donc, messieurs, que je rappelle en face de ce monument la parole du chroniqueur flamand qui a chanté les exploits de nos aïeux ; le lion flamand ne doit pas sommeiller.

··· ···························· ···········

« Prenons tous ici envers nous-mêmes l'engagement solennel de ne reculer, comme ces héros, devant aucun sacrifice pour maintenir en tout temps les droits de la Patrie. »

Laissant de côté la personnalité de celui qui a fait entendre ces nobles paroles au peuple belge, nous nous empressons de constater, avec toute la presse française, que c'est là le discours d'un patriote. Mais il fait plus que d'élever les âmes en leur rappelant un passé héroïque, ce discours ; il témoigne aussi des inquiétudes que commence à inspirer à tous les États et surtout aux petits États neutres, la politique envahissante de M. de Bismarck. A ce titre, le discours du roi des Belges peut être considéré comme un véritable événement.

Décidément l'Allemagne a récolté plus d'ennemis que d'alliés au cours de ses victoires de l'année terrible.

De partout, c'est une haine profonde qui monte, monte autour d'elle.

Ayons bon espoir dans l'avenir !

··*··

M. Déroulède a déposé sur la tombe de Katkoff la couronne de la Ligue des Patriotes. « Que cette couronne dise ce que je ne dis pas », s'est-il écrié en terminant son discours.

« Honneur à Katkoff ! Gloire à la Russie ! »

Malgré la sainteté du lieu, des applaudissements ont salué ces paroles et les assistants sont venus serrer la main de l'orateur.

De Moscou, M. Déroulède s'est rendu à Nijni-Novgorood où une réception enthousiaste lui a été faite. Un banquet, auquel assistaient toutes les notabilités réunies à Nijni, lui a été offert par les marchands. Des toasts ont été portés au Czar, à la France ; on a bu « à la Ligue des Patriotes, à la gloire de l'armée russe, au triomphe commun des Russes et des Français, en tout, toujours et partout. »

M. Déroulède doit retourner à Moscou où il assistera à un autre banquet organisé en son honneur par la Colonie Française et Alsacienne-Lorraine.

La dépêche que le Czar a adressée à la veuve du grand patriote est considérée en Allemagne comme un acte d'une importance extraordinaire. Par cette dépêche, le Czar se met ouvertement à la tête du parti Katkoff et déclare que tous ceux qui ne sont pas de ce parti ne sont pas de vrais Russes.

Ainsi que nous le faisions prévoir dans notre dernière correspondance, M. Crispi a été appelé à la Présidence du Conseil des Ministres en Italie. Nous ne pouvons que nous en réjouir et souhaiter que l'attitude de cette nation soit désormais moins hostile à la France.

·✳·

M. Rouvier vient de prononcer un discours qui a été généralement mal accueilli par la presse républicaine.

Ce discours n'est, en effet, que la répétition de ceux prononcés par le Président du Conseil depuis son arrivée aux affaires. Il ne dissipe aucune équivoque, et de l'avis unanime, malgré quelques velléités d'indépendance, le Cabinet demeure bien le prisonnier des droites.

Dire qu'on ne veut gouverner qu'avec l'appui des républicains ne suffit pas. Il faut encore prouver cette affirmation par des actes.

Et ces actes, nous les attendons toujours.

Il ne faut pas, sous prétexte de république ouverte ou de conciliation, introduire l'ennemi chez nous et capituler devant ses prétentions.

Il ne faut pas surtout, sacrifier de sincères républicains aux exigences tous les jours grandissantes des monarchistes.

Ce serait plus que de la faiblesse et presque de la trahison.

Notre opinion est que, si les Chambres étaient réunies, le ministère ne vivrait pas vingt-quatre heures.

·❋·

L'affaire Boulanger-Ferry n'aura décidément pas de suites, M. Ferry ayant refusé de se battre.

Dans la lettre qu'il a adressée à ses témoins, le général dit que l'opinion publique jugera entre celui qui insulte de loin un général et qui ne veut lui accorder qu'une réparation dérisoire, et lui qui a entendu risquer sa vie pour venger son honneur de soldat.

L'ancien ministre qui a eu l'honneur de réveiller si puissamment l'esprit national dans ce pays, le soldat en qui la France a placé sa confiance, a raison de compter sur le jugement de l'opinion publique.

Il y a longtemps qu'elle a condamné M. Ferry.

A propos du général Boulanger, à qui certaines gens reprochent de vouloir la guerre dans le but de favoriser ses idées ambitieuses, répétons une dernière fois, bien que cela ne soit guère nécessaire, que rien n'est moins vrai. Le général a fait de la défense toujours, de la provocation jamais.

« Si je poussais à la guerre, disait-il un jour à l'occasion de la loi organique militaire, je *serais un fou*. Si je ne m'y préparais pas, je *serais un misérable*. »

Ces paroles sont celles d'un patriote et non d'un ambitieux.

Mais allez donc faire comprendre cela à ceux qu'aveugle la passion politique !

5 Septembre 1887.

Le cuirassé français *Le Courbet* qui se trouvait il y a quelques jours en rade de Cadix en même temps que plusieurs bâtiments de guerre Anglais, Allemands, Italiens et Américains, a été, paraît-il, fort admiré. Son aspect grandiose, ses lignes architecturales ont impressionné tout le monde maritime.

Le succès a été surtout pour notre artillerie dont les installations éminemment simples, le fonctionnement facile et aisé ont frappé d'étonnement les officiers étrangers, tous habitués à un outillage compliqué.

Si l'on en croit ce qui a transpiré des conversations échangées à Cadix, il paraîtrait que les canons de cent tonnes des cuirassés italiens ne pourraient plus tirer à grande charge.

Cette nouvelle est d'autant plus grave que l'Italie possède plusieurs bâtiments armés de ces formidables pièces auxquelles il faudra qu'elle renonce à l'avenir.

C'est, d'ailleurs, ce que toutes les puissances maritimes paraissent avoir compris depuis longtemps déjà.

Mais il y a lieu de nous féliciter de la comparaison qu'il a été possible de faire entre le navire français et les navires étrangers présents à Cadix.

Le type de cuirassé que nous avons envoyé là-bas a prouvé que nos constructions navales et notre armement ne le cédaient en rien à ce qui se fait à l'étranger.

Nous en avions déjà la certitude.

Puisque nous parlons de l'Italie, disons qu'on s'occupe activement de la défense des Alpes.

Le ministre de la Guerre s'est rendu le 20 Août dans les départements frontières où il a séjourné jusqu'au 26.

En dehors de la création immédiate de bataillons Alpins qui est décidée, nous savons que de sérieuses mesures de protection vont être prises de ce côté.

On aurait bien dû y penser plus tôt.

※

Le duc d'Edimbourg, fils de la Reine Victoria et commandant de l'escadre anglaise, est décidément un singulier personnage.

On se rappelle qu'il y a quelque temps, cet amiral Suisse entrant dans un de nos ports méditerranéens, oubliait de répondre au salut de nos forts.

Aux observations du Gouvernement français, le noble duc répondit... *qu'il n'avait pas de canons*, et fit des excuses. L'affaire en resta là.

Mais voici qu'un nouveau manquement aux usages internationaux vient rappeler encore une fois cet officier à l'attention publique.

C'est d'Algérie que nous vient la nouvelle.

L'escadre anglaise, commandée par le duc d'Edimbourg, écrit-on d'Alger, est arrivée à Bougie le 28 au soir. Le lendemain matin, les saluts d'usage ont été échangés. Le vaisseau amiral a tiré une salve de 21 coups de *canon-revolver, qui ont à peine été entendus à terre.*

Le sous-préfet et le commandant d'armes se sont rendus à bord de l'*Alexandra*, pour faire visite au duc d'Edimbourg.

Ces autorités ont été reçues par le commandant du vaisseau qui a excusé l'amiral en disant *qu'il était encore couché.*

Ce refus de recevoir les autorités françaises a fortement ému la population.

Ce duc dormait, prétend-on. La chose ne nous surprend pas.

Car on dit que le fils de la Reine, aimant beaucoup la table, a la digestion laborieuse et le sommeil lourd.

La Lanterne affirme même qu'il s'enivre comme un portefaix.

Quoi qu'il en soit, nous espérons bien qu'à l'avenir les autorités françaises se dispenseront de toute démarche de courtoisie lorsqu'une escadre anglaise, qu'on saura commandée par le duc d'Edimbourg, fera relâche dans un de nos ports.

Ni saluts, ni visite à cet officier mal élevé, digne représentant d'une nation devenue odieuse à tous les peuples.

Le télégraphe nous a déjà signalé une entrevue possible des Empereurs de Russie et d'Allemagne.

Les dernières nouvelles font supposer que cette entrevue n'aura pas lieu.

Malgré toutes les tentatives, toutes les bassesses de l'Allemagne, la Russie ne veut pas de rapprochement.

Nous reparlerons de cette grave question dans notre prochaine correspondance.

17 Septembre 1887.

Les affaires de Bulgarie s'embrouillent. Le Prince Ferdinand n'a pas reçu à Sofia l'accueil qu'il espérait. Il n'a pu constituer un ministère ; l'armée mécontente lui est hostile ainsi que le clergé, et la Porte menace d'intervenir sur la pression des puissances qui ne voient en Cobourg qu'un usurpateur et un aventurier.

On considère, dans certains cercles, une intervention militaire russe comme presque certaine si la Turquie ne prend pas les devants. C'est peut-être aller vite en besogne. Pour nous, la Russie ne se départira pas de son attitude expectante, retenue qu'elle est par les événements autrement graves qui se préparent sur sa frontière de l'Ouest.

Quoi qu'il advienne, nous ne croyons pas que l'étincelle qui doit mettre l'Europe en feu partira de là. Ce n'est pas de ce côté que viendra l'orage.

Mais de même que la Russie a appuyé la politique de la France dans la question Egyptienne, de même nous marcherons d'accord avec le gouvernement Russe dans la question Bulgare.

Cette attitude est la seule qui nous convienne.

·✻·

L'opinion publique est justement alarmée et mécontente de la publication, dans le *Figaro*, de la série d'opérations auxquelles va donner lieu la mobilisation du XVIIe corps, dont le siége est à Toulouse. On supposait que cette expérience devait fournir la preuve de la rapidité avec laquelle notre armée pourrait être mobilisée en cas de guerre, et il était nécessaire que le secret le plus inviolable fût gardé.

Il n'en a rien été ; ce n'est pas sur un coup de télégraphe que cette mobilisation s'est effectuée, mais après une longue préparation, car, en dehors de « l'indiscrétion » du *Figaro*, les officiers du XVIIe corps étaient informés depuis plus de quatre semaines qu'ils allaient être mobilisés.

Nous constatons avec amertume que cette expérience incomplète nous coûtera environ sept millions.

Ce n'est pas ainsi qu'entendait procéder le général Boulanger.

« Je veux, disait-il quelque temps avant la chute du ministère Goblet, un essai sérieux et point d'une parade. Je me ferais même un scrupule de choisir à l'avance dans mon esprit un des huit ou dix corps mobilisables.

« En une nuit, en rentrant au ministère, au moment où on s'y attendra le moins, j'enverrai une dépêche au commandant de corps que j'aurai choisi le soir même.

« De cette façon seulement, on peut se rendre compte des imperfections des rouages et des modifications à y apporter.

« Si l'épreuve ne réussit pas, tant pis. Nous la recommencerons.

« Je serai impitoyable pour tous ceux qui n'auront pas fait leur devoir ou qui n'auront pas été à la hauteur de leur mission.

« Le pays, quand il saura comment on punit les incapables, quand il verra comment on modifie tout ce qui est défectueux dans notre organisation, aura confiance. »

« Toute l'Europe rit du ministre de la Guerre français, écrit la *Gazette de Cologne*. » Nous sommes obligés d'avouer qu'elle dit vrai.

Les Allemands ne savaient quels cris d'épouvante pousser sur le projet Boulanger; ils se moquent de la tentative Ferron.

Voilà bien l'appréciation exacte des deux ministres.

⁎

De partout nous arrivent des télégrammes qui constatent l'empressement des réservistes des villes et des campagnes, la régularité et la rapidité des opérations militaires. Toulouse, Agen et Montauban ont pris une physionomie nouvelle. Dans cette dernière ville, la mobilisation pouvait s'opérer en cinq heures, tous les réservistes étaient arrivés. Le service dans les gares est parfaitement fait. La réquisition des chevaux s'est très bien effectuée. Il est certain que tout se passera dans un ordre parfait et avec un entrain admirable.

Malheureusement, nous le répétons, cela ne prouvera pas grand'chose et le but n'aura point été atteint.

Ainsi qu'on devait s'y attendre, des nuées d'espions sont arrivés, mais on a, paraît-il, pris des mesures énergiques pour les empêcher de suivre les manœuvres qui vont avoir lieu.

Ce sera difficile.

Pour moi, je n'en sais qu'une seule de vraiment efficace; une seule, mais radicale...

Je viens de dire que l'opinion publique était justement mécontente de la mobilisation telle qu'elle est pratiquée. Elle n'est pas moins inquiète d'un acte de trahison qui vient de lui être révélé.

Il y a quelques jours, la manufacture d'armes de Saint-Étienne envoyait à l'arsenal de Besançon un wagon chargé de caisses contenant des fusils à répétition, nouveau modèle.

L'officier chargé par la Direction d'Artillerie de prendre livraison de ces caisses, constata à leur arrivée qu'elles avaient été ouvertes en route.

Les scellés des wagons et les cachets d'un certain nombre de caisses avaient été *brisés* et *refaits* ensuite avec une empreinte différente de celle du lieu d'origine.

Une enquête ayant été prescrite, l'*Agence Havas* nous a fait savoir que les caisses contenant les fusils en question paraissaient bien avoir été ouvertes, mais qu'aucune soustraction n'avait été constatée.

Ce n'est pas cette déclaration qui calmera nos alarmes.

Et si je ne craignais de me voir accuser de parti pris à l'égard du général Ferron, je dirais avec beaucoup de monde: « Quel singulier ministre de la Guerre nous avons ! »

20 Septembre 1887.

Nos journalistes ont raconté par le menu toutes les phases de la mobilisation du XVII° corps. Nous ne les suivrons pas dans cette voie que nous estimons dangereuse. A notre humble avis, la presse aurait dû constater simplement les résultats acquis et ne pas entrer dans des détails qui, nous en sommes certain, seront soigneusement enregistrés et utilisés à l'étranger.

Nous nous demandons même pourquoi l'Allemagne s'est donné la peine d'envoyer des espions à Toulouse, puisque pour être fidèlement tenue au courant de nos manœuvres et être renseignée sur tout ce qui se fait chez nous, elle avait nos journaux grands et petits sur lesquels il lui suffisait de jeter les yeux...

Loin de moi la pensée de suspecter le patriotisme de mes confrères, qui tous, j'en ai la conviction, sauraient faire leur devoir à l'heure du danger, mais le patriotisme s'entend de plusieurs façons.

Le mien consiste à ne jamais parler des choses de l'armée qu'avec une extrême circonspection et à me garder surtout des indiscrétions qui pourraient nuire un jour au succès de nos armes.

Dans le cas qui nous occupe, à n'en pas douter, le silence s'imposait et je regrette profondément qu'on ne l'ait pas observé.

Il fallait rassurer le public, soit. Il fallait mettre devant lui la machine en mouvement ; il fallait montrer à tous que cette machine fonctionne avec une régularité automatique, une facilité merveilleuse, une sûreté à l'épreuve de tout accident. D'accord.

Mais de là à passer aux détails techniques qu'enregistrent tous les journaux sans exception, il y a loin.

Qu'on répète tant que l'on voudra que notre France est prête, matériellement et moralement prête à toutes les éventualités, rien de mieux et de plus vrai, mais encore une fois, il ne fallait pas entrer dans la voie des révélations en expliquant comme on l'a fait, le rouage et le mécanisme. C'est une faute très grave dont nos ennemis surtout profiteront.

Certes, nous devons être satisfaits de l'expérience qui vient d'être tentée, car, vue dans son ensemble, elle est rassurante, mais notre satisfaction ne va pas jusqu'à l'enthousiasme. Nous ne pouvons oublier, en effet, que les rôles étaient réglés et appris longtemps à l'avance. Les choses se passeraient peut-être tout autrement dans une mobilisation sérieuse qui pourra éclater un jour comme un coup de tonnerre dans un ciel serein.

Si cet essai n'avait pas réussi ; si un corps d'armée n'avait pu, après cinq semaines de préparation, se constituer sur le pied de guerre dans les délais prescrits, délais qu'on abrègera sans doute encore, il y aurait motif à toutes les douleurs, à toutes les indignations. L'expérience est faite avec succès, c'est bien.

Je le répète : soyons satisfaits, mais n'ayons pas l'air étonnés : notre dignité en souffrirait.

✳

M. de Cassagnac avoue, dans l'*Autorité*, la visite faite par M. de Mackau à M. Grévy pendant la dernière crise ministérielle.

« La Droite ne veut pas faire à la République une opposition systématique », dit le baron. « Aidez-la par le choix de ministres modérés à ne plus vous faire la guerre et elle ne vous la fera plus ».

Telle est la promesse qui a précédé la formation du ministère du 31 Mai.

Nous ne doutons pas certainement du républicanisme des hommes qui sont actuellement au pouvoir, mais malheureusement nous ne pouvons pas douter non plus de la naïveté dont ils ont fait preuve au sujet de la prétendue conversion des droites.

La lettre que M. le duc d'Audiffret-Pasquier vient d'adresser à un de ses amis, nous fait savoir aujourd'hui comment les conservateurs s'apprêtent à tenir les engagements pris en en leur nom par M. de Mackau.

« Ne craignez pas, dit-il en substance, d'affirmer vos opinions royalistes. On alléguera peut-être que vous allez, en agissant de la sorte, diviser les forces conservatrices, ou bien encore, que vous risquez, en attaquant le gouvernement, de faire naître des complications extérieures et d'amener la guerre. Ce sont là des craintes chimériques dont vous ne devez pas vous préoccuper. Sus à la République, etc. »

Ecoutez maintenant M. de Cassagnac lui-même :

« Ce n'est pas pour nous rallier à la République que nous votons avec le Gouvernement. *C'est pour le renverser.* Il s'agit d'obtenir du Gouvernement qu'il ne nous combatte pas aux élections prochaines. M. Brisson ne nous a pas combattus et nous avons gagné des sièges. Si M. Rouvier nous aidait un peu, nous en gagnerions bien d'autres. »

Nous ne sommes pas fâché de voir enfin tomber les masques et succéder, à la guerre sourde des amis des Princes, la guerre ouverte qu'ils se proposent de faire à nos institutions.

Tout le monde y verra plus clair et la République n'aura rien à y perdre.

Nous disions au moment du pacte : nos ministres sont dupes ou complices.

Ils n'ont plus aujourd'hui qu'une ressource : être complices ; nous croyons trop en leur loyauté républicaine pour les supposer un seul instant capables d'une pareille trahison.

Mais le pays est las, archi-las de l'insolence des irréconciliables et il n'est que temps d'aiguiller plus à gauche, si l'on ne veut pas marcher à de nouvelles et prochaines crises.

Ce que le peuple demande et ce qu'il veut, c'est une politique franchement démocratique, exempte de toutes compromissions ; une politique sage, modérée, seule capable d'assurer la réalisation des grands problèmes économiques et sociaux dont on parle souvent, mais dont on ne s'occupe jamais.

⁂

Les lignes qui précèdent étaient écrites au moment où le long manifeste du comte de Paris a été publié.

Toutes nos appréciations sur le rôle joué depuis quelque temps par les droites, se trouvent, à l'heure actuelle, pleinement justifiées.

Au milieu de tous les articles parus aujourd'hui sur ce

manifeste, ce sont ceux de *La France* et de *La République Française* auxquels on accorde le plus d'attention.

Je les résume en quelques lignes :

La France dit : « qu'il ne peut plus être question de République de conciliation, la Monarchie ayant elle-même fermé la porte qu'on lui avait ouverte.

« A toutes les questions, Philippe VII (?) répond avec la netteté et la précision d'un homme d'affaires. Il étudie le présent, il prévoit l'avenir. Son manifeste est un mémoire à consulter, c'est un véritable cahier de la néo-monarchie. Le comte de Paris prépare la contre-révolution par les mêmes moyens que les députés aux Etats-Généraux ont employés pour faire la Révolution. »

Il faut donc prendre ce document très au sérieux et le considérer comme un acte politique des plus graves. Ce serait se tromper lourdement que d'y trouver matière à raillerie.

La France demande la convocation prochaine des Chambres. « Le manifeste du comte de Paris, dit-elle, doit faire l'objet d'une interpellation à la tribune. Il faut que le pays soit mis à l'instant même au courant des circonstances qui ont permis au Prince de lancer dans la Presse un appel à l'insurrection contre la République. »

La République Française affirme avec raison « que nous serons tous unis, sans distinction de nuances, pour rappeler les factieux au respect des lois, anciennes d'abord, nouvelles ensuite, que pourrait nécessiter la conspiration permanente, flagrante, à ciel ouvert, dont on nous menace. »

Si nous trouvons nécessaire, urgent même, que des mesures soient prises en présence de la situation créée à la République par l'acte du Roy *in partibus*, nous ne sommes cependant pas de l'avis de quelques feuilles qui voudraient la confiscation immédiate des biens possédés en France par les d'Orléans. En politique, il faut savoir se garder des exagérations et des affolements. C'est par le sang-froid, par la saine appréciation des choses, par une conduite prudente et ferme que nous détournerons les orages et que nous éviterons les cataclysmes.

30 Septembre 1887.

Le sombre drame qui vient de se dérouler à Raon-la-Plaine a produit en France et dans toute l'Europe une émotion profonde.

Quelles que soient les réparations accordées par l'Allemagne, elles n'effaceront jamais la tache de sang qui va désormais marquer la frontière entre les deux peuples.

Vous connaissez les faits :

Samedi dernier, une chasse avait été organisée dans les bois, entre Luvigny et Raon-la-Plaine.

Parmi les chasseurs se trouvaient M. de Wangen, lieutenant de dragons, un piqueur nommé Brignon, et un certain nombre d'autres personnes.

Vers 11 heures du matin, la petite troupe était au repos, à une quinzaine de mètres environ de la frontière, *sur le territoire français*, lorsque trois coups de feu retentirent.

Le malheureux Brignon tomba raide mort, frappé de deux balles dans le ventre. M. de Wangen avait eu en même temps le genou mutilé par un autre projectile.

Ce crime *prémédité* a été froidement accompli par des soldats de l'Empereur Guillaume, par des soudards qui s'étaient blottis dans une sapinière, guettant l'arrivée des nôtres pour les assassiner.

Les Allemands prétendent que les victimes de ce lâche attentat ont été prises pour des braconniers.

Des braconniers, une troupe de vingt personnes ! Il faut être bien à court d'arguments pour en invoquer d'aussi piteux.

La vérité est que des soldats allemands avaient fait le pari de tuer des Français, que ce pari a été tenu par un misérable nommé Kauffmann, et que le prix en a été payé dans une petite auberge située à quelques mètres seulement de la frontière. On dit même que les chefs de Kauffmann, qui est toujours en liberté, ont laissé ses camarades lui offrir des chopes d'honneur. Il est fêté à l'égal d'un héros et des officiers l'ont félicité publiquement dans les rues de Saverne. N'est-ce pas monstrueux !

Mais il est un palliatif à notre douleur et à notre juste colère, car cette affaire, envisagée sous son vrai jour, est un véritable désastre moral pour l'Allemagne.

Ces barbares doivent en effet commencer à s'apercevoir qu'il y a encore en Europe, et même au-delà, une opinion publique avec laquelle il faut compter ; ils se sentent obligés de sauver au moins les apparences, et déjà, la réprobation universelle qui se manifeste dans le monde pèse d'un grand poids sur les décisions de M. de Bismarck.

L'attentat de Raon-la-Plaine, dont il est l'auteur responsable, l'embarrasse beaucoup, car il vient après nombre d'autres qui déjà, n'avaient pas fait grand honneur à l'Empire et il a le tort à la fois d'être le plus grave et le plus odieux de tous.

Quelle sera maintenant l'attitude de l'Allemagne ?

Notre opinion est qu'elle cédera et qu'elle donnera toutes les satisfactions possibles à la France. Elle cédera, comme je le disais tout à l'heure, sous le poids de l'opinion publique qui l'écrase ; elle cédera parce qu'elle a conscience de notre force, parce qu'elle redoute le sort des batailles, elle cédera parce que la Russie lui est profondément hostile ; parce qu'elle n'est sûre ni de l'Autriche, ni de l'Italie, parce qu'elle ne se sent plus de taille à se mesurer seule avec nous et *parce qu'elle n'est pas prête.*

Elle s'inclinera devant nos *trois millions d'hommes,* devant les fusils Lebel, devant la mélinite, devant tous ces facteurs avec lesquels il faut compter et qui lui conseilleront la sagesse.

Ah ! si nous n'avions pas tout cela !...

⁂

Le voyage de M. Crispi à Friedrichsruhe cause une certaine émotion dans le monde politique. Bien que la chose nous étonne, nous n'en sommes cependant pas autrement ému, car nous n'attachons qu'une importance relative à ces entrevues d'hommes politiques où se créent des alliances que les peuples ne ratifient pas toujours.

Nous avons confiance dans l'Italie qui ne prêtera vraisemblablement pas les mains à une politique dirigée contre nous.

C'est ce que déclarait récemment encore une feuille officieuse d'au-delà des Alpes, *La Riforma* qui, prenant prétexte de la visite du général Ferron à la frontière, disait que la

France avait certainement le droit de prendre les mesures défensives qu'elle croit utiles, mais que ces précautions sont inutiles puisque le danger d'une invasion italienne est absolument chimérique. Et *La Riforma* ajoutait que l'existence de la France est indispensable à l'Europe et spécialement à l'Italie qui ne peut pas, conséquemment, songer à la détruire.

Cet article est d'autant plus remarquable qu'il a dû être inspiré par M. Crispi lui-même.

.✳.

L'*Agence Libre* vient de donner la réplique à l'*Agence Havas* au sujet de la disparition des fusils nouveau modèle dont vous entretenait une de mes récentes correspondances.

Voici ce qu'elle dit :

« Notre correspondant à Prague nous mande la nouvelle suivante dont la source mérite toute créance et qui nous parait mériter l'attention du Gouvernement.

« Entre le 15 et le 20 du présent mois, ont eu lieu à Breslau des expériences du fusil Lebel dont l'état-major allemand se serait procuré un modèle.

« Le fait des expériences, nous écrit notre correspondant, *est absolument incontestable*. On croit que le fusil en question provient des wagons qui ont été ouverts dans le trajet entre Saint-Etienne et Besançon, mais on suppose que l'état-major allemand n'a point encore eu connaissance de la poudre exigée par le fusil Lebel. »

Nous avions donc raison de n'accepter le démenti de l'*Agence Havas* que sous bénéfice d'inventaire.

Si nous rapprochons de ce fait, à l'actif du ministre de la Guerre, celui non moins grave relatif à la divulgation du projet de mobilisation publié par *Le Figaro*, nous n'y trouvons matière à aucune confiance dans les mesures de précaution prises par le général Ferron. Encore une fois, bien que nous ayons nos préférences, nous ne faisons point de politique de parti-pris, mais dans des questions de cette importance, d'où dépend le salut d'un grand peuple, il est bien permis de trouver coupables de pareilles négligences et de s'en indigner.

.✳.

Le ministère Rouvier va avoir à subir, dès la rentrée des Chambres, de sérieux assauts.

Plusieurs interpellations sont à l'ordre du jour et une crise nous paraît imminente.

Lâché par les droites auxquelles il avait cependant pas mal sacrifié, rejeté par les gauches qui lui veulent mal de mort, il n'a plus d'illusions à se faire sur la durée de son existence.

On parle déjà d'un retour possible de M. de Freycinet, avec l'appui de M. Grévy, et après entente avec M. Clémenceau et ses amis.

Le concours de ces derniers ne nous dit rien qui vaille, car si nous avons de l'estime pour M. Clémenceau, nous sommes loin d'éprouver pour sa politique, toute de nerfs, les mêmes sympathies.

N'est-ce pas elle, en effet, qui a créé l'instabilité du pouvoir et fait avorter tous les projets de nos hommes d'Etat en ne leur laissant pas le temps d'appliquer leurs théories personnelles ? N'est-ce pas elle qui a donné à l'Europe le spectacle lamentable de nos dissensions intestines ? N'est-ce pas elle qui a facilité le retour offensif des partisans de la monarchie ?

La politique de M. Clémenceau a fait le gâchis dans lequel nous barbotons. C'est une politique néfaste, à laquelle il n'est pas permis de se rallier.

✳

Nous venons d'apprendre l'heureuse solution de l'affaire de Raon-sur-Plaine.

Nous voulons dire que, depuis 24 heures, cette affaire a fait un pas considérable dans le sens d'une solution amiable.

Le Gouvernement allemand a reconnu le principe d'une indemnité à Mme veuve Brignon, et le soldat Kauffmann sera poursuivi devant un Conseil de guerre.

Reste la question de réparation d'honneur, mais elle semble déjà tranchée par l'expression des regrets manifestés dès la première heure par le comte Herbert de Bismarck et par l'Ambassadeur d'Allemagne à Paris.

C'est à l'Empereur Guillaume lui-même qu'est dû le revirement qui vient de se produire.

« Le vieux souverain, dit *Le Figaro*, a vu avec peine ce nouvel incident qui pouvait amener un conflit entre les deux pays. Il n'a pas caché à son entourage le mécontentement qu'il éprouvait. L'Impératrice Augusta, dont les sentiments français sont connus à Berlin, a usé de l'influence qu'elle a su prendre depuis quelques mois sur l'esprit de l'Empereur, et, avant-hier, l'Empereur a télégraphié au chancelier qu'il désirait voir une amélioration se produire dans les relations des autorités frontières. »

Nous sommes heureux des sentiments exprimés par le vieux souverain. Nous comprenons que le Roi de Prusse, devenu César par les fautes et les folies de l'Empire Napoléonien, veuille mourir en paix et ne point courir le risque terrible de voir périr son œuvre, et sa grandeur crouler.

Nous comprenons qu'il veuille s'éteindre dans la gloire d'une apothéose.

Et puis, on n'oublie pas autour de lui que la gloire n'a qu'un jour. On n'oublie pas non plus que la tempête sociale gronde dans les cœurs allemands saturés de misère, rassassiés de militarisme, et qu'ils n'attendent que l'heure propice pour arborer l'étendard de la liberté et de la justice sur la tombe du doyen des rois.

21 Octobre 1887.

On annonce que, par décision ministérielle, contresignée par le Président de la République, le général Caffarel, sous-chef d'état-major au ministère de la Guerre, est mis en retraite d'office.

De plus, on donne comme certain que cet officier sera mis en liberté demain, et que la justice civile renonce, pour le moment du moins, à l'arrêter.

L'émotion causée par cette affaire, au courant de laquelle vous avez été tenu par le télégraphe, est d'autant plus vive qu'il s'agit d'un haut fonctionnaire du ministère de la Guerre, car nous sommes particulièrement sensibles à tout ce qui touche l'armée, non seulement parce qu'elle est notre sauvegarde, mais aussi parce qu'elle est notre orgueil.

Mais une exception ne prouve rien, et personne ne croira

que notre vaillant corps d'officiers soit atteint parce qu'il s'y sera trouvé un malhonnête homme.

Je ne vous parlerai pas du général-sénateur d'Andlau, des femmes Limousin, Ratazzi et Cⁱᵉ, qui sont compromis dans dans cette triste affaire des décorations. La justice est saisie, et nous espérons que tous ces trafiquants recevront la juste récompense due à leurs trop nombreux exploits.

Mais à côté de cette bande, se trouve un homme particulièrement en vue, dont toute la France s'occupe aujourd'hui, et qui paraît avoir une large part de responsabilité dans les malpropretés dont nous nous occupons.

Cet homme, c'est M. Wilson, gendre du Président de la République.

Il nous revient qu'au Conseil de ce matin, on a examiné le moyen de tendre la perche à ce personnage. Cette façon de voir n'a pas été du goût du général Ferron qui, avec sa rude franchise de soldat, a demandé justice pour tous.

Il a déclaré que n'ayant pas hésité à sacrifier un officier général, il ne pouvait admettre aucune raison qui empêchât de poursuivre *d'autres coupables.*

M. Grévy est douloureusement impressionné par ces pénibles révélations et par le ton de la polémique de certains organes importants du parti républicain. Le mot de démission a même été prononcé ou murmuré. Il est sur toutes les lèvres.

Nous devons dire que cette campagne des journaux opportunistes a surtout pour but l'avènement de M. Ferry à la présidence de la République.

En cas de démission du Président actuel, M. Ferry est en effet l'homme qui, avec le concours d'une partie des droites et du Sénat, aurait le plus de chances de succéder à M. Grévy.

Mais l'orgueilleux Tonkinois est si impopulaire en France qu'une révolution se déchaînerait certainement le jour où on essayerait cette folie.

Nous voulons croire qu'on ne la tentera pas.

La démission de M. Grévy, d...s les circonstances actuelles, serait d'ailleurs bien impolitique.

Elle aurait pour effet immédiat de nous plonger dans un inconnu redoutable.

Le pays est déçu, attristé, lassé, et si l'anarchie gouvernementale à laquelle nous assistons depuis quelque temps ne prend bientôt fin, les élections prochaines nous apporteront sûrement d'amères surprises.

Aujourd'hui nous sommes à la merci des événements.

Du Nord au Midi, de l'Est à l'Ouest, on ne crie presque plus : « Vive la République ! » mais : « Vive un homme ! »

C'est un signe des temps, mais un tel symptôme est grave.

Prenons garde qu'on ne crie bientôt: « Vive le Roi ! »

*

Le regrettable incident Ferron-Boulanger est entré dans la phase de l'apaisement.

Toute cette affaire vient de ce qu'un journaliste peu scrupuleux s'est permis de faire reproduire dans une feuille parisienne les appréciations absolument confidentielles du général au sujet de l'affaire Caffarel et des fusils Lebel. Comme ces appréciations étaient une critique très vive des actes du ministre de la Guerre, il en est résulté un échange de dépêches entre les deux généraux, qui a abouti à la peine disciplinaire que l'on sait.

Le général Boulanger a eu le très grand tort d'accorder sa confiance à un homme qui ne la méritait pas.

Il reconnaît d'ailleurs que sa conduite a été incorrecte au point de vue de la discipline, et il regrette que les journaux aient reproduit ses propos.

Dans une réunion tenue à Clermont-Ferrand par les députés du département, M. Chantagrel a fait l'éloge du « dictateur » comme l'appellent messieurs les opportunistes.

Il a regretté qu'il eût quitté le Ministère.

« Il expie, s'est-il écrié en terminant son discours, il expie le crime de patriotisme et de popularité, et l'on est indigné de voir qu'on a remué des ordures au milieu desquelles on croyait le trouver, mais on en a trouvé d'autres qu'on ne croyait pas rencontrer là ». A ce moment, un tumulte indescriptible s'est produit. On a crié: « Vive Boulanger! A bas Wilson! A bas Ferry! »

On dit en effet très haut qu'on voulait, au Ministère, englober le général Boulanger dans l'affaire d'Andlau-

Wilson-Caffarel; mais les auteurs de cette jolie machination en ont été pour leur courte honte.

M. Ferron, après s'être quelque peu ridiculisé dans plusieurs circonstances récentes, voudrait-il maintenant, se rendre odieux en poursuivant de sa haine farouche un homme dont il jalouse la popularité? On le croirait volontiers si ce propos qu'on lui prête est exact, ainsi que nous avons tout lieu de le croire:

« J'ai été trop injurié *par les amis* du général Boulanger pour ne pas chercher à l'atteindre si je le puis ».

Pour l'honneur comme pour la sécurité de la France, espérons que le règne de cet étonnant ministre sera de courte durée.

La rentrée des Chambres aura lieu le 25. Les heures du Ministère sont désormais comptées.

La chute des feuilles lui sera fatale.

Nous n'en éprouverons pas autrement de regret, bien que nous soyons partisan de plus de stabilité dans les affaires gouvernementales.

·✴·

Des troubles sérieux viennent d'éclater à Londres. La police a chargé la foule. Il y a eu des tués et de nombreux blessés.

Vous ne pouvez vous faire aucune idée de l'état de dégradation matérielle et morale dans lequel végètent là-bas des milliers d'êtres humains. Dès lors, est-il surprenant qu'à l'entrée de la mauvaise saison, cette immense armée de misérables, tordue par la faim, frissonnant sous le brouillard et la gelée, se lève, et demande du pain à ceux dont le superflu pourrait alléger les souffrances!

Nous ignorons comment, en Angleterre, se résoudra la question sociale qui vient, si mal à propos pour elle, se greffer sur la question Irlandaise.

Ce ne sera sûrement pas par les charges de policemen auxquelles le gouvernement de Lord Salisbury a recours.

Dans une prochaine correspondance, je vous parlerai de la misère à Londres. Cela vaut la peine d'une chronique spéciale.

·✴·

Les Tchèques ne veulent décidément pas entendre parler de l'alliance Austro-Allemande. Tous les journaux publient des articles d'une violence extrême contre l'Allemagne et sa prétendue suprématie.

« Le *Narodni* déclare que quand sonnera l'heure de la grande liquidation, les peuples Tchèques et Hongrois se refuseront à une lutte fratricide contre la Russie. Ces peuples ne marcheront jamais avec l'Allemagne contre la France, *qui a plus que leurs sympathies* ».

C'est ce que je vous écrivais récemment.

La campagne dirigée à Berlin contre les valeurs russes, reprend de plus belle. De plus, le prince de Bismarck a l'intention d'augmenter les droits d'importation sur les blés russes. Ce qui donne à cette mesure un caractère d'hostilité contre la Russie, c'est que la surtaxe s'appliquera aux blés russes seulement, et ne touchera en rien les blés entrant en Allemagne par la frontière Autrichienne.

Il faut bien que le chancelier se venge des dédains du Czar et de l'attitude de son peuple.

15 Novembre 1887.

Vous savez comment l'affaire Caffarel est devenue l'affaire Wilson. Vous avez également eu connaissance du scandale provoqué par la substitution de lettres fausses du susdit Wilson aux lettres véritables qui existaient dans le dossier relatif au trafic des décorations ; vous m'épargnerez donc de remuer à nouveau toute cette fange.

Wilson a comparu devant un juge d'instruction.

Des poursuites vont être ordonnées.

La France verra, du moins nous l'espérons, que personne n'est au-dessus des lois.

Les délits et les *crimes* du personnage néfaste, que depuis un mois toute la presse accuse en face, vont enfin recevoir leur châtiment. Voilà tout ce qui nous touche.

La conscience publique sera satisfaite.

Maintenant, quelles seront les conséquences politiques et les dénouements nécessaires?

La situation est doublement critique en ce moment pour la France.

Tandis que d'un moment à l'autre, les plus graves nouvelles peuvent nous arriver d'Allemagne, et nous apprendre que le vieil Empereur a terminé sa longue carrière, en même temps que son héritier, des complications intérieures d'un autre ordre peuvent se produire chez nous, qui seront peut-être pour la troisième République, l'épreuve la plus redoutable qu'elle aura traversée depuis son avènement.

Les derniers incidents parlementaires et judiciaires ne permettent plus d'espérer, en effet, que nous puissions échapper à une crise gouvernementale.

L'opinion publique, justement émue des scandales auxquels s'est trouvé mêlé le nom de Wilson, demande aujourd'hui que justice soit faite pour lui comme pour les autres coupables, et que le chef de l'État, qui n'a pas su ou n'a pas voulu empêcher les *écarts* de son gendre, accepte sa part de responsabilité en quittant le pouvoir.

En présence d'éventualités aussi graves, on se préoccupe avec raison de rechercher les hommes paraissant les plus aptes à occuper le poste que la retraite de M. Grévy laisserait vacant.

La timbale sera très disputée, mais la lutte paraît devoir se circonscrire finalement, entre M. de Freycinet et M. Floquet

M. de Freycinet est un homme d'État prudent, habile, jeune, jouissant de l'estime générale, et qui personnifie, depuis 1870, la résistance sage et tenace à l'influence allemande; c'est un de nos hommes d'État possédant un réel prestige en Europe, et dont l'avènement au pouvoir serait considéré comme le gage d'une politique d'apaisement.

Nos sympathies ne sont pas moins vives pour M. Floquet, mais nous avons à ménager les susceptibilités de la Russie, et nous craignons que l'honorable président de la Chambre ne soit pas *persona grata* auprès du Czar. Pour le moment, il n'est plus question du Tonkinois Ferry, c'est ce qui nous console.

***

Décidément, l'affaire Caffarel-Wilson, qu'on n'appelle déjà plus que l'affaire Wilson tout court, a des dessous encore plus sales que nous ne le supposions.

Nous savons maintenant que le scandale, dont le retentissement dépasse nos frontières, est l'œuvre du ministre de la Guerre lui-même.

C'est bien pour atteindre le général Boulanger que le général Ferron a fait arrêter Caffarel par deux argousins en plein Paris.

Et ce, après avoir formellement promis au préfet de Police, M. Gragnon, de ne pas sévir, autrement que par voie disciplinaire, contre son subordonné, coupable tout au plus de faiblesse, mais nullement de trahison, comme on le croyait au début de cette malheureuse affaire.

Mais la haine a étouffé chez lui le sentiment de la prudence.

Le général Ferron avait dit à Caffarel dans le premier mouvement de colère : « Il faut quitter l'armée, personne ne saura rien de cette affaire ».

Le lendemain, tout est changé ; lorsque Caffarel apporte sa démission, on lui répond que cela ne suffit plus, parce que la presse a parlé.

Ce qui n'était pas vrai, car la presse, à ce moment, n'avait pas encore dit un mot.

Combien de temps encore aurons-nous donc cet homme à la tête de notre armée ?

※

Le *XIXe Siècle* nous faisait savoir il y a deux jours, que des voleurs s'étaient introduits dans le cabinet de son rédacteur en chef, M. Portalis.

Aucun objet de valeur n'a été enlevé. *On s'est borné à prendre des papiers. On a même négligé de saisir des titres* au porteur qui se trouvaient dans la caisse ouverte.

En revanche, parmi les papiers, M. Portalis a constaté qu'il lui manquait un dossier intitulé : « *Les antécédents financiers des membres du cabinet Rouvier* ».

Etranges voleurs qui pénètrent dans les maisons avec effraction, forcent les tiroirs et les caisses, et ne font main-basse que sur des papiers politiques !

Le lendemain de ce vol, M. Portalis était victime d'une tentative d'assassinat qui, aussitôt connue, a causé dans tout Paris une émotion profonde.

Un journal, paru hier matin, disait qu'à la tentative de meurtre commise sur le rédacteur en chef du *XIXme Siècle*, on voyait bien que Wilson n'était pas encore sous les verrous, donnant ainsi à entendre que l'assassin ne pouvait être qu'un estafier à la solde du fameux gendre.

C'est l'opinion de beaucoup de monde.

C'est aussi l'opinion de beaucoup de monde que notre pauvre République est bien malade...

※

Nous empruntons à une correspondance de Berlin quelques renseignements intéressants relatifs à la maladie du Kronprinz.

Le Prince ne peut plus, paraît-il, prononcer une seule parole. Il se rend compte de la gravité de son état, mais il ne laisse pas deviner à sa famille ses cruelles appréhensions.

L'Empereur se montre très vivement affecté, et les médecins redoutent beaucoup pour la santé du vieillard, cette nouvelle épreuve.

Aussitôt le retour du Kronprinz à Berlin, le docteur Bergman fera, croit-on, l'opération. Le patient sera endormi au préalable.

On lui ouvrira la gorge et on lui retirera toute la partie du gosier atteinte par le mal ; on la remplacera par un gosier de métal.

Personne ne doute que l'opération ne soit urgente. Toute heure de retard augmente le danger. On craint la propagation du cancer, car c'est bien d'un cancer que le Prince est atteint et, dans ce cas, il n'y a pas de remède.

On a également reçu au Palais de très mauvaises nouvelles de la santé de l'Impératrice Augusta. Son état paraît désespéré.

Ce sont trois agonies dans la même famille.

Et c'est à ce moment que le Tzar se présente chez son vieil oncle.

Dans cette entrevue *in extremis*, il sera certainement

beaucoup plus question de la famille même, que de la politique.

On dit qu'Alexandre III a été touché par les malheurs qui assaillent coup sur coup, dans ses plus chères affections, le vieillard agonisant, et c'est surtout par pitié qu'il a consenti à apporter une consolation.

L'Empereur mort, le prince héritier mort, c'est l'arrivée au trône du prince Wilhem, implacable ennemi de la France.

Les Allemands le redoutent plus que nous peut-être. Avec lui, c'est l'inconnu, ou plutôt hélas! c'est la guerre probable, et cette guerre, qui n'est désirée que par l'armée, fait peur au peuple allemand laborieux et réfléchi.

Il a comme le pressentiment de son écrasement et de son malheur. C'est pour cela que le prince Wilhem n'est pas populaire dans le cœur des masses.

* * *

Les feuilles sont tombées et notre ministère est toujours debout.

Mais sa disparition n'est plus qu'une question d'heures.

Les premiers coups portés à M. Grévy frapperont d'abord sur le dos de M. Rouvier et de ses collègues. Nos ministres seront victimes de l'entêtement du Président qui veut, malgré tout, demeurer à l'Elysée et couvrir son gendre.

Avant huit jours, le ministère aura vécu. Dans une quinzaine, M. Grévy sera remplacé.

6 Décembre 1887.

Que d'événements en quinze jours !

Le ministère Rouvier renversé, M. Grévy démissionnaire, la réunion du Congrès à Versailles, l'avénement de M. Sadi-Carnot à la suprême magistrature, telles sont les phases principales de la crise que la France vient de traverser avec un calme qui doit faire réfléchir les nations étrangères sur les avantages du régime républicain.

Nous venons de donner une grande preuve de sagesse au

monde, et cette sagesse a accru considérablement l'estime que l'on avait en Europe pour la France.

La presse de tous les pays est unanime à célébrer notre esprit d'union, de prudence, de concorde. Les événements derniers nous ont prodigieusement grandis dans l'opinion des autres peuples

C'est après bien des hésitations, bien des tâtonnements que M. Grévy s'est décidé à envoyer aux Chambres son message de démission. On a craint un instant que son entêtement ne provoquât des troubles à Paris, où la colère commençait à fermenter dans les têtes ; on craignait surtout les menaces des révolutionnaires, mais le double vote de mise en demeure de la Chambre et du Sénat est venu heureusement hâter le dénouement d'une situation qui devenait périlleuse à force d'atermoiements.

M. Grévy pouvait entrer grand dans l'histoire ; il n'y entrera que considérablement amoindri.

M. Grévy, par des procédés sans loyauté et sans franchise, s'est joué du pays, de ses représentants, des ministres, de tout le monde.

Ce n'était pas assez qu'il légitimât, si ce n'est plus, de son trop complaisant patronage, pendant de longues années, les trafics et les tripotages de son gendre, M. Wilson ; il a voulu encore imposer au gouvernement de la France la vénération des honteux agissements qui s'opéraient autour de lui, et dont son gendre était le principal artisan.

Lorsque l'opinion a commencé à se révolter, au lieu d'être le premier à donner dans sa maison le coup de balai nécessaire, le Président s'est insurgé contre les protestations indignées qui se sont élevées de toutes parts, et ce Chef d'État, a arrêté qu'il plierait la France sous une autre morale que celle des honnêtes gens !

C'était de l'aberration.

Nous n'avons pas pour habitude de nous acharner sur les vaincus. Aussi bien, nous ne dirons rien du message présidentiel qui couronne si malheureusement une fin si lamentable.

Voici ce document, lu aux Chambres dans la séance du 2 Décembre, en présence des représentants de toutes les grandes puissances :

Messieurs les Députés,

Tant que je n'ai été aux prises qu'avec les difficultés accumulées en ces derniers temps sur ma route: les attaques de la presse, l'abstention des hommes que la voix de la République appelait à mes côtés, l'impossibilité croissante de constituer un ministère, j'ai lutté et je suis resté où m'attachait mon devoir.

Mais au moment où l'opinion publique, mieux éclairée, accentuait son retour et me rendait l'espoir de former un gouvernement, le Sénat et la Chambre des Députés viennent de voter une double résolution qui, sous la forme d'un ajournement à heure fixe, pour attendre un message promis, équivaut à une mise en demeure au Président de la République de résigner son pouvoir.

Mon devoir et mon droit seraient de résister, mais dans les circonstances où nous sommes, un conflit entre le pouvoir exécutif et le Parlement pourrait entraîner des conséquences qui m'arrêtent.

La sagesse et le patriotisme me commandent de céder.

Je laisse à ceux qui l'assument la responsabilité d'un tel précédent et des événements qui peuvent suivre. Je descends donc sans regret, mais non sans tristesse, du pouvoir où j'ai été élevé deux fois sans le demander, et où j'ai la conscience d'avoir fait mon devoir.

J'en appelle à la France!

Elle dira que, pendant neuf années, mon gouvernement lui a assuré la paix, l'ordre et la liberté; qu'il l'a fait respecter dans le monde, qu'il a travaillé sans relâche à son relèvement, et, qu'au milieu de l'Europe armée, il la laisse en état de défendre son honneur et ses droits.

Qu'enfin, à l'intérieur, il a pu maintenir la République dans la voie sage que tracent devant elle l'intérêt et la volonté du pays.

Elle dira qu'en retour, j'ai été enlevé du poste où sa confiance m'avait placé.

En quittant la politique, je ne forme qu'un vœu: c'est que la République ne soit pas atteinte par les coups dirigés contre moi, et qu'elle sorte triomphante des dangers qu'on lui fait courir.

Je dépose sur le bureau de la Chambre des Députés ma démission des fonctions de Président de la République.

M. Grévy démissionnaire, il fallait éviter à tout prix l'avènement au pouvoir de l'homme néfaste qui rêve pour la France une alliance avec l'Allemagne, de l'homme qui a froissé le pays dans sa corde la plus sensible, celle de l'honneur, en renonçant à la politique nationale, de l'homme qui nous a engagés en Afrique et en Asie dans des aventures qui auront pour conséquence de diviser nos forces au jour où nous jouerons contre l'Allemagne notre dernière carte ; de Jules Ferry, enfin !

Car sa candidature, tenue un moment dans l'ombre, en est sortie à l'heure où on s'y attendait le moins, et avec des chances de succès, hélas ! qu'il n'était pas permis de se dissimuler.

La nomination de cet homme aurait été le signal d'une guerre civile dans toute la France.

Dès le 29 Novembre, de nombreuses affiches blanches, d'une violence extrême, étaient placardées dans toutes les rues de Paris. En voici une, prise au hasard, qui vous donnera une idée des conséquences qu'aurait amenées l'élection de M. Ferry :

> « Peuple de Paris :
>
> « La République est en danger !
>
> « Le Congrès de Versailles va nommer le successeur de Grévy.
>
> « Et c'est Ferry-Famine, c'est Ferry-Tonkin, Ferry le valet de Bismarck, à qui une coalition monstrueuse veut livrer la République !
>
> « Républicains de toutes nuances, laisserons-nous commettre un pareil crime !
>
> « Non, mille fois non !
>
> « *Le sang ne doit pas couler inutilement, mais nous ne reculerons devant aucun sacrifice pour empêcher que la France ne soit représentée par le dernier des lâches !*
>
> « Citoyens, préparons-nous et veillons !
>
> « La République est en danger ! »

Voici, d'autre part, la lettre que M. Déroulède adressait le lendemain à la presse :

> « La Ligue des Patriotes, qui s'occupe avant tout de politique extérieure, et qui a pour premier but la révision du traité de Francfort et la restitution de l'Alsace-Lorraine à la France, la Ligue des Patriotes est décidée à rester neutre... jusqu'à nouvel ordre. Elle y met pourtant deux conditions :

la première est que M. Grévy, le Président discrédité de la République, quitte l'Elysée; la seconde est que M. Jules Ferry n'y entre pas.

« Il y va, selon nous, de l'honneur même de la France et de l'amitié encore possible de la Russie ».

M. Ferry n'a pas été nommé. « Vive la République ! »

⁕

M. Sadi-Carnot, notre quatrième Président, élu par 616 voix sur 852 votants, était député de la Côte-d'Or. Il est né à Limoges en 1837. Il a donc 50 ans.

C'est le petit fils du ministre Carnot qui, lors de la première révolution, fut honoré du surnom d'*Organisateur de la Victoire*... Reçu le 5me à l'Ecole Polytechnique en 1857, il sortit le no 1 de l'Ecole des Ponts-et-Chaussées.

Le 1er Novembre 1863, il était ingénieur.

Comme ingénieur, ses travaux sont restés célèbres. On lui doit des études de ponts et des constructions de chemins de fer et de navigation.

Au moment de la guerre contre l'Allemagne, il fut appelé à Tours, puis à Bordeaux par Gambetta, qui utilisa ses services pour l'organisation des armées de province.

En Janvier 1871, il fut nommé commissaire de la République en Normandie.

Arrivé au Havre le 16 Janvier, il trouvait la région presque complétement occupée par l'ennemi. Le département de l'Eure était au pouvoir des Allemands, ainsi qu'une partie du Calvados et de la Seine-Inférieure.

Le Havre seul restait libre.

M. Sadi-Carnot fit des prodiges pour ramener une sorte de prospérité et empêcher la démoralisation que la famine commençait à causer, surtout parmi les ouvriers.

C'est dire que les sympathies sont vives pour le nouveau Président de la République française dans toute la région Normande.

Il est juste d'ajouter que sa nomination a été accueillie dans toute la France avec la plus vive satisfaction.

Malgré tout, M. Sadi-Carnot n'est pas un homme politique marquant. Ce qu'il y a de surprenant, c'est la façon dont sa candidature est née. L'histoire enregistrera avec étonnement ce fait, que le parti républicain était tellement divisé qu'il a fait un Président de la République de M. Sadi-Carnot, simplement parce qu'un hasard de la discussion parlementaire a fait savoir que celui-ci, étant ministre des Finances, *a refusé à M. Wilson une demande qui ne lui semblait pas juste.*

On se rappelle, en effet, que c'est à la suite de cette affaire que M. Sadi-Carnot donna sa démission.

Son élection est surtout une réponse au message de M. Grévy.

Mais, de l'aveu unanime, M. Clemenceau a été, samedi, le grand électeur des gauches. C'est lui qui, pour écarter la candidature menaçante de M. Ferry a su, avec une habileté incontestable, faire sortir au bon moment celle de M. Carnot, et l'imposer aux radicaux qui n'en voulaient pas.

Il va sans dire que M. Clemenceau n'est pas arrivé à ses fins sans provoquer bien des colères et déchaîner contre lui bien des haines, mais il s'en préoccupe médiocrement. Ayant réussi, il estime que le succès excuse tout, et que l'échec infligé à M. Ferry vaut bien le supplément d'ennui que lui attireront certaines rancunes. En cela, M. Clemenceau a raison.

Le nouveau Président *est modéré.* Puisse son élection assurer la concentration définitive des groupes républicains qui s'est faite un instant sur son nom, et être un gage d'apaisement dans les esprits. Nous le souhaitons de tout cœur pour la France qui a besoin de repos, de travail et de confiance dans l'avenir.

17 Décembre 1887.

Enfin, nous avons un ministère, mais il faut avouer que ça n'a pas été sans peine. Il est vrai que M. Tirard, qui en est le père, a voulu former un ministère de conciliation.

Il a d'abord échoué. Puis, se ravisant, il a constitué un cabinet homogène et il a réussi. Il suffisait de commencer par là pour que la crise fut promptement terminée ; on y est venu, mais un peu tard.

Je dois à la vérité de reconnaître que cette combinaison ne

provoque aucun enthousiame. Cela tient à ce que, s'il est bon de former un ministère homogène, il ne faut pas y mettre que des doublures. Un homme d'État, qui est aussi un homme d'esprit, à qui l'on communiquait la liste ministérielle, disait en souriant: « Elle est très bien, mais je ne vois là que les noms des sous-secrétaires d'État, donnez-moi donc ceux des ministres ».

M. Tirard, Président du Conseil, est cet ancien bijoutier dont on fit, il y a sept ou huit ans, un ministre de l'Agriculture !

D'une compétence indiscutable dans toutes les questions agricoles, M. Tirard — toujours alors qu'il était ministre — fit quelques tournées dans les départements.

Un jour, dans le Midi, on lui faisait admirer des céréales ; arrivé devant un champ de maïs, rassemblant toute sa science agricole, il s'écria: « Qu'est-ce que c'est que ça ? »

Depuis ce jour, le nom de M. Tirard est passé à la postérité.

Remplacer aux Finances M. Rouvier par M. Tirard, c'est un comble. M. Rouvier, dont nous avons souvent combattu la politique, était au moins un financier d'une compétence indiscutable et reconnue. Quant à M. Tirard, c'est l'homme de toutes les compromissions ; c'est aussi le ministre des Finances qui, autrefois, laissa égarer cent millions dans son budget et ne put jamais les retrouver !

Des autres ministres, que dirons-nous ! A l'exception du général Logerot, ils sont bien peu faits pour relever le prestige du Cabinet dans son ensemble.

M. Dautresme est un musicien ; c'est probablement pourquoi on le conserve au Commerce.

M. Viette à l'Agriculture ! Connaissez-vous M. Viette ?

C'est un homme qui n'a pas d'histoire ; encore moins de passé.

Il n'en est pas de même du général Logerot qui entre à la Guerre.

Le général a toutes les sympathies ; l'armée et le pays le connaissent et ont confiance en lui. Pour nous, cette confiance est pleinement justifiée.

※

Le message du nouveau Président a été lu aux Chambres le 13 courant. Les députés l'ont entendu en silence, soulignant de quelques « très bien ! » les passages relatifs à la gestion des affaires publiques et au relèvement de nos finances. La droite l'a écouté, indifférente, presque distraite.

En somme, le message que M. Carnot vient d'adresser au Parlement n'a produit qu'un médiocre effet, et cela, probablement parce qu'il est venu huit jours trop tard.

Au lendemain du Congrès, le message eût été approuvé par l'unanimité du parti républicain ; aujourd'hui, les divisions s'étant de nouveau fait jour dans les rangs de la majorité, les ambitions personnelles, les rancunes mesquines ont reparu, et les exhortations, pourtant si sages du nouveau Président, n'ont éveillé dans le Parlement qu'un écho très affaibli.

L'accueil fait par la Chambre et par le Sénat au message, aussi bien qu'au ministère, est significatif. On en tire partout cette conséquence que nous traversons une courte trêve, à l'expiration de laquelle nous pataugerons de plus belle dans le gâchis si le Président de la République ne se décide point à confier le pouvoir à un véritable homme d'Etat.

Et cet homme d'Etat, fût-il M. de Freycinet, fût-il M. Floquet, n'arrivera point à faire la concentration rêvée. Il sera fatalement acculé à la *dissolution*, et la dissolution pour nous, c'est peut-être la fin de la République.

Qu'on y prenne garde.

·❋·

Un malheureux, un fou sans doute, vient de tirer deux coups de revolver sur M. Ferry, qui n'a heureusement pas été sérieusement blessé.

Ces deux coups de revolver auront pour effet de rendre à cet homme politique un peu de la popularité qu'il avait perdue.

❋

Les relations ne s'améliorent pas entre Saint-Pétersbourg, Berlin et Vienne.

Un homme seul empêche que ces trois nations en viennent aux mains : c'est l'Empereur Guillaume.

Le vieux souverain désire finir sa vie dans la paix ; il ne veut pas exposer la gloire qui s'est attachée à son nom aux suprêmes naufrages qui clôturent presque toujours les longues existences heureuses.

Tout le long de la frontière commune aux trois États, c'est une incessante allée et venue de troupes. La Russie entasse les soldats dans ses provinces occidentales.

Ils sont des masses innombrables d'hommes, tout prêts à envahir l'Allemagne et l'Autriche.

Si l'on est très inquiet à Vienne, on ne l'est pas moins à Berlin, où tout est mis en œuvre pour *retarder* une rupture avec la Russie. *Ils ne sont pas prêts sur les bords de la Sprée.* Bien qu'on travaille nuit et jour, avec une ardeur fiévreuse, à la confection du nouveau fusil, il se passera encore des mois avant que l'armée allemande en soit pourvue, et c'est ce qui explique l'attitude si... conciliante — nous allions dire si soumise — de l'arrogant chancelier.

On écrit de Saint-Pétersbourg que les paroles du ministre de la Guerre au Reichstag, accusant d'intentions agressives *les puissances non alliées de l'Allemagne* ont produit, dans les sphères gouvernementales, la plus déplorable impression.

L'opinion publique est indignée. Tout le monde est d'avis, à Saint-Pétersbourg, qu'on ne peut tolérer plus longtemps un pareil mépris des convenances internationales et qu'il faut enfin rappeler le gouvernement Allemand au respect de la dignité d'autrui.

En résumé, je crois que nous marchons à grands pas vers la guerre. Le plus petit incident peut la provoquer sur l'une ou sur l'autre frontière. Le jour où elle sera déclarée, la vieille Europe, issue des traités de 1815, sera bien près de disparaître. On sera à la veille de voir naître une nouvelle Europe dans laquelle l'Empire d'Allemagne ne comptera pour rien, et de la carte de laquelle la monarchie Austro-Hongroise sera peut-être elle-même effacée !

On dit que l'on peut considérer comme certaine la conclusion d'un arrangement en vertu duquel l'Angleterre prêterait à la Triple Alliance son concours sur mer, en cas d'une guerre européenne.

Il faut bien que les corsaires fassent leur métier !

Pour la dernière fois, parlons encore de Wilson, en faveur de qui la Chambre des mises en accusation vient de rendre une ordonnance de non-lieu.

Vous lisez bien, n'est-ce pas ? *Vient de rendre une ordonnance de non-lieu.*

Ce résultat était prévu depuis quelques jours, mais la lecture du texte de l'arrêt nous révèle le sentiment intime des magistrats qui ont rendu cette singulière décision. Si dans le dispositif, ils acquittent l'inculpé, ils proclament cependant bien haut sa culpabilité.

En résumé, l'arrêt dit que Wilson a fabriqué de fausses lettres, mais qu'il ne peut être poursuivi *parce qu'il n'y a pas de preuves.*

Reste à savoir si l'opinion publique ratifiera cet arrêt.

Comme le fait remarquer le *Temps*, les raisons juridiques données pour motiver la décision de la Chambre des mises en accusation seront savourées par les vieux légistes, mais elles seront peu appréciées par les esprits droits.

Nous dirons, nous, qu'un pareil résultat est tout simplement monstrueux ; il démontre qu'il n'y a plus de justice en France que contre les humbles et les misérables, et que les puissants peuvent tout se permettre sous le couvert d'une magistrature accessible à toutes les influences.

Voilà, certes, qui n'est guère fait pour relever le prestige de nos institutions, déjà si éprouvé par les scandales de ces derniers temps.

4 Janvier 1888.

Au milieu des nouvelles contradictoires qui nous parviennent de toutes parts, il est bien difficile de se faire une idée exacte de la situation européenne.

S'il faut en croire les renseignements qu'on nous communique à l'instant même, les dispositions belliqueuses des puissances auraient fait place à une attitude généralement beaucoup plus conciliante, et nous n'aurions plus à redouter une conflagration que tout faisait prévoir comme imminente.

Quelles que soient les nouvelles rassurantes venues du

dehors, il nous est impossible de ne pas croire que la guerre est inévitable à bref délai.

Deux raisons la rendent probable :

La haine des races, qui ne désarmera pas.

L'état des finances de l'Europe, écrasée sous le poids de ses formidables armements.

L'avenir donnera tort ou raison à nos prévisions pessimistes, mais nous avons bien peur qu'il ne les confirme.

*

Une lourde tuile vient de s'abattre sur la vieille tête du chancelier d'Allemagne.

On dirait vraiment que, depuis quelque temps, M. de Bismarck joue de malheur.

Nous avons appris en effet, il y a huit jours, que la police Suisse venait d'arrêter, sur le territoire fédéral, deux agents de la police prussienne, qui auraient trempé, sous l'inspiration directe de M. de Bismarck, dans le dernier complot tramé contre la vie du Czar.

Les documents saisis par la police de Zurich et de Genève, ne laissent aucun doute à cet égard.

Ces malfaiteurs ont d'ailleurs fait des aveux complets.

Alexandre III sait, depuis longtemps, à quoi s'en tenir sur les *desseins* de l'homme de Varzin à son égard ; il n'ignore rien de ce qui se trame contre lui sur les rives de la Sprée.

Katkoff ne l'avait-il pas prévenu !

Dans un rapport adressé au Czar, entre le complot du palais Annikof et celui de Gatschina, le journaliste russe ne craignait pas de citer le véritable auteur de l'assassinat. Le nom de Bismarck était écrit en toutes lettres. La police allemande était désignée par plusieurs de ses membres les plus importants.

Sur ce rapport, l'Empereur avait écrit à l'encre, en travers de la première page et en français :

— *Je sais ; tout cela est vrai.*

Oui, le Czar sait à quoi s'en tenir sur les attentats dirigés contre lui. S'il a eu des doutes, il n'en existe plus aujourd'hui dans son esprit.

Ce que Katkoff lui affirmait en le prouvant, le temps et le

hasard se sont chargés de le confirmer d'une manière indiscutable.

M. de Bismarck ne veut pas qu'on dise seulement de lui qu'il est le plus grand homme de son temps ; il entend aussi devenir le plus grand criminel de son siècle.

·*·

La fameuse alliance serait-elle déjà sur le point de se désagréger ?

On le croirait si nous nous en rapportons aux symptômes qui se manifestent depuis quelques jours dans la presse étrangère.

L'Autriche commencerait à s'apercevoir qu'elle est la dupe de l'Allemagne, qui voudrait lui faire tirer les marrons du feu, et M. Crispi aurait fait savoir à Berlin qu'il lui était impossible de lui assurer le concours effectif de l'Italie en cas de conflit armé avec la Russie ou avec la France, donnant pour raison que ses ressources ne lui permettaient pas de se préparer à une telle éventualité, et que le Roi entendait employer toutes les forces de la nation à la consolidation de l'unité italienne...

L'Angleterre enfin, hésiterait, paraît-il, à s'engager dans une aventure qui pourrait lui coûter gros. Elle a réfléchi sans doute, à l'attitude de l'Irlande, toujours prête à se soulever pour briser le joug sous lequel elle agonise. Elle n'est pas non plus sans inquiétudes sur le sort de son Empire des Indes, que la Russie menace et qu'elle pourrait bien lui ravir à la faveur de ses intrigues ou de ses *complaisances* en Europe. Et puis... il y a encore une autre raison, qui semblerait justifier doublement la quasi volte-face de l'Angleterre.

La Grande-Bretagne a bien un régime parlementaire, mais les sympathies de la reine Victoria n'en sont pas moins d'un grand poids dans la balance politique, surtout quand ces sympathies s'accordent avec les intérêts du pays.

Or, la Reine a fini par être frappée de l'hostilité témoignée par le prince de Bismarck au Kronprinz, *gendre de la souveraine.*

En Bismarck, elle voit la politique impitoyable qui a voulu

éloigner le Kronprinz du trône impérial, soit en lui faisant donner les soins de médecins *complaisants*, soit en lui arrachant une abdication en faveur d'un jeune fantoche, le prince Wilhelm.

Et la Reine n'est pas disposée à prêter son concours à cette œuvre, dirigée contre sa fille.

Les auspices sous lesquels débute la nouvelle année, sont donc assez fâcheux pour l'Allemagne, car nous la voyons réduite à l'impuissance *si elle est isolée*.

Et cet isolement était facile à prévoir. Les premiers dans la presse, nous l'avons depuis longtemps fait pressentir aux lecteurs du *Peuple*.

⁂

Notre politique intérieure traverse une période de transition.

Les Chambres sont d'ailleurs en vacances.

En attendant leur retour, la presse républicaine, qui avait commencé une timide campagne de dissolution, paraît s'apercevoir qu'elle faisait fausse route. Elle a vu les dangers qui pourraient en résulter pour la République, et nous constatons avec plaisir que la plupart des principaux organes qui l'avaient entreprise, la déconseillent aujourd'hui.

Exceptons-en toutefois les feuilles dévouées à la politique de M. Ferry, qui ne cherchent dans la dissolution que le moyen de faire revenir leur maître au pouvoir, sans s'inquiéter de savoir si la République n'en mourra pas.

M. Wilson — j'avais cependant promis ne plus parler de cet homme — est toujours en liberté. Bien mieux, il vient, dit-on, de fonder un nouveau journal dans lequel il va tenter de se blanchir aux yeux de ses électeurs Tourangeaux. C'est de l'audace !

J'ai promis depuis bien longtemps aux lecteurs du *Peuple*, une chronique sur la misère à Londres. Les événements politiques de ces derniers temps ne m'ont pas encore permis de l'écrire ; je leur en fais toutes mes excuses. Le prochain paquebot vous la portera.

LA MISÈRE A LONDRES

Quelques exemples de l'Egoïsme Anglais

20 Janvier 1888.

« Noble trône des rois, île souveraine, siège de Mars, second Eden, demi paradis, forteresse dressée par la Nature contre l'infection du dehors, berceau d'une grande race, joyau défendu par une mer d'argent contre la basse envie de voisins moins heureux ; lieu de bénédiction, terre sanctifiée, bien-aimée patrie, illustre entre les nations, Angleterre appelée à conquérir le monde !... »

Ainsi parle le poète.

Nous lui répondrons modestement : L'Angleterre n'est pas tout cela ; vous vous trompez. L'Angleterre n'a que le vernis des vertus et de la félicité qu'on lui prête. Nul pays au monde ne renferme autant de misérables que cette terre glorifiée par le génie d'un poète adulateur qui n'a vécu qu'au milieu des grands et qui n'a pas vu, au bas de l'échelle, la légion des déshérités que la faim torture. Nulle part le vice infâme n'étale avec plus de cynisme son écœurante ordure. Nulle part enfin, l'armée des maudits n'offre à l'œil un spectacle plus poignant, plus lamentable que cet enfer du Dante qu'on appelle Londres.

Pénétrons dans ces ruelles sombres, dans ces allées obscures, au fond de ces bouges où il n'y a plus d'espoir...

Descendons dans ces antres où la faim accroupie regarde poindre le crime, enlevons à la vieille et perfide Albion, le masque de fausse vertu, de fausse morale et de fausse pudeur dont elle cache ses gangrènes ; dépouillons-la du manteau biblique dont elle couvre ses païennes nudités et assistons, penchés sur les gouffres creusés au-dessous de ses orgueils et de ses richesses insolentes, à ses détresses, à ses débauches, à ses crimes !

L'auteur à qui je vais emprunter une grande partie des détails qui suivent, M. Hector France — un proscrit, je crois, et qui a. par conséquent, deux fois droit à notre sym-

pathie — a passé de longues années à Londres ; c'est donc
avec lui que nous descendrons dans les sphères maudites !

Mais d'abord, afin qu'on ne nous taxe pas d'exagération,
et qu'on ne nous accuse pas de charger les couleurs, citons
un article qui a paru récemment dans un grand journal de
la Cité, et qui a produit dans toute l'Angleterre une vive
sensation :

« Dans aucune ville d'Europe, écrit l'auteur, la misère
n'offre rien d'aussi profondément triste qu'à Londres.

« Quand les docks et les quais sont encombrés de car-
gaisons, quand la circulation dans les rues, la nuit, devient
presque impossible par l'encombrement des wagons et des
camions chargés de marchandises ; quand on voit la fourmilière humaine s'agiter affairée, et que tous les signes du
progrès et de la prospérité frappent les regards, il est
navrant de penser qu'au milieu de cette ruche industrielle,
de cet amas de biens, il existe pourtant des milliers de
travailleurs à la recherche d'une occupation, d'un emploi
qu'ils ne sauraient trouver dans cette Métropole elle-même,
où toutes les nuits le vin coule à flots, où les boutiques et
les marchés regorgent de fruits et de fleurs, où l'opulence et
même la prodigalité s'étale à tous les regards ; il y a une
population laborieuse, composée de beaucoup d'honnêtes
gens qui se demandent où ils trouveront le denier qui
paiera le misérable lit sur lequel ils pourront oublier, dans
le sommeil, les tortures de la misère. Ces malheureux ont à
peine les ressources nécessaires pour entretenir la vie à
l'aide d'une nourriture aussi mauvaise qu'insuffisante. Il est
certains quartiers de Londres où l'on se croirait instanta-
nément transporté dans un autre pays. Des figures pâles, des
corps émaciés couverts de haillons, une misère hideuse et
repoussante. Voilà ce qui frappe le regard à chaque instant.

« En ce qui regarde les classes pauvres, la position
présente de Londres a quelque chose de si anormal qu'elle
demande un remède prompt et efficace, car tôt ou tard, les
privations et le désespoir amèneront une révolte dont la
violence sera certainement proportionnée au degré d'injus-
tice qui l'aura produite. »

Nous ajouterons :

Combien d'errants par la nuit pluvieuse, glissant sans

bruit le long des chaussées ! Combien de blottis sous une voûte ou un coin de porte, cherchant en vain, pour y reposer une heure, une place que n'a pas trempée la pluie ! Combien l'œil aux aguets et la main sur le casse-tête, à la piste d'œuvres louches ! Combien stationnés au bord des ruelles, attendant, entrailles vides, le hasard qui doit apporter un morceau de pain !

Mais de tous ces misérables, le plus à plaindre, c'est l'enfant sans asile, la progéniture maudite du pauvre qu'a broyée la civilisation !

Écoutez Hector France :

« Vol, prostitution, suicide : triangle fatal où la jeune fille pauvre se débat en vain. A chaque angle, une chute finale, et, au milieu, la Faim avec son œil avide qui la suit dans la vie.

« Et qu'on ne dise pas : Et le travail ?

« Il n'y a pas de travail. Pour cent mille emplois dans les ateliers et les fabriques, il y a trois cent mille postulantes. Six cent mille mains de jeunes filles tendues, suppliantes, pour le droit au labeur fécond ! »

Trop de bouches, trop de bras !

Et quels salaires pourtant tentent ces avidités ! Quelques schillings par semaine. A peine de quoi payer le taudis et le pain, en échange d'un travail écrasant, souvent mortel.

Il y a, à l'heure actuelle, dans la capitale de l'Angleterre, plus de 360,000 prostituées, le quart environ des femmes et des filles de la métropole.

« 360,000. vivant ou essayant de vivre d'un commerce infâme ! écrit toujours H. France, et cela, dans la métropole de la terre légendaire des puritains, des missions, des lectures bibliques, des prêches en plein vent, des chapelles et des églises sans nombre ! 360,000 victimes d'une civilisation menteuse, d'une société hypocrite, vouées dès leur enfance pour la plupart au minotaure, entraînées, poussées, prises dans le fatal engrenage tournant au milieu des richesses et des joies, broyant les consciences, déchirant les chairs, rendant des loques humaines qui vont s'enfonçant toujours plus avant dans les égouts sociaux, perpétuant les races maudites ».

La misère, cette dompteuse des êtres, a tout ployé, brisé,

écrasé, aplati ; effacé le père, tué les affections, séché jusqu'aux entrailles et aux pudeurs maternelles.

La plupart des maisons du peuple ne sont que des bouges. Un couple et quelquefois huit à dix enfants s'entassent dans quelques pieds carrés !

Dans le voisinage des manufactures, l'agglomération est telle que les nouveaux locataires s'installent avant que le logement ait été désinfecté. L'historien qui nous conduit à travers ce noir labyrinthe, a vu une famille attendre dans la rue l'enlèvement d'un cadavre pour prendre possession de la chambre où le mort gisait *depuis une semaine.*

Léon Faucher cite une enquête dirigée par Lord Sandon au centre même du West-End, de laquelle il ressort que plus de mille familles n'avaient qu'une chambre, et les trois quarts réduits à un seul lit.

Père, mère, aïeuls, filles, garçons partageaient la couche commune !

« Dès le printemps, jusqu'à la fin de l'automne, dit toujours Hector France que nous citons de préférence, le typhus règne dans nombre de quartiers.

« Ses ravages valent ceux du choléra à Smyrne, de la fièvre jaune au Sénégal. Dans ces entassements, la peste s'élabore comme la pourriture qui suit les grandes batailles. Il n'y a guère de relâche que pendant l'hiver, et alors, le froid et la faim continuent la besogne ».

Et c'est par les statistiques épouvantables de ces morts, qui ne laissent jamais de vides, qu'on peut avoir une idée de l'effrayante multiplication des vivants.

Mais voici un *public-house.* Arrêtons-nous donc un instant devant le ruissellement de ses lumières et regardons :

Voyez-vous ces pauvresses maigres, à longues figures hâves, et ces grosses gouges enluminées qui passent la tête et entrent ? Elles avalent des potées de *gin* ou de bière, en silence, puis ressortent, s'essuyant la bouche du revers de la main ou du coin du tablier. Groupées en un coin, d'autres bavardent, essayant des bouts de chansons ou des pas de *gigue.* Des jeunes filles de quinze ans et des vieilles femmes de soixante hoquètent au même pot, et soûles de la même ivresse, hébétées, trébuchantes, sortent se poussant, faisant place à d'autres, et ainsi jusqu'à minuit, l'heure où se vident les tavernes, où le policeman pousse dans la rue, comme des paquets d'ordures, les clients ivres-morts.

Oh! cette fange de Londres où l'on rencontre des petites filles de 10 ans et au-dessous, achetées à leurs parents pour trois livres sterling, d'autres attirées de la campagne par la promesse d'un emploi honnête, placées dans des maisons de débauche d'où il leur est impossible de sortir; d'autres enfin, volées aux environs des écoles dans les quartiers populaires pour être offertes en pâture à des lords névrosés ou à des princes blasés !

Que nous sommes loin de l'Eden chanté par le poëte, n'est-ce pas?

Nous terminerons cette longue chronique par quelques exemples de l'égoïsme anglais, uniquement empruntés à des faits d'inhumanité révoltants :

C'était il y a quelques années, au milieu de l'hiver, plusieurs enfants jouaient ensemble au bord d'un étang.

Un jeune homme arrive, ses patins à la main ; il craint que la glace ne soit pas assez solide pour le supporter. Il invente un moyen d'expérience atroce; il jette sur la glace plusieurs pièces de monnaie, disant aux enfants qu'il les leur donne.

Tous s'élancent, la glace rompt, et ils périssent sous ses yeux ! !

Lui s'en va tranquillement, ses patins sous le bras, et la loi ne peut l'atteindre !!

L'année dernière, le steamer français *Ville de Victoria* était à l'ancre dans le Tage, près de Lisbonne. A la suite d'une fausse manœuvre, ordonnée par le commandant du cuirassé anglais *Le Sultan*, qui évoluait à ses côtés, la *Ville de Victoria* fut coulée. Trente-sept malheureux périrent dans cette catastrophe, sous les yeux de l'infâme commandant du *Sultan*, qui ne fit aucune tentative pour les sauver!

Les familles des malheureux naufragés attendent encore du gouvernement Britannique l'indemnité que le gouvernement Français a jusqu'ici vainement réclamée pour elles.

La semaine dernière, le steamer français *Ville de Tarragone* arrivait à Alger, ayant à son bord six hommes qu'il avait recueillis sur une goëlette portugaise qui se trouvait désemparée dans les parages du cap Finistère.

D'après les renseignements donnés par le capitaine de la goëlette, un vapeur portant pavillon anglais passa tout près des naufragés, et se refusa à les secourir. Le maître d'équipage, encouragé par la faible distance qu'il y avait entre son navire et le bâtiment anglais, se jeta à la mer, mais il se noya...

On apprenait, il y a quelques jours en Europe, la perte dans l'Atlantique du steamer français *Ministre Abattucci*.

Sur le point de couler, le second du bâtiment français ayant aperçu, à quelques encablures, un steamer anglais, le *Kingsdale*, capitaine Fair, de Newcastle, implora ses secours et le supplia de sauver l'équipage qui allait périr sous ses yeux.

Savez-vous ce que lui répondit cet Anglais ?

— « Je n'ai pas le temps », et il continua sa route !

Le seul survivant de cette catastrophe, recueilli par le steamer hollandais *Rhenania*, a pu raconter cette navrante aventure, honte de la marine Britannique, que la dureté d'âme, l'égoïsme, l'âpreté au gain ont signalée depuis des siècles au mépris du monde entier.

Après l'égoïsme, la lâcheté, et nous aurons enfin John-Bull sous toutes ses faces.

Voici en effet ce que nous lisons dans le *Morning-Post* du 16 Janvier dernier :

« Le capitaine Nepean et le lieutenant Tipping, de la marine royale, inspecteurs de l'Institution Royale anglaise des bateaux de sauvetage, ont procédé samedi, à Dunmore, à une enquête à propos de l'équipage du bateau de sauvetage de cette localité, à l'occasion de la perte du navire américain *Alfred-D-Snow*, sur la côte de Waterford, au commencement de ce mois. Les témoignages ont prouvé que le patron a refusé de lancer le bateau, et que, comme on le pressait de le faire, il a donné sa démission, tandis que l'équipage du navire naufragé se noyait. La cour a décidé que le patron *s'était rendu coupable de lâcheté*, et a manifesté l'opinion que sa conduite avait eu un effet démoralisateur sur l'équipage ; que si le bateau avait été lancé à temps, rien ne s'opposait à ce qu'il sauvât l'équipage du navire naufragé ».

Après cela, nous n'avons plus rien à dire de ces marins d'outre-Manche dont le brevet de lâcheté vient d'être si éloquemment rédigé par un des principaux journaux de « cette illustre nation, de cette bien-aimée patrie, de cette terre sanctifiée, de cette Angleterre enfin, appelée à conquérir le monde ! »

Pouah ! ! !

4 Février 1888.

Les espérances que nous avions fondées au sujet de la politique de M. Crispi à l'égard de la France ne se sont pas réalisées. Il est maintenant hors de doute que le Président du Conseil de la *nation Sœur* n'est plus qu'un vulgaire et docile instrument dans la main du chancelier d'Allemagne.

Le récent incident de Florence en est la preuve, confirmée d'ailleurs par l'attitude actuelle du gouvernement du roi Humbert dans l'affaire du traité de commerce Franco-Italien.

Ce n'est qu'à la suite de longs pourparlers, d'enquêtes et de contre-enquêtes ; ce n'est qu'en présence de la menace du rappel de notre ambassadeur à Rome, et de la protestation indignée du corps consulaire de Florence tout entier, que le vaniteux ministre Italien, devenu le roquet de Bismarck, a fini par désavouer l'instrument de ses basses œuvres, et par s'incliner devant les fermes injonctions du cabinet de Paris, dont l'attitude, dans toute cette affaire, a été d'une correction parfaite.

Il est profondément triste de voir l'Italie — jadis grande — l'Italie de Garibaldi et de Cavour tombée, hélas ! dans les mains de cet homme, qui ne se rappelle l'hospitalité que la France lui a donnée que pour s'allier aux anciens tyrans de son pays contre ceux qui l'ont affranchi.

On n'a pas l'air de se douter au Quirinal qu'il y a assez de soldats et d'hommes vaillants en France pour couvrir à la fois la frontière des Vosges et celle des Alpes — au besoin pour les franchir.

Il serait téméraire pour l'Italie d'en rendre l'expérience nécessaire.

·✳·

L'affaire Wilson — pardon de vous en parler encore, mais il le faut bien — l'affaire Wilson. dis-je, fait naitre tous les jours de nouveaux scandales. Hier, c'était un juge d'instruction, M. Vignaux, qui était brutalement révoqué par M. Fallières pour s'être procuré, par des moyens prétendus ILLICITES, la preuve matérielle de la culpabilité de l'homme qui a fait tant de mal à la République. Aujourd'hui, c'est le procureur général lui-même, M. Bouchez, qu'on accuse formellement d'avoir détourné d'un dossier des lettres dont la production aurait eu pour résultat immédiat l'incarcération à Mazas du gendre de M. Grévy. « Ce Procureur-là, dit le *Paris*, procure trop de sécurité aux malhonnêtes gens, et n'offre pas assez de garanties à la saine justice ».

Le *XIX⁻ Siècle* va plus loin ; il accuse M. Bouchez d'exploiter, comme propriétaire, *de mauvais lieux* et d'étendre sur les tenanciers qui lui payent loyer, la protection de ses hautes fonctions, au grand détriment de la morale et de la sécurité publique.

Il faut absolument qu'on fasse le grand jour sur tout cela ; il faut qu'on ait le courage de remuer toutes les boues, sans craindre de se noyer dans les remous qu'elles produiront ; il faut nettoyer, purifier. *La République ne vivra que si elle est honnête.* Tant pis si considérable est le nombre des indignes ; tant pis s'il faut frapper haut ; toutes les branches pourries doivent tomber. S'il devait en être autrement, si nous étions obligés d'assister plus longtemps au spectacle lamentable qui nous est offert par la magistrature, par la police, par le gouvernement lui-même, nous le disons bien haut, notre amour pour la France serait plus fort que notre amour pour une République qui tolère tous les tripotages, toutes les injustices, toutes les infamies, et jamais nous ne sacrifierons l'avenir de celle-ci à *l'honneur* de celle-là.

La France avant tout, telle est notre devise.

Et qu'on ne s'y trompe pas, ce raisonnement est celui du plus grand nombre. Il est celui des masses chez lesquelles la lassitude augmente et le dégoût monte tous les jours davantage. Consultez vingt paysans ; à l'heure actuelle, vous trouverez quinze monarchistes.

Et ces quinze paysans étaient cependant, il n'y a pas six mois encore, d'excellents républicains !

C'est que, depuis six mois, la République a fait du chemin... en arrière.

En 1885, dans les élections sénatoriales, les candidats conservateurs n'avaient eu que 11.000 suffrages sur 56.000 électeurs inscrits.

Or, le 5 Janvier dernier, ils ont eu 30.000 voix sur 69.000 inscrits, malgré les dispositions de la loi, qui assurent la prépondérance aux délégués des conseils municipaux des grandes villes, et en dépit de la pression électorale à laquelle le gouvernement s'est livré.

Nous le répétons pour qu'on l'entende bien, ce n'est pas seulement le défaut de discipline qui nuit à la République dans l'esprit des populations, ce sont les fautes commises, ce sont les abus multipliés, les stériles querelles des partis, la négligence des pouvoirs publics ; c'est le spectacle désolant que donne chaque jour la Chambre, c'est l'anarchie parlementaire, c'est l'instabilité gouvernementale, ce sont les scandales qui dominent et paralysent toutes les affaires sérieuses, c'est peut-être aussi la crainte d'une révolution en perspective.

« Il faut voir les choses comme elles sont et ne pas se payer d'illusions... Il y a de mauvais symptômes », écrit M. Ranc dans le *Matin*.

Et il ajoute en parlant des élections sénatoriales : « Il doit apparaître clairement aujourd'hui à tout homme de sens avisé que ce *serait une pure folie d'aller devant le suffrage universel avant que nous soyons reconstitués*, avant d'avoir une majorité et un gouvernement. »

M. Ranc a raison ; la République a tout à perdre à des élections générales. Nous croyons même qu'elle ne survivrait pas à cette expérience, qu'il faut à tout prix éviter.

L'avènement d'un ministère Floquet paraît ne plus être qu'une question de semaines, peut-être de jours.

On prête à M. Floquet le désir de restaurer la République aimable, de se montrer ferme sans raideur, autoritaire avec une pointe accentuée de libéralisme.

Nous savons de la façon la plus certaine que la Russie ne sera ni blessée, ni même froissée de l'avènement de M. Floquet.

La constitution de ce ministère est justement considérée

par le Président de la République comme la seule mesure pouvant empêcher la dissolution.

M. Flourens resterait aux Affaires étrangères, M. Rouvier irait aux Finances. M. de Freycinet prendrait le portefeuille de la Guerre.

Ces choix seraient excellents, et nous faisons des vœux pour que cette combinaison réussisse.

La France y gagnerait en prestige et nous ferions ainsi meilleure figure au milieu des nations armées.

⁂

Je rouvre ma lettre pour vous dire un mot de l'émotion produite en Europe par la divulgation du traité d'alliance entre l'Allemagne et l'Autriche.

L'Europe devrait cependant être habituée à ces coups de théâtre familiers au chancelier prussien, toutes les fois qu'il veut obtenir de son docile parlement les millions dont il a besoin pour achever de transformer l'Allemagne en un vaste camp retranché.

La divulgation du traité en question peut cependant avoir une cause qu'il est bon d'envisager.

Nous sommes à la veille d'une entente *officielle* entre la France et la Russie.

M. Floquet, le futur président du Conseil des ministres, vient d'avoir une entrevue avec l'ambassadeur de Russie, qu'il recevra à sa table le 12 courant, avec l'agrément exprès de l'Empereur Alexandre III.

C'est donc bien, cette fois, l'accord complet entre les deux pays ; c'est bien le scellement au grand jour de l'alliance Franco-Russe qui va se dresser, puissante, formidable, devant l'Allemagne menaçante, et empêcher l'envahissement du vieux monde par les hordes de l'Attila Germain.

Cette alliance tant redoutée par nos ennemis, M. de Bismarck a bien pu vouloir y répondre par la divulgation du document que nous connaissons.

Il a peut-être voulu chercher à intimider la Russie, à faire hésiter la France.

Mais le coup est manqué, car la France et la Russie n'ont cure des menaces de l'homme de Varzin.

Ces deux puissances, maintenant indissolublement unies, continueront donc leurs armements défensifs. Elles attendront l'arme au pied, la foi au cœur, les événements de l'avenir. Si c'est la guerre, eh bien! soit. Puisque nous la considérons comme inévitable, l'Europe sera plus tôt débarrassée de l'épouvantable joug qui l'écrase.

Allons, Teutons; hâtez, si bon vous semble, cette heure qui doit sonner là-bas, sur nos pendules volées, celle de l'effondrement de votre pays exécré!

21 Février 1888.

Nous sommes obligé de revenir brièvement sur le discours que M. de Bismarck a prononcé il y a quinze jours à la tribune du Reischtag.

Le *clou* de ce discours est, pour nous, les avances non suspectes qu'il contient à l'adresse de l'Empereur de Russie, dont l'éloignement de la triple alliance remplit d'amertume le cœur du chancelier.

Mais la Russie fait la sourde oreille et continue de masser sur sa frontière des forces de plus en plus considérables.

C'est que, sous leur forme pacifique, les assurances de M. de Bismarck ne tranquillisent personne.

Il y aurait, pour le chancelier, un moyen beaucoup plus simple que tous les discours du monde pour rassurer l'Europe : ce serait de s'arrêter dans la voie des armements où il s'est lancé.

Nous serions bien naïfs de croire qu'il en sera jamais ainsi.

Il faut donc qu'on se prépare fiévreusement à la guerre, aussi bien à Saint-Pétersbourg qu'à Paris, sans se préoccuper des menaces platoniques que ces mesures, purement défensives, peuvent provoquer.

S'endormir un seul jour serait s'exposer à se réveiller un matin dans les fers!

Si l'heure n'était pas si grave et l'horizon si plein de sombres nuages, nous pourrions nous égayer un peu aux dépens de ce discours de M. de Bismarck, qui devait faire trembler tous ceux qui ne gravitent pas, timides satellites ou plats valets, autour du Jupiter tonnant de Berlin.

Que pensez-vous en effet, chers lecteurs, de la *furor teuto-nicus* dont le chancelier nous a régalé au cours de sa harangue aux députés allemands ?

Nos camarades de 1870, qui ont vu ces *lourdauds* à l'œuvre, ceux qui ont été témoins de leurs exploits, se demandent par quelle aberration d'esprit le chancelier de fer a pu exalter ainsi le courage d'hommes qui ont toujours eu l'habitude de combattre dix contre un.

Si c'est avec les soldats que nous connaissons que M. de Bismarck prétend déchaîner la *fureur teutonne*, piètre pastiche de la *furia française*, nous pouvons être tranquilles.

L'histoire nous dit que la seconde a toujours résisté aux revers et aux malheurs, tandis que la première s'évanouit au moindre échec, à la moindre infortune.

La *furor teutonicus !* Décidément vous êtes grotesque, M. de Bismarck. Et maintenant, laissez-moi vous prendre en flagrant délit de contradiction :

« Notre corps d'officiers est le premier de l'Europe » avez-vous dit dans votre dernier discours.

Vous étiez moins affirmatif quand vous disiez l'*année dernière*, à cette même tribune du Reichstag :

« Nous avons vaincu la France en 1870, mais c'est par miracle ; ce pays a toujours d'excellents soldats, *parfaitement conduits*, et rien ne nous autorise à espérer que nous serions aussi heureux dans une prochaine guerre ».

Quand avez-vous dit vrai ? quand avez-vous menti ?

En terminant, M. de Bismarck a pris la peine de nous faire savoir qu'il ne craignait que Dieu.

Nous comprenons cette crainte, car il se pourrait en effet, que le prince-chancelier ne fût pas absolument en règle avec le maître des mondes et que sa conscience (!) fût quelque peu troublée à l'approche de cette éternité redoutable qui va le saisir.

Car, quelle effrayante consommation d'existences humaines a faite cet ogre toujours inassouvi !

Sans compter les *obstacles* qu'il a trouvés sur sa route, et qu'une main toujours mystérieuse a fait disparaître.

Gambetta avait porté un toast à la « justice immanente » et Gambetta est mort frappé de la balle d'un revolver, par une main qui n'était pas française !

Skobeleff, le héros Russe, avait juré de conduire ses bataillons à travers l'Allemagne entière, et Skobeleff est mort assassiné, à Moscou !

Drames terribles qui sont demeurés impunis, parce qu'on n'a pas osé *chercher la femme*, et remonter du bras qui avait frappé, *à la tête qui avait commandé*.

Plus tard, le roi de Bavière, dans lequel Bismarck ne trouvait pas un instrument assez souple, assez complaisant, fut déclaré fou.

Quelques jours après, le malheureux Louis II se noyait, entraînant dans sa catastrophe le médecin qu'on lui avait *imposé* et qui, seul, aurait pu raconter les circonstances du drame où il trouva la mort.

Et le Czar, tous les jours menacé par de prétendus complots nihilistes, dont les organisateurs sont des agents prussiens, pris sur le fait, en Suisse, par la police de la Confédération !...

Et le Prince Impérial d'Allemagne, *condamné*, paraît-il, *à mourir par raison d'État*, s'il n'abdique pas ses droits au trône !

Tout ce qu'on dit, tout ce qu'on soupçonne, tout ce qu'on affirme est-il donc l'œuvre de cet homme ? L'histoire le dira peut-être un jour ; un jour peut-être saurons-nous jusqu'où son bras a trempé dans le sang de ceux qui passent pour ses victimes !

✳

L'Italie rappelle ses troupes de Massouah. Après la folle équipée d'Abyssinie, il faut s'attendre à toutes les surprises. On travaille nuit et jour, aux armements de la flotte ; la frontière est hérissée de baïonnettes.

Serait-ce de par là que jaillira l'éclair !

Ce que n'ose Bismarck, Crispi l'entreprendra-t-il ?

Celui-ci chercherait-il en Europe une diversion à l'impopularité et à la honte de sa reculade en Égypte ? Peut-être.

Dans tous les cas, tenons-nous prêts et veillons.

Il n'y a pas une minute à perdre, il faut qu'on s'organise en vue d'une lutte prochaine.

Mais avant tout, il faut que notre fantôme de ministère disparaisse, il faut que des hommes résolus, ayant un nom au dehors, prennent au plus tôt le gouvernail confié à des mains trop débiles; il faut que la Chambre, au lieu de s'hypnotiser dans des discussions stériles, tourne les yeux vers les frontières, et puise dans le danger qui nous menace assez de patriotisme pour faire face aux événements de demain. Il faut qu'elle ait le courage de voter un emprunt *considérable* pour combler le déficit de notre budget, pour remettre en état notre flotte désorganisée par la fatale expédition du Tonkin, et pour nous créer une réserve qui puisse parer aux premières nécessités d'une entrée en campagne.

Car ce n'est pas sous le feu des canons, ce n'est pas lorsque la patrie est en danger qu'on peut s'adresser utilement au crédit public. Il faut que tout cela soit réglé longtemps d'avance et, que le jour venu, tout le monde puisse marcher à l'ennemi, sans autre préoccupation que celle d'être victorieux.

18 Mars 1888.

Un règne vient de s'éteindre, étranglé dans une syncope, et un autre arrive... de San Remo, perclus, tremblant de fièvre, emmitouflé dans la ouate.

Celui qui vient de s'en aller a résisté longtemps et souvent aux embrassements de la mort. L'autre, celui qui arrive, est à la merci d'un scalpel !

Nous ne dirons que peu de choses de ce monarque qui repose maintenant entre les quatre planches d'un cercueil, de cet Empereur qui aurait pu revendiquer le surnom que s'attribua jadis Attila : le Fléau de Dieu.

Guillaume n'aura sa place dans l'histoire ni auprès de César, ni à côté de Napoléon.

Esprit rétrograde, ennemi des arts et des lettres, il ne fût qu'un soldat vulgaire, merveilleusement servi par le hasard et par les hommes qui ont fait sa gloire.

Il n'assista que de loin aux victoires de ses armées. Il n'en fût jamais l'organisateur.

Sans Bismarck et de Moltke, l'Allemagne serait toujours le petit royaume de Prusse. Elle n'aurait jamais vaincu l'Autriche à Sadowa, elle n'aurait jamais écrasé la France à Sedan.

Pendant sa lente agonie, le vieux Souverain a certainement aperçu dans les pénombres de l'avenir, un cataclysme succédant à une apothéose. Entre l'hostilité naturelle de la France et l'hostilité mal déguisée de la Russie, il a vu l'Allemagne défaite, envahie, saignée à son tour !

Il est mort hanté par le fantôme de la France puissante.

Il est mort en pleurant sur cet empire d'Allemagne qu'il a ressuscité, mais qui est moins fondé aujourd'hui qu'il y a dix-sept ans.

Nous assisterons d'ailleurs bientôt à l'écroulement de cet édifice fait du sang et de la chair des millions de cadavres qui pourrissent, rongés aux vers, dans les campagnes fécondes de la vieille Europe. Nous assisterons, dis-je, à cet écroulement sans qu'une guerre soit nécessaire peut-être.

Déjà la désagrégation commence !

Déjà les petits États annexés manifestent des velléités d'indépendance.

Ils voudraient s'affranchir de l'hégémonie allemande.

Tous ont fait des réserves sur le droit de déclarer la guerre accordé au Souverain par la Constitution. Ce sont des symptômes graves qui se manifestent dans un moment critique pour l'Empire.

Une dépêche de Berlin dit que l'on signale de grands conciliabules tenus par les chefs du parti militaire. Une réunion a eu lieu chez le maréchal de Moltke. Le Prince Guillaume y assistait.

On aurait décidé, parait-il, le vieux chef de l'armée allemande à ne pas donner suite à son intention de prendre sa retraite, aussitôt après les funérailles de l'Empereur Guillaume.

Une grande émotion règne dans le monde militaire, en raison de la phrase significative où il est dit : *Je suis indifférent à l'éclat des grandes actions qui apportent la gloire*, par laquelle l'Empereur termine sa proclamation au peuple Allemand.

On ne saurait croire l'irritation que cette phrase a causée parmi les généraux connus pour appartenir au parti qui, sous le vieil Empereur, poussait à la guerre.

Il est probable que Frédéric III a voulu, intentionnellement, donner un avertissement à ce parti qui a accaparé le prince Guillaume, et avait réussi à peser sur les décisions du chancelier.

Le règne du nouvel Empereur s'affirme donc par des assurances très pacifiques. Une amnistie générale doit être proclamée.

L'Alsace-Lorraine sera, paraît-il, soumise à un régime beaucoup moins rigoureux que par le passé. La politique de conciliation va faire place à la politique de provocation, érigée en système de Gouvernement par M. de Bismarck, qui verrait lui-même sa prépondérance dans les affaires intérieures et extérieures considérablement amoindrie. Il n'est pas jusqu'aux généraux trop ouvertement partisans de la guerre avec la France qui ne soient sacrifiés.

Mais...

Frédéric III vivra-t-il assez de temps pour imposer sa politique d'apaisement, qui pourrait seule redonner à son pays le calme et le bien-être dont il a tant besoin ?

Nous ne le croyons pas.

C'est pour cela qu'il faut toujours nous tenir prêts, et ne pas nous séparer de notre alliée naturelle : la Russie.

Rappelons, en passant, que c'est pour avoir combattu en 1871, l'annexion de l'Alsace-Lorraine à l'Allemagne, que l'Empereur actuel a été, depuis lors, systématiquement tenu éloigné des conseils du Gouvernement par M. de Bismarck. Lui seul, parmi cette soldatesque ivre de pillage et de sang, avait eu la vision de l'avenir ; lui seul avait compris que la France, amputée de ses deux provinces, n'accepterait pas le sacrifice et se dresserait un jour, réorganisée, terrible, en face de l'usurpateur, prête à tout pour venger ses défaites, et replanter sur Metz et Strasbourg les fières couleurs françaises.

Mais les conseils de la sagesse ne devaient pas être écoutés.

A cette époque, quand Guillaume ceignait la couronne, il était entouré d'une armée triomphante, qu'aucune autre ne pouvait affronter, et il n'y avait plus d'armée française !

C'en était fait de tout. Personne ne croyait plus au relèvement de la France ; on la croyait morte et on la méprisait.

Aujourd'hui !

Aujourd'hui, les vaincus se sont relevés ; ils ont pansé leurs blessures, cicatrisé leurs plaies.

Ainsi que l'avait prévu Frédéric III, ces vaincus réclament maintenant l'Alsace-Lorraine.

Et il faudra bien qu'on l'accorde à la force si on ne peut l'obtenir de la raison.

·✳·

La guerre faite aux valeurs russes par l'Autriche et l'Allemagne s'accentue. Ces deux puissances espèrent amener ainsi la Russie à une capitulation. Il n'en sera rien, et c'est un diplomate qui l'affirme: « Les prétentions de M. de Bismarck, dit-il, ne peuvent être acceptées par la Russie qu'après une guerre *que nous sommes prêts à engager*, guerre dans laquelle l'Allemagne pourrait perdre *jusqu'à sa propre existence.* »

Par cet extrait, vous pouvez juger du courant actuel des idées en Russie. On veut absolument la guerre, et nous ne sommes pas éloignés de croire que le Gouvernement ne demande pas mieux que de se rallier à ce souffle belliqueux.

·✳·

Ah ! que nous avons des ministres intelligents.

Figurez-vous qu'ils n'ont rien trouvé de mieux, pour se rendre populaires sans doute, que de mettre le général Boulanger en disponibilité par retrait d'emploi.

Rien que cela, parce que le général s'est permis de venir à Paris sans permission voir sa femme malade.

Le rapport de police, je veux dire le rapport ministériel, dit même que l'ancien commandant du XIIIme corps était déguisé à l'aide de grandes lunettes vertes et qu'il affectait de boiter.

Voyez-vous le général Boulanger débarquant à la gare de Lyon sous l'accoutrement d'un échappé de la Cour des Miracles !

Bien que tout le monde ait ri à la lecture de ce grotesque document, paru dans l'*Officiel*, il n'en est pas moins vrai que cette affaire est profondément triste, et qu'elle va prendre une grande importance.

L'émotion qu'elle a produite dans les départements est immense.

Par cette mesure, le général Logerot et M. Carnot viennent tout simplement de décréter l'élection du général Boulanger dans les 86 départements de la France.

La peur des 60.000 voix accordées au général lors des dernières élections a fait commettre au Gouvernement une folie qui peut avoir des conséquences graves.

Ce n'est pas parce que Boulanger est venu à Paris qu'il a été frappé d'une peine inique, mais bien parce qu'il a le tort d'être trop populaire en France.

C'est parce que cette popularité, qui n'a cependant rien d'inquiétant, nous en avons la conviction, effraye nos fantômes de gouvernants, qu'il a été sacrifié.

Malheureux gouvernement qui, à l'heure où l'horizon est encore si noir d'orage, prive la France d'une force en qui tout le monde espérait !

La France a confiance dans un homme et on supprime cet homme juste au moment où ceux dans lesquels l'Allemagne plaçait la sienne disparaissent ! On n'est pas complice des Allemands à ce point.

Remarquez bien ceci : par l'aveuglement de nos hommes politiques, un plébiscite va avoir lieu sur le nom du général Boulanger.

Un plébiscite *dans ces conditions*, c'est l'inconnu.

C'est peut-être la porte du Pouvoir ouverte à un nouveau dictateur, puis à un nouveau César.

Nous redoutons ce plébiscite ; nous le redoutons pour le général, pour la France.

Car nous savons que l'ambition germe vite dans le cœur des hommes. Même chez ceux qui professent au plus haut degré l'amour de la Patrie et le respect des lois.

P.-S. — Les débats qui ont eu lieu hier à la Chambre au sujet de l'affaire Boulanger, ne modifient en rien notre opinion au sujet de la mesure prise contre l'ancien commandant du XIIIme corps.

Jusqu'au jour où le Gouvernement nous aura démontré que le général favorise l'agitation qui se produit sur son nom, nous resterons convaincu qu'il y est étranger.

Ce ne sont pas des déclarations vagues, comme celles qu'on nous a servies, qu'il nous faut, *ce sont des preuves*, et à l'heure où nous écrivons, nous n'en avons pas.

5 Avril 1888.

L'épée du général Boulanger est brisée !

Le Conseil d'enquête, ses frères d'armes, l'ont condamné. Le Gouvernement l'a exécuté.

Remarque bizarre et bizarre coïncidence : presqu'à l'heure où le général était frappé, le tripoteur Wilson était absous.

Quel éloquent contraste !

Le pays ne comprendra pas certainement, ou plutôt il comprendra trop bien !

Il verra d'un côté les complaisances d'une magistrature soumise ; de l'autre, les rigueurs exagérées d'un Gouvernement affolé.

Et il appréciera dans sa suprême justice.

Déjà Marseille a répondu à la politique de nos gouvernants en envoyant à la Chambre Félix Pyat, l'homme de la Commune.

Dans l'Aisne, le général Boulanger est arrivé en tête de liste avec 45.000 suffrages.

Ce sont deux soufflets à l'adresse des hommes néfastes qui ont la responsabilité du pouvoir.

Le général Boulanger, devenu éligible par suite de sa mise à la retraite, s'est désisté de sa candidature dans l'Aisne, mais il se présente dans le Nord où son élection paraît assurée.

Dans une proclamation remarquable, le général fait un tableau saisissant de l'impuissance de la Chambre. Il démontre que cette Chambre est devenue absolument étrangère aux aspirations du pays, et il conclut en disant que la dissolution et la revision de la Constitution s'imposent.

Cette proclamation a produit dans toute la France une impression profonde. Elle a effrayé le marais parlementaire, mais elle a rassuré le peuple, et le peuple votera pour Boulanger du Nord au Midi, de l'Est à l'Ouest, partout enfin, chaque fois qu'une élection aura lieu dans un département quelconque.

C'est donc un plébiscite, comme nous le disions dans notre dernière correspondance, qui se prépare sous forme de protestation contre une décision maladroite éclose en un moment de folie dans la faible cervelle de nos ministres fantômes.

Mais à quoi bon parler de ces ministres, pour lesquels Avril n'aura pas de sourires !

Etant de ce monde où les plus... vilaines choses ont le pire destin, ils n'ont vécu, les pauvres, que juste le temps de commettre quelques sottises, pour la plus grande joie de ceux qui nous guettent au-delà des frontières.

Il est vrai qu'ils l'ont bien employé, ce temps, et que, sans doute, on leur en saura gré *là-bas !*

Donc, notre ministère est mort, comme le Christ, un Vendredi-Saint, immolé par une faible majorité sur la croix de la révision.

Espérons qu'il ne ressuscitera pas, et que la pierre du cercueil où il dort du sommeil de l'oubli est bien scellée sur son cadavre où nul n'ira déposer la couronne des regrets que l'on offre à l'ami défunt.

Un autre lui succède ; un autre qui était attendu depuis longtemps et que nous avons appelé de tous nos vœux. M. Floquet est maintenant au gouvernail ; il est entouré d'hommes connus et d'une valeur incontestée ; l'équipage arrivera-t-il à bon port ?

Saura-t-il doubler le cap des tempêtes ? La barque ne fera-t-elle pas naufrage avant d'atterrir ! C'est ce que personne ne sait.

Il y a déjà des pronostics fâcheux. La presse républicaine n'a pas été unanime dans ses souhaits de bienvenue. On critique la présence de M. de Freycinet à la Guerre et celle de M. Goblet aux Affaires étrangères. L'avènement de celui-là déplaît à l'armée ; celui-ci est contesté comme diplomate. De plus, le ministère étant exclusivement *radical*, on redoute l'hostilité des autres fractions du parti républicain, qui ne se prêteront pas à la concentration nécessaire au salut du régime actuel.

Nous considérons le ministère Floquet comme l'expérience suprême de ce régime ; s'il échoue dans sa mission, *et nous le craignons*, la République sera livrée à tous les hasards de l'imprévu, et nous serons à la veille des événements les plus graves.

Le ministère Floquet, c'est la dernière carte.

C'est la dernière cartouche. C'est la garde à Waterloo.

Lui disparu, c'est la route ouverte aux prétendants ; c'est

peut-être la guerre civile avec la guerre étrangère et les horreurs de l'invasion.

Car un pays sans stabilité gouvernementale, sans orientation politique, sans boussole et sans guide, est un pays sans force, fatalement voué à l'impuissance et incapable, l'heure venue, d'assurer l'inviolabilité de ses frontières.

Nous ne voudrions pas être trop pessimiste, mais l'avenir nous paraît plein de périls et nous ne l'envisageons pas sans un véritable effroi.

Pauvre France qui s'affaiblit, qui s'use en querelles intestines au lieu de s'unir et de se fortifier en vue de luttes futures !

*

Le *Times*, par l'organe de son correspondant parisien, attaque violemment le général Boulanger. *La Lanterne* relève vertement le fait :

« M. de Blowitz, avec un courage vraiment surprenant, dit-elle, donne au général Boulanger le dernier coup de pied de l'âne. Cela ne nous étonne pas.

« Ce mouchard international, nommé officier de la Légion d'honneur pour des services assez louches rendus à plusieurs ministres sans scrupules, a dû recevoir de M. Ferry la promesse d'une nouvelle décoration.

« M. de Blowitz est trop pratique pour faire à l'œil une besogne aussi méprisable. »

Mouchard international ! le nom restera à M. de Blowitz.

*

Nous avons entretenu nos lecteurs, il y a longtemps déjà, de la question pendante entre la France et l'Angleterre au sujet des Nouvelles-Hébrides, et de l'évacuation possible de ces îles par les troupes françaises.

Nous disions alors que nous ne croyions pas un ministre français capable de prendre la responsabilité d'une pareille mesure.

Nous nous trompions. Il s'en est trouvé un : M. Flourens.

Et dire que cette humiliation nationale est passée presque inaperçue au milieu des événements de ces derniers mois !

C'est à peine si la presse française s'est occupée de cette affaire, qu'en tout autre temps elle n'eût pas laissé s'accomplir sans protester énergiquement.

Encore une fois, le pavillon français s'est donc abaissé devant la loque anglaise, devant cette loque de la barbarie, qui n'a le plus souvent flotté que sur des champs de bataille d'où l'honneur était absent.

Témoin Tel-El-Kébir.

Vraiment, la rougeur de la honte nous monte au front.

Mais le *Times* est satisfait ; mais le *Standard* exulte. Écoutez les éloges que ce dernier adresse à M. Flourens, le ministre habile qui a eu le rare mérite de compromettre les intérêts et la dignité de la France, et d'exciter l'enthousiasme anglais :

« N'eût-il rien fait de plus que de mettre fin *honorablement* à la situation équivoque qui existait, M. Flourens aurait droit aux remerciements de ses concitoyens. Malheureusement, en France, la faculté d'apprécier sainement les choses semblerait être sur son déclin. »

C'est ce qu'on peut appeler un brevet de patriotisme à rebours.

19 Avril 1888.

Après l'Aisne, après la Dordogne, le département du Nord vient d'acclamer le général Boulanger en l'élisant député par 173,000 voix, soit *cent mille voix de majorité*.

Et après le Nord, tous les autres départements sont prêts à élire le général, si, comme nous le croyons, la campagne électorale se poursuit sur son nom.

L'élection du général Boulanger est une réponse aux calomnies dont on l'a abreuvé. Elle est une protestation contre nos mandataires impuissants et incapables de constituer une majorité parlementaire. Et nous dirons plus, l'élection du général aura certainement comme conséquence la consolidation du cabinet Floquet, car la Chambre y regardera maintenant à deux fois avant de continuer sa série de renversements ministériels, le pays voulant, avant tout, la stabilité.

Nous voulons en effet, nous tous, vivre d'affaires et non mourir de politique.

Le courant Boulangiste est, à l'heure actuelle, devenu si puissant qu'on ne le remontera pas.

Les 73 journaux du Nord étaient contre le général, et, cependant, le général a été nommé avec une écrasante majorité.

La presse elle-même est impuissante à enrayer le mouvement populaire.

Il est vrai que le jour où l'on acquittait Wilson, on jetait hors de l'armée un homme qui avait la confiance de tous.

Et l'on voudrait que le pays ne protestât pas !

Si la République doit disparaître, elle mourra surtout de ces deux fautes.

Parlant du résultat de l'élection du Nord, le *Rappel*, qui n'est pas content, dit :

« Que, par exemple, le général Boulanger se présente à Paris et il verra comme les électeurs le recevront !

« Et lorsqu'on n'a pas Paris, on n'a rien. »

Ainsi, pour le journal de M. Lockroy, Paris, *c'est tout*, et le reste de la France ne compte pas !

En vérité, on ne saurait être plus maladroit, et vraiment le général a beau jeu avec de tels adversaires.

Mais n'en déplaise au *Rappel*, ainsi qu'à tous les aveugles du marais parlementaire qui nous ont plongés dans le gâchis où nous pataugeons, si le général Boulanger se présentait à Paris, il y serait élu, comme il l'a été dans le Nord, comme il le sera partout où sa candidature sera posée.

C'est l'évidence même.

Nous l'avons déjà dit, nos lecteurs s'en souviennent, et jusqu'à présent, nos pronostics n'ont point été démentis par les faits.

De plus, dès le premier jour, nous avions eu le pressentiment que la question Boulanger était grosse de conséquences pour l'avenir. Nous avons prévu qu'un jour, elle pourrait avoir une influence considérable, non seulement sur les destinées du pays, mais encore sur la politique européenne tout entière.

C'est ce qui arrive.

J'emprunte au *Tagblatt*, de Vienne, les lignes suivantes qui résument bien la situation :

« Dans la vie politique, une faute est plus grave qu'un

crime. L'éloignement du général Boulanger de l'armée a été une faute capitale à peine réparable. Elle émanait d'une politique mesquine, à courte vue.

« Les opportunistes avaient perdu tout contact avec les battements du cœur de la nation française. Ils croyaient que la popularité du général Boulanger n'était que superficielle et ne se doutaient pas qu'il possédait ce mot magique qui ouvre les cœurs des masses.

« Ils ne voulaient pas reconnaître que Boulanger est une puissance et, dans leur aveuglement, ces politiciens n'ont pas su se servir de cette puissance dans leur propre intérêt.

« Comme ministre de la Guerre d'un cabinet républicain, Boulanger pouvait être gênant, mais non dangereux.

« Les opportunistes voient clair enfin, et se lamentent, *mais il est trop tard.* »

·✳·

Le député allemand Bebel disait dernièrement :

« Trois hommes ont fait le nouvel empire d'Allemagne, cet empire dont les pieds sont d'argile. Que ces trois hommes viennent à disparaître, et vous verrez leur œuvre s'évanouir comme un château de cartes sous un souffle léger. Pour détruire l'œuvre de ces trois hommes, *une grande guerre ne sera pas nécessaire.* C'est en Allemagne même que seront les causes de cette destruction. Les différents peuples qui composent la nouvelle confédération germanique ont été réunis par la force brutale. Ils se sont habitués à cette union dans l'espoir qu'elle apporterait avec elle la prospérité et le bonheur de tous. Mais quelle désillusion aujourd'hui ! *Le mouvement séparatiste est commencé.* Tout en voulant rester allemands, ces mêmes peuples entendent recouvrer leur autonomie première ; *ils l'auront,* n'en déplaise à la Prusse qui a été la seule à bénéficier de la prétendue unité allemande. »

Ces paroles sont la confirmation de ce que nous écrivions il y a quelques jours, à cette place, sur la désagrégation de l'Empire d'Allemagne, dont la mort de Frédéric III sera fatalement le signal.

Dans le Wurtemberg, dans la Saxe, dans les duchés du

Centre, partout enfin, on trouve les mêmes sentiments d'opposition à la domination prussienne. Tant que vécut l'Empereur Guillaume, le mouvement séparatiste semblait ne pas exister, mais à peine avait-il fermé les yeux que l'étoile du prince de Bismarck a pâli et que le sentiment national particulier à chaque État, ainsi que le désir de recouvrer l'autonomie d'autrefois, se sont réveillés, au grand étonnement du chancelier de fer et de la féodalité prussienne.

Nous ne pouvons que nous réjouir de cet état de choses qui épargnera peut-être à l'Europe les horreurs d'une guerre sans merci.

✳

On attend, d'un moment à l'autre, la nouvelle de la mort de l'Empereur Frédéric.

Le *Vaterland*, journal qui se publie à Munich, dit : « que toutes les peines morales que l'on fait subir à l'Empereur entravent considérablement une cure régulière et suivie.

« L'excitation politique actuelle rendrait nerveuse la personne la plus saine ; à plus forte raison un malade.

« Et cependant, l'Empereur lutte comme un héros, comme un véritable martyr du devoir. S'il venait à succomber, on pourrait bien dire qu'il a été la triste victime du travail des reptiles. »

Nous avons dit, dans une précédente lettre, que Frédéric III était condamné et qu'il devait mourir *par raison d'État.*

Une pareille affirmation a pu paraître hardie à beaucoup de nos lecteurs.

Cependant elle était vraie, et la preuve ne s'est pas longtemps fait attendre.

Voici en effet, la dépêche que l'*Agence Libre* a communiquée hier à la presse :

« Une tentative d'empoisonnement a eu lieu hier sur la personne de l'Empereur, mais elle a avorté, grâce à la vigilance du docteur Mackenzie.

« Les détails, ainsi que l'analyse chimique touchant cette tentative, sont tenus encore secrets. Le docteur Mackenzie a pu heureusement appliquer à temps un contre-poison.

« Le garde-malade qui veillait l'Empereur pendant la nuit

et qui avait été introduit sur la recommandation du docteur Bergmann, a été brusquement renvoyé sur la demande du docteur Mackenzie, et remplacé par un garde-malade anglais. »

Nous n'ajouterons aucun commentaire aux lignes qui précèdent.

Elles n'ont d'ailleurs besoin d'aucune explication pour être comprises.

3 Mai 1888.

Des désordres graves ont éclaté la semaine dernière à Paris.

Des étudiants ont crié: « A bas Boulanger! à bas le César! »

Dans différents endroits le sang a coulé.

A Nancy, à Toulouse, de terribles collisions ont également eu lieu entre boulangistes et anti-boulangistes.

Dans toute la France, l'agitation est extrême; partout les esprits sont inquiets.

On sent qu'il y a quelque chose dans l'air.

Le Gouvernement n'a plus ni prestige, ni autorité.

La Chambre est déconsidérée, avilie.

Le Sénat est impuissant.

La République se meurt. Le parlementarisme l'a tuée.

On lui reproche ses dix-huit années de stérilité, ses gaspillages, ses abus, ses faiblesses.

La magistrature elle-même, cette magistrature complaisante qui vient d'acquitter Wilson, n'a plus le respect des masses.

Son manteau d'hermine est souillé.

C'est de ce gâchis, de ces tripotages, de ces scandales dont la France est lasse, que le Boulangisme est sorti.

Il ne pouvait en être autrement, et nous aurions tort de ne pas nous montrer satisfaits de ce qui arrive.

Car pour nous, Boulangisme n'est pas synonyme de dictature ou de Césarisme.

Les députés qui crient: « A bas le César! » le savent bien d'ailleurs.

Ce n'est pas un principe qu'ils défendent, mais bien cette

vulgaire assiette au beurre dans laquelle ils font, depuis dix-huit ans, une si mauvaise cuisine politique.

Tant pis si le ministère Floquet est arrivé trop tard.

Certes, nous le regrettons sincèrement, car nous avions mis toute notre confiance en lui, mais la France ne peut et ne veut plus attendre.

Ses élus d'antan ont donné leur mesure ; elle exige maintenant qu'ils cèdent la place à d'autres.

Et il faudra bien que la Chambre se soumette devant la volonté du pays formellement exprimée, car on ne résiste pas aux sommations d'un peuple révolté.

Donc, si M. Floquet veut se maintenir au pouvoir, il faut qu'il prépare la dissolution.

C'est le seul moyen de calmer les esprits, et de suspendre l'orage qui s'approche menaçant.

La dissolution ! nous l'avons combattue de toutes nos forces tant que la réaction nous a paru pouvoir en profiter, tant qu'un appel au pays nous a paru dangereux, mais aujourd'hui, les circonstances ne sont plus les mêmes ; aujourd'hui, le pays a un nouveau drapeau, un drapeau toujours républicain, sous les plis duquel on peut se rallier pour marcher à la conquête de l'avenir.

C'est en vain que nos marmitons parlementaires auront recours à toutes les ruses, à tous les mensonges, pour égarer l'opinion publique. Elle est maintenant fixée, et n'entendra désormais plus que ces rassurantes paroles de l'homme en qui seul elle espère :

« Au point de vue de la politique intérieure, je répudie toute idée de dictature.

« Si j'ai quelque popularité, ce sont les injustices de mes ennemis et l'hostilité des populations contre le parlementarisme qui me l'ont faite. Je ne l'ai pas cherchée. Aussi longtemps que j'ai tenu l'épée qu'on a brisée dans ma main, je n'ai songé qu'à servir mon pays en soldat.

« Jeté dans la politique par ceux-là mêmes qui m'accusent d'en faire, je n'ai qu'un désir : voir mon nom servir de ralliement à tous les citoyens pour sortir de l'état anarchique dans lequel nous nous enlisons chaque jour davantage. Je n'aspire qu'à une chose : *Contribuer à la consolidation de la République, que je ne séparerai jamais de la Patrie.* »

Tel est l'homme qu'on nous représente comme un César en expectative, comme un aspirant à la dictature, comme un factieux.

Allons donc !

Factieux ! celui qui a redonné confiance à l'armée, remis l'uniforme en honneur ! Factieux ! l'homme qui remplissait nos arsenaux et allait nous mettre, en moins d'un an, sur le pied de la plus formidable défensive, lorsqu'il fut chassé par les valets de l'Allemagne ! Factieux ! l'homme qui demande au peuple un mandat inviolable pour aller défendre au milieu d'une assemblée inepte et peureuse, les droits et l'honneur de la Patrie ! Non, ce n'est point un factieux, celui-là ! Les factieux, ce sont les députés qui ont fait la guerre du Tonkin sans le consentement national ! Non, ce n'est point un factieux, le citoyen qui crie : « Vive la République ! » quand la République existe ; celui qui déclare repousser présidence et dictature !

Tant pis pour ceux qui ne comprennent pas qu'il nous faut des hommes, car aux idées il faut la vie, et l'homme seul peut la leur donner. La liberté a fait les Etats-Unis, mais il a fallu à la liberté l'épée de Lafayette et le génie de Washington.

⁂

La Reine d'Angleterre, avant de quitter l'Italie pour se rendre à Berlin, a eu à Florence une entrevue avec le Roi Humbert. On a beaucoup remarqué que la Reine a soigneusement évité de se rendre à Rome, et on en conclut qu'elle a ainsi voulu ménager les susceptibilités du Pape en donnant à entendre qu'elle ne reconnaissait pas la Ville Sainte comme la capitale de l'Italie.

Léon XIII l'en a immédiatement remerciée en condamnant par un bref la Ligue Agraire Irlandaise.

Donnant, donnant !

Si nous nous en rapportons aux notes dont la presse est inondée, la visite de la Reine Victoria à Berlin aurait eu pour résultat la réconciliation de l'Empereur et de l'Impératrice avec le Chancelier. Nous attendrons quelque temps avant de croire à cette nouvelle.

On commente vivement la menace proférée par *La Gazette*

de Cologne, disant que plus tard il y aura moyen de régler le compte de messieurs les médecins anglais.

Des gens bien informés, connaissant l'inspirateur de la note en question, disent que le véritable sens de ces paroles est celui-ci : Les personnes influentes, qui ont tout sujet d'en vouloir aux médecins anglais, n'attendent que le moment de la mort de l'Empereur Frédéric pour *sévir contre eux.*

Cette mort, espèrent-ils, pourra être amenée par un accident quelconque qui pourrait facilement se produire ou ÊTRE PRODUIT.

A rapprocher de ces renseignements la disgrâce du docteur Bergmann, qui vient d'être remplacé par un spécialiste de Berlin. On se rappelle que c'est le docteur Bergmann qui avait introduit auprès de l'Empereur, le garde-malade qu'on accuse d'avoir voulu empoisonner Frédéric III.

✳

Une personne qui a ses entrées à la Wilhelmstrasse, racontait dernièrement que Bismarck est pris souvent d'accès de mélancolie qui ne sont pas sans inquiéter les membres de sa famille, et un diplomate disait l'autre jour à ce propos :

« Chez le Chancelier, le physique fonctionne encore, mais le moral est atteint. *Le prince perd la foi en la durée de son œuvre,* les années s'accumulent sur sa tête, et il voit avec effroi grandir à ses côtés, à l'Orient et à l'Occident, les justiciers de son crime, écrit en lettre de sang sur la carte de l'Europe. »

Espérons qu'avant de fermer son œil farouche, M. de Bismarck assistera à l'effondrement de la puissance de l'Allemagne, provoqué par l'Allemagne elle-même.

26 Mai 1888.

L'*Universal Review* vient de publier un article à sensation de Sir Charles Dilke, qui est très commenté. Il y est dit que la prochaine guerre sera probablement entre l'Angleterre et la France, cette dernière assistée peut-être de la Russie.

Il ajoute qu'on prépare la flotte française, presque ouvertement en vue d'un conflit possible avec l'Angleterre. Il termine par l'avis que cette puissance pourrait être battue par les forces de la France et de la Russie combinées.

D'autre part, on mande de Londres qu'un meeting auquel assistaient plusieurs amiraux, des généraux et des députés, a eu lieu dans la Cité pour discuter les questions relatives à la défense nationale. Les orateurs se sont déclarés peu satisfaits de la réponse du Gouvernement à la Chambre des Lords, concernant l'infériorité de la flotte. Ils ont insisté sur la nécessité d'obtenir des renseignements exacts, et de savoir qu'elles sont les mesures nécessaires pour repousser toute attaque étrangère.

La réunion a décidé à cet effet de provoquer un grand meeting de citoyens pour le 5 Juin.

L'agitation est générale, et le Ministère, pour satisfaire l'opinion publique, a dû demander un nouveau crédit de 90 millions de francs, destiné à la défense des côtes.

Il est très juste que les Anglais mettent leur île, « le diamant qui brille sur l'azur des mers », suivant un poète, en état de défense ; mais s'ils ne nourrissent pas de méchants desseins contre nous, pourquoi ont-ils tant de peur que nous fassions une descente chez eux ?

Le voyage de la Reine Victoria à Berlin et la longue entrevue de la Souveraine avec M. de Bismarck, peuvent n'être pas complètement étrangers aux tendances belliqueuses qui s'affirment si inopinément de l'autre côté du détroit. Il est possible, en effet, que le chancelier s'efforce de pousser les ennemis de la Russie à se rendre redoutables, afin de contraindre le Czar à se réfugier dans l'alliance allemande. Ainsi pourrait s'expliquer la contagion qui, après avoir atteint l'Autriche, gagne maintenant l'Angleterre.

Le directeur du *Pall Mall Gazette*, qui se trouve actuellement à Berlin, écrit à son journal que si les Français tentaient un coup de main contre Londres, ils se trouveraient immédiatement en face d'une déclaration de guerre venue de Berlin, ce qui n'aurait pas eu lieu avant le voyage de la Reine. Bien que l'Angleterre soit trop prudente pour se lier par un traité, il aurait été tacitement convenu que la flotte anglaise serait mise à la disposition de l'Allemagne en cas d'agression de la part de la France.

Nous n'avons nullement à nous effrayer de l'attitude de notre voisine, encore moins à nous étonner, puisque toujours nous l'avons considérée comme une ennemie implacable de la France.

Non, nous n'avons rien à craindre de l'Angleterre, la Russie étant avec nous ; ses affaires militaires sont d'ailleurs à l'état d'enfance, et rien ne remédiera à l'absence de généraux, d'officiers et de soldats. Ainsi que le disait plaisamment le *Figaro* il y a quelques jours : « l'Angleterre a le meilleur canon qui existe, seulement il n'est pas encore fondu et c'est là un inconvénient sérieux en cas de guerre. Il paraît que le modèle de fusil destiné à l'armée anglaise laisse bien loin derrière lui tous les modèles connus, seulement, on ne le donne pas aux soldats, lesquels, au moment d'une bataille, ne sauront pas s'en servir. L'Angleterre a les plus beaux navires cuirassés, seulement ils ne sont pas armés, ce qui est évidemment un défaut pour livrer un combat naval. Dans les arsenaux, il n'y a pas de munitions, et cela est d'ailleurs fort logique. A quoi bon des balles et des obus, si l'on n'a ni fusils ni canons ? Enfin, l'Angleterre n'a pas de soldats, ce qui est également logique puisque l'on ne possède pas d'autres armes, pour ces défenseurs de la patrie, que ces fameuses baïonnettes qui, en Egypte, au lieu de percer le flanc des rebelles, se transformaient en tire-bouchons inoffensifs. »

Ce n'est pas avec si peu de chose que l'Angleterre peut espérer un nouveau Trafalgar.

On remarque beaucoup dans le monde militaire, et aussi dans le monde politique, un article que le *Journal Militaire de Berlin* vient de publier sur la question du fusil à répétition. L'article déclare franchement que le fusil qui se trouve actuellement entre les mains de l'armée allemande est inférieur, non seulement au fusil français, mais encore au fusil autrichien. La supériorité du fusil Lebel est mise en lumière avec insistance ; suivant l'auteur de l'étude, on n'arrivera guère à dépasser la valeur de cette arme. Les avantages de la poudre sont également signalés et mis en relief sur un ton qui appelle l'attention.

L'auteur termine en disant qu'une seule question reste ouverte : la question de savoir si cette poudre peut se conserver longtemps.

On croit que cet article doit préparer l'Allemagne à une demande de crédits formidables, qui sera présentée par le ministre de la Guerre au Reichstag à l'ouverture de la prochaine session.

*

Nous apprenions à Paris, il y a quelques jours, que le Czar venait d'être victime d'un nouvel attentat. Ce bruit, d'ailleurs controuvé, ne doit cependant pas être accueilli par le mépris. Il ne faut voir en lui qu'un signe précurseur, car il est à remarquer que des avertissements de cette nature sont donnés aux Cars chaque fois que la politique du gouvernement russe s'oriente plutôt dans la direction de la France que dans le sens allemand.

Alexandre II, qui avait empéché l'Allemagne d'envahir la France avant que la réorganisation de notre armée fut accomplie, a péri de mort violente, tué par une bombe nihiliste, fabriquée sans doute avec de l'argent germain.

L'attentat de Saint-Pétersbourg, contre Alexandre III, au mois de Mars 1887, a coïncidé avec une affirmation éclatante des sympathies franco-russes, et n'a précédé que de quelques jours le guet-apens Schnœbelé, et la conclusion de la triple alliance, formée par l'Allemagne, l'Autriche et l'Italie contre nous.

Nous faisons des vœux pour qu'échouent les complots tramés avec plus d'ardeur que jamais contre la vie d'Alexandre, car si nous craignons quelque chose ou quelqu'un, nous ne craignons que la lâcheté d'assassins opérant dans l'ombre.

Contre des adversaires à visage découvert, la France et la Russie, s'appuyant l'une sur l'autre, unies en politique comme elles ont eu à cœur de rapprocher leurs vaisseaux dans la rade de Barcelone, en vue de se prêter immédiatement assistance si besoin était, la France et la Russie, disons-nous, sont à la hauteur de tous les périls et de tous les devoirs.

Ils le savent bien ceux qui, non contents de former contre elles des coalitions, *fourbissent dans l'ombre les armes des traîtres.*

7 Juin 1888.

Un petit ministre hongrois, comme l'italien Crispi, tout dévoué à la politique de M. de Bismarck, vient, sous forme de conseils à ses concitoyens, de prononcer à la tribune du Parlement autrichien de bien imprudentes paroles.

Ce petit ministre a déclaré sérieusement que la Hongrie devait s'abstenir de participer à notre grande Exposition de 1889, sous prétexte que ses nationaux ne trouveraient pas chez nous une sécurité suffisante, et que le drapeau hongrois pourrait y être insulté.

Le maître doit être satisfait du valet ; la leçon, bien apprise, a été convenablement répétée, mais il nous semble que le résultat obtenu n'est pas précisément de ceux dont on a le droit d'être fier.

Vous savez, en effet, qu'à la suite de cette affaire, qui pouvait être une insulte à la France, mais qu'après tout, l'on ne doit considérer que comme une grossièreté d'un ministre servile, M. Goblet vient de prononcer, à la tribune de la Chambre, en réponse aux paroles de M. Tisza — c'est le petit ministre en question — un discours d'une grande fermeté, malgré son extrême modération.

M. Goblet a très nettement déclaré que la politique du Gouvernement serait toujours une politique pacifique, mais que cependant, il saurait faire son devoir pour faire respecter la dignité de la France et pour rappeler les puissances qui pourraient les oublier, au sentiment des convenances internationales.

Ce langage très correct, venant d'ailleurs après la satisfaction morale à laquelle nous avions droit, est de nature à augmenter la confiance du pays dans quelques-uns des hommes qui sont à sa tête.

La sensation produite en Europe par le discours de notre ministre des Affaires étrangères, et sa déclaration sur notre politique extérieure, a été profonde.

A l'Etranger, un mouvement de sympathie très accusé se manifeste, et — chose étonnante — les journaux britanniques donnent le branle à ce revirement. Il reste naturellement les notes aiguës de la presse soudoyée, si nombreuses par ce temps de soumission au chancelier allemand, mais qu'importe !

Le *Daily News* déclare qu'après l'interpellation à la Chambre française, et le discours de M. Goblet, les honneurs de la discussion restent à la France. Le *Times* est du même avis.

L'homme de Varzin finira peut-être par comprendre que notre éducation politique est faite, et que les moucherons par lesquels il nous fait agacer ne sauraient nous faire départir de notre calme et de notre réserve.

Non, nous n'irons pas de gaieté de cœur, faire le jeu de Bismarck, de Kalnocky, de Crispi, de Salisbury, en attachant aux violences d'un valet de la cour d'Allemagne, une importance qu'elles n'ont pas !

Ce n'est pas l'alouette gauloise qui se laissera prendre à la glu germaine !

Non, non ! gardons notre colère pour de meilleures occasions ; elles ne manqueront pas.

—✳—

L'Allemagne vient d'élever une nouvelle barrière entre la France et l'Alsace-Lorraine.

Depuis le 1er Juin, aucun étranger ne peut pénétrer sur le territoire allemand s'il n'est muni d'un passeport visé par l'Ambassade d'Allemagne à Paris, et sans avoir acquitté le coût du visa, qui est de 12 fr. 50.

Il convient d'ajouter que ce n'est qu'au bout de quinze à vingt jours que ces passeports sont délivrés, quand ils le sont, aux Français qui en font la demande, l'Ambassade de Paris se réservant le droit de faire, au préalable, sur chaque personne, une enquête dont le seul but est d'entraver, ou de rendre même tout à fait impossible les relations entre les deux pays.

Ainsi donc, pour être reçu dans notre chère Alsace, dans notre aimée Lorraine, c'est-à-dire en famille française, il faut maintenant « se faire annoncer », comme dans les salons de Varzin !

Bismarck a poussé les portes de la frontière et mis les clefs dans sa poche de geôlier satisfait.

Mais il nous reste assez de baïonnettes pour faire glisser les verrous prussiens le jour où la coupe sera pleine.

Nous ne serons d'ailleurs pas les seuls à souffrir d'une

mesure qui ne nous étonne ni ne nous émeut. Des Belges, des Autrichiens, des Anglais, des Allemands même, ont été arrêtés à la frontière, parce qu'ils n'avaient pas de passeports.

Le 1er Juin, un Belge, marié à une Allemande, avait dans ses bras un petit enfant mourant. Ce malheureux pleurant à chaudes larmes, se jeta aux genoux du commissaire allemand, lui baisant les mains, le suppliant de lui laisser continuer son voyage. Sa femme poussait des cris déchirants, et l'enfant grelottait de fièvre sous la pluie ; tout fut inutile, les malheureux ne purent franchir la frontière.

Tel est le spectacle lamentable que, dans sa rage impuissante et sa haine inassouvie contre la France, le chancelier de Prusse donne au monde.

Quand donc la vieille Europe comprendra-t-elle que cet homme la déshonore par son attitude insolente et ses procédés monstrueux qui font douter de la civilisation dont il est le fléau !

Elle est donc bien timide ou bien névrosée, cette Europe, qui n'ose pas relever la tête !

Car nous ne croirons jamais que ce soit le respect ou l'admiration qui fassent les peuples se courber sous le joug d'un tyran que l'histoire vengeresse marquera d'un stygmate indélébile.

A moins cependant qu'un intérêt politique les guide. Peut-être leur a-t-on promis, à ces peuples, quelque lambeau de la France démembrée, et ils attendent, ils se font humbles, et ils s'avilissent devant cette puissance qu'ils ont faite et qui les écrasera, après les avoir trompés.

Quant à vous, Allemands, il ne faut point que vos lauriers de Sedan vous fassent oublier nos lauriers d'Iéna.

Rappelez-vous qu'il y aura toujours plus de gloire dans les plis du drapeau français qu'il n'y en aura jamais dans les couleurs allemandes.

Croyez-m'en, n'escomptez pas l'avenir ; il vous réserve peut-être de cruelles surprises.

Mais en attendant que sur la frontière se fasse entendre le chant sublime de *La Marseillaise*, cette voix grandiose et fière de la Patrie, il nous faut travailler sans relâche à nous rendre invulnérables.

Puisqu'en Allemagne tout s'efface, tout s'oublie devant les

questions de sécurité nationale, il faut que nous fassions comme elle.

En ce moment surtout, nous devons suivre avec une attention constante les progrès de la flotte allemande, qui se développe et se fortifie rapidement.

Nous savons que nous pouvons avoir confiance dans le patriotisme éclairé de notre ministre de la Marine, mais nous sommes moins rassurés en ce qui touche celui de la Chambre qui, sous prétexte d'économies, hésite à accorder les crédits nécessaires à la réfection ou à l'augmentation de notre matériel de guerre.

Ah ! s'il s'agissait de créer quelques grasses sinécures en faveur de blackboulés quelconques du suffrage universel, nous pourrions être tranquilles.

Pour cela, nos mamelucks du Parlement ne se font jamais tirer l'oreille.

Il faut bien, n'est-ce pas, tenir les promesses faites et payer à même la bourse des contribuables, les services personnels rendus.

·✳·

Le général Boulanger a fait ses débuts à la Chambre.

De son discours un peu long, nous ne citerons que ce passage qui résume bien la situation :

« La France est lasse jusqu'au dégoût d'un régime qui n'est que corruption, mensonge et stérilité. Il faut, pour en finir avec ce régime, réformer de fond en comble l'assiette du pouvoir. »

Mais ces messieurs du Parlement ne l'entendent pas ainsi.

Nous verrons bien ce que le pays décidera.

26 Juin 1888.

Frédéric III est mort, après un règne de trois mois et cinq jours, qui sera comme une halte dans l'histoire de l'Allemagne et de la Prusse.

Un nouveau règne commence avec son fils Guillaume.

Le souverain pacifique, qui vient, après un long martyre,

de descendre dans la tombe, emporte avec lui les espérances de paix que son avènement avait fait naître.

Sans doute, il fut un ennemi de la France, mais sa bravoure et sa loyauté nous permettent de saluer son lit de mort sans aucun renoncement patriotique. Des champs de bataille où il s'était distingué, il n'avait rapporté qu'une profonde horreur de la guerre.

Frédéric III voulait surtout achever de cimenter l'unité de l'Allemagne en faisant prévaloir une politique pacifique, consacrée tout entière à la prospérité matérielle et morale de ses sujets.

S'il avait duré, nous sommes convaincu que son règne aurait donné à l'Allemagne le goût des libertés que Guillaume II va s'appliquer à combattre.

Pauvre peuple, qui n'aura eu que la vision de l'indépendance et qui va retomber plus profondément que jamais dans le gouffre horrible de l'asservissement !

Car, il n'y a pas à s'y tromper, son nouveau maître a parlé et sa première parole signifie : militarisme à outrance.

« Tout pour l'armée et par l'armée », telle est la devise de Guillaume II.

L'Allemagne libérale a dû frémir en entendant vibrer, comme une sonnerie de clairon, cet appel aux armes.

L'Europe est avertie, c'est en soldat que se lève le nouvel Empereur, c'est en soldat qu'il parle, et son piétisme orgueilleux semble oublier un père dont le cadavre est à peine refroidi, pour n'évoquer que le souvenir des ancêtres belliqueux.

« Nous appartenons l'un à l'autre, moi et l'armée, dit-il ; *nous sommes nés l'un pour l'autre*, et nous resterons unis par un lien indissoluble, soit que nous ayons, par la volonté de Dieu, *la paix ou la tempête.* »

Comme ses aïeux teutons ont dû tressaillir d'aise dans leur tombe !

Pour la France, l'heure est donc solennelle, et nous devons nous mettre en état de répondre à toutes les agressions.

Il faut que nous soyons prêts.

C'est plus que jamais une nécessité de préservation personnelle pour la France de ne pas laisser provoquer la

Russie; pour la Russie, de ne pas permettre que l'Allemagne attaque la France.

Ce n'est pas que nous redoutions des complications *immédiates*, mais on les préparera de longue main à l'aide de quelques ingénieux incidents. Il n'y aura peut-être pas un brusque revirement dans la politique intérieure de l'Allemagne, le nouvel Empereur ne commettra sans doute pas la faute de justifier le jugement que l'on porte sur lui en prenant de suite une attitude agressive à notre égard. Il sait que les populations allemandes n'ont pas trouvé dans nos milliards une compensation suffisante au sang répandu en 1870 et en 1871, et qu'elles n'envisagent pas sans effroi l'éventualité d'une guerre. Il s'appliquera donc, par de longs et habiles détours, en provoquant quelques nouveaux incidents, à démontrer aux Allemands que c'est la France qui ne veut pas leur laisser la paix, et M. de Bismarck se chargera de composer le scénario de cette comédie, préface du drame final qui se jouera fatalement un jour ou l'autre sur les bords du Rhin.

A moins cependant que le socialisme qui veille ne vienne brusquement déranger les plans du chancelier de fer.

Nous savons, en effet, que les socialistes se préparent à la lutte ; nous savons aussi que le jour où ils prendront l'offensive, et ce jour n'est pas éloigné, le Gouvernement n'aura pas trop de toutes ses forces pour lutter efficacement contre ses ennemis de l'intérieur, d'autant plus redoutables qu'ils seront le nombre.

Ce mouvement, que nous avons prévu depuis longtemps, sera peut-être le signal de la désagrégation de l'Allemagne !

Dans un de ses récents discours au Parlement, le servile Crispi a déclaré nettement que l'alliance de l'Angleterre était la seule qui convînt, sur mer, à son pays, et, en terminant, il s'est écrié: « La Méditerranée ne sera pas un lac italien, mais elle ne doit pas être non plus un lac français. » Ce qui veut dire, en d'autres termes: « Puisque la Méditerranée ne peut pas être un lac italien, mieux vaut encore qu'elle soit un lac anglais qu'un lac français. »

On ne s'explique guère ce qui a pu amener le ministre italien à faire à la tribune cette profession de foi méditerranéenne, car on ne voit pas en quoi la France travaille à transformer la mer qui baigne les côtes de tant de peuples en un lac français.

Il nous semble même que jamais nous n'avons moins cherché que maintenant à franciser cette belle mer aux flots bleus, qui naguère cependant était presque nôtre, quand nous étions tout puissants en Orient.

Hélas ! la Méditerranée est devenue un lac beaucoup plus anglais que français sans que l'Angleterre ait eu besoin, pour cette transformation, du concours de l'Italie et encore moins de sa permission. Sous prétexte d'assurer la sécurité de cette fameuse route des Indes, l'Angleterre considère depuis longtemps la Méditerranée comme un lac international si l'on veut, *mais dont les clefs doivent être dans sa poche.*

Elle en occupe les deux issues et elle a eu soin de se fortifier dans les postes nécessaires pour être, à un moment donné, maîtresse de toute son étendue.

Le temps n'est cependant pas bien éloigné où, en dépit de Malte et de Gibraltar, nos trois couleurs flottaient sur ce beau lac, depuis le cap de Creux jusqu'au Bosphore, faisant incliner devant elles tous les autres pavillons. En ce temps-là, les Anglais n'occupaient ni Chypre ni l'Égypte; les Italiens n'avaient pas encore songé à créer cette flotte de cuirassés monstres qui semble destinée uniquement à nous tenir en respect, et la Spezzia n'était pas encore cette place formidable qui semble n'avoir été faite que pour menacer la France.

Nos excellents voisins sont jaloux, et cette jalousie provient surtout de notre protectorat en Tunisie. Voilà toute la question.

Et cependant, nous voudrions bien savoir en quoi ce protectorat peut gêner les Italiens, puisque, s'il n'existe *en droit* que depuis quelques années, il existe *en fait* depuis fort longtemps.

Il se pourrait qu'un jour l'Italie regrettât que la Méditerranée n'ait pas continué à être un lac français, ce qui aurait mieux valu pour elle que de la laisser devenir un lac anglais.

Le télégraphe nous apporte à l'instant le texte du discours que l'Empereur d'Allemagne vient de prononcer à la tribune du Reichstag ; le temps nous manque, même pour en faire une courte analyse.

Ce discours ne modifie d'ailleurs en rien la fâcheuse impression produite par le rescrit à l'armée, car si la forme en est plus pacifique, le fond reste toujours le même.

Ayant besoin de l'alliance, ou tout au moins de la neutralité de la Russie, Guillaume II lui fait les yeux doux et lui dit des choses aimables, mais la belle indifférente reste sourde à toutes les galanteries de l'Empereur Teuton et n'a de sourires que pour son chevalier Gaulois, dont elle connaît les sympathies et le désintéressement.

10 Juillet 1888.

Guillaume II va se rendre dans quelques jours à Saint-Pétersbourg, auprès de l'Empereur de Russie.

Cet événement, d'une portée considérable, est de nature à faire naître en France les plus vives inquiétudes.

Bien que M. de Bismarck n'accompagne pas son souverain, nous allions dire son élève, il n'y a pas à se dissimuler la gravité de la situation.

L'Allemagne veut isoler la France. Le voyage de Guillaume n'a pas d'autre but.

Il faut d'ailleurs convenir que nos ennemis ont bien choisi leur moment pour tenter une réconciliation avec Alexandre II.

Car le spectacle que nous donnons à l'Europe n'est pas fait pour encourager la Russie dans ses projets d'alliance avec nous ; nous le reconnaissons franchement.

Ce n'est pas quand un gouvernement est journellement en butte aux attaques anti-patriotiques d'une poignée d'intrigants, ce n'est pas quand une bande d'affamés de Pouvoir menace tous les jours sa stabilité, qu'on peut compter sur les sympathies étrangères.

La Russie ne se détachera vraisemblablement pas de la France ; elle saura, nous n'en doutons pas, résister à toutes les tentatives qui seront faites auprès d'elle dans ce sens, car nos intérêts sont communs, mais les relations entre les deux pays deviendront peut-être moins cordiales, il en résultera peut-être de part et d'autre une réserve fâcheuse, une méfiance réciproque que nous aurions dû et que nous aurions pu éviter.

Un instant, nous avions pensé que le danger national désarmerait les partis, ferait taire les haines.

Un instant, nous avions espéré que le ministère Floquet serait assez puissant, assez populaire pour imposer aux Chambres une politique de progrès et de conciliation. Nous espérions qu'un groupement des fractions républicaines s'opérerait dans le Parlement, qu'une majorité compacte et unie sortirait enfin de cette oligarchie dont souffre la France depuis tant d'années, mais nous avions compté sans l'homme du Tonkin qui a ses humiliations d'autrefois à venger.

Depuis quelque temps en effet, les interpellations succèdent aux interpellations. La lutte au grand jour ne suffit même plus à la meute opportuniste. C'est maintenant dans l'ombre que, sous la direction de leur chef, travaillent ces complices de Bismarck. Ils intriguent dans les couloirs, ils marchandent impudemment le concours des Droites pour entamer, disloquer et finalement renverser le ministère. C'est une guerre de tous les instants, une guerre sans merci qui se terminera fatalement un jour ou l'autre par une crise dont l'issue nous paraît pleine de périls.

Voilà les hommes à qui incombent les terribles responsabilités de notre faiblesse et de notre isolement.

⁕

Le docteur Mackenzie a fait hier à un rédacteur du *Figaro*, des déclarations bien intéressantes. Nous en relevons quelques-unes :

« Par ordre supérieur, a dit M. Mackenzie, j'ai été tenu à l'écart, toujours et partout, à San-Remo comme à Berlin.

« Il faudra bien le dire quelque jour.

« Je ne partageais pas les opinions, fort diverses d'ailleurs, des médecins allemands. Voilà plus qu'il n'en fallait pour soupçonner ma science et ma bonne foi !

« Aussi n'est-ce pas moi qui ai dirigé l'opération de la trachéotomie ; il avait été décidé, dès le mois de Novembre

1887, que cette opération qui a été faite le 9 Février dernier, serait pratiquée par un médecin allemand.

« L'ordre venu de Berlin quatre mois auparavant, était précis, inflexible ! tout le monde a obéi ! moi le premier.

. . . .

« Je croyais que l'Empereur vivrait encore un an ; et cependant, les douleurs du dernier mois ont été horribles.

« *Mais des incidents que je vous demande la permission de taire, des imprudences que je raconterai s'il le faut, ont tout compromis.* »

Nous avons dit précédemment que le malheureux Frédéric était *condamné par raison d'Etat.* Il fallait bien qu'il fut exécuté. Pauvre martyr !

⁂

Un dernier écho de l'affaire Wilson.

Le château de Chenonceaux va être mis en vente.

C'est le gendre de l'ancien Président Grévy qui est cause de la ruine de Mme Pelouze, à qui il appartient.

Inutile d'entrer dans les détails de ce désastre, ni d'expliquer comment il a été amené.

Disons seulement qu'à la mort de son mari, Mme Pelouze employa des sommes considérables à la restauration de Chenonceaux. Elle y jeta des millions, n'épargnant rien de ce qui pouvait embellir le château qu'habitèrent successivement François Ier, Diane de Poitiers, Henry II, la duchesse de Valentinois, Catherine de Médicis, François de Lorraine, Vendôme et le duc de Bourbon.

Et, maintenant, le rêve de Mme Pelouze s'évanouit. Elle avait espéré donner dans cette demeure des fêtes dignes de l'Orient ; elle ne trouve que la misère la plus complète ! Les illuminations sont remplacées par la clarté funèbre de la chandelle des huissiers, les carillons des cloches ne sonnent plus que le glas de la saisie !

⁂

Vous avez sans doute entendu parler de la Tour Eiffel, ce *great attraction* de l'exposition prochaine. Eh bien ! ce prodigieux monument, qui marquera dans cette fin de siècle extraordinairement féconde, comme une étape du génie humain, ce monument, disons-nous, vient d'être inauguré par un banquet servi aux représentants de la presse parisienne, sur la première plateforme, à 66 mètres d'altitude.

L'idée, pour être originale, n'en est pas moins charmante.

La Tour Eiffel, qui aura 300 mètres de hauteur, c'est-à-dire 134 mètres de plus que l'Obélisque de Washington, ce monument le plus élevé du globe, sera le digne pendant de la statue de la Liberté, à New-York, cette œuvre également colossale, don d'une République naissante à sa grande Sœur, la République américaine.

Qui sait, hélas ! ce que cette tour et cette statue verront dans le monde d'ici cent ans ? Quand celle-ci aura bien brandi son phare, quand elle aura bien gonflé ses deux mamelles dans l'espace, comme pour en tendre une à chaque continent, quand il y aura cent ans d'embruns et d'horizon dans les deux gouffres de ses yeux, cent ans de soleil, de sel, de lune et de vent dans son métal, cent ans de naufrages autour de sa sérénité, les navires qui passeront dans son ombre ou dans sa lumière sauront alors si la terre parle la langue des Droits de l'Homme !

21 Juillet 1888.

On a fait grand tapage à la Chambre le jour où le général Boulanger est monté à la tribune pour déposer une proposition de dissolution.

On se fait une idée des hurlements qu'a aussitôt poussés la majorité. Dans son discours, le général a fait remarquer qu'on ne saurait avoir en même temps des élections générales et une exposition. « Il faut, a-t-il dit, ou convoquer immédiatement les électeurs, ou ajourner à 1890 la consultation de la France.

« Prolonger par un coup de désespoir l'existence de la Chambre actuelle, personne n'oserait jeter un pareil défi à la patience du pays ; on l'oserait d'autant moins que le Gouvernement n'a qu'un crédit contesté. »

L'orateur ajoute « que ce discrédit risque fort de s'étendre jusqu'à la République elle-même. Le personnel ministériel est épuisé ; la Chambre a renversé cinq cabinets, et le sixième n'est qu'une déception de plus.

« C'est pourquoi je vous demande de vous dissoudre, et je vous le demande au nom de deux millions d'électeurs. »

Il serait quelque peu contraire à la vérité de prétendre que la majorité a accueilli avec enthousiasme cette poignée de dures vérités et cet impérieux « Allez-vous en ! » Non ; les députés visés ont d'abord essayé de sourire, puis ils ont fait la grimace. Ils ont fini par écumer.

Le Président du Conseil leur est aussitôt apparu comme un vengeur, et ils l'ont acclamé, avant même qu'il eût ouvert la bouche.

M. Floquet a tenu, naturellement, à mériter la confiance que les gauches mettaient en lui. Il a répondu au discours très serré, très vigoureux de son adversaire par un certain nombre d'ironies qui se résument en ce coup de boutoir : « Vous êtes sorti des sacristies pour aller dans les antichambres princières. »

On a fort applaudi.

La réponse du général Boulanger a été courte :

« Pendant votre réponse, que vous avez essayé de rendre spirituelle, et qui est celle d'un pion mal élevé, je vous ai crié par trois fois : « Vous en avez impudemment menti !

« Comme vous avez feint de ne pas entendre, je vous le répète une quatrième fois du haut de cette tribune. »

Vous jugez aisément de l'effet que cette provocation a produit sur la Chambre. Toutes les gauches debout, hurlantes, exaspérées, réclament, exigent la censure. Elle va être votée, lorsque le général jette sa démission de député à la figure de la Chambre.

Le lendemain, une rencontre avait lieu à Neuilly entre le général Boulanger et M. Floquet, qui blessait grièvement son adversaire d'un coup d'épée à la gorge.

Aujourd'hui, le général est hors de danger. Il a pu se lever hier pour la première fois et adresser une lettre aux électeurs de l'Ardèche où il posera sa candidature à l'élection législative qui aura lieu dimanche.

Nous ne croyons pas que cette tactique soit habile de la part du général Boulanger, car un échec, dans les conditions actuelles, diminuerait certainement sa popularité, et cet échec est possible, étant données les idées du département où il se présente.

Mais il est une chose qu'il faut retenir de la séance de jeudi, chose attristante dont le public ne se doute pas et que soupçonnent à peine les personnes qui n'ont assisté que par hasard aux débats parlementaires : c'est que la liberté de la tribune n'existe plus.

Aujourd'hui, un orateur de la majorité ou de l'opposition, qu'il s'appelle Floquet ou Boulanger, Mgr Freppel ou Laffon, ne peut plus exprimer sa pensée devant la Chambre sans en être immédiatement réduit à parler au milieu d'un tapage infernal.

Les exclamations collectives ou individuelles, les cris qu'on pousse, interrompent l'orateur à chaque phrase, presque à chaque mot.

Et il faut savoir ce que sont ces interruptions, ces cris, ces apostrophes qui se détachent continuellement, comme des notes piquées sur le fond vague de cette horrible musique !

La sténographie, quelque conscience qu'elle y mette, ne parvient pas à recueillir la centième partie de ces fleurettes. On ne retrouve plus à l'*Officiel* que la carcasse du feu d'artifice. Dans cette symphonie, qui monte des banquettes où se trémoussent, s'agitent, écument tant de convulsionnaires, bien des mots n'arrivent pas à nos oreilles. Nous en avons cependant retenu quelques-uns, tels que : « Tais ton bec ! — Ferme ta boîte ! — As-tu fini ! — Quel blagueur ! » et certains autres madrigaux empruntés au même répertoire. N'avons-nous pas enfin, entendu le comte de Douville-Maillefeu s'écrier un jour, en pleine Chambre : « *Tas de cochons !* »

On le voit, le vocabulaire des Halles n'est ni plus varié, ni plus grossier.

Ce ne sont, de part et d'autre, que menaces, injures, objurgations et invectives ; pour tout dire, un tombereau de violences, d'ordures et d'insanités.

Que si, irrité et exaspéré à la fin de cette violence, l'orateur répond par un mot un peu vif, c'est lui qui devient le provocateur et il est immédiatement rappelé à l'ordre, et même censuré.

C'est le cas du général Boulanger à la séance de jeudi.

Ah ! si le pays savait !

Certes, nous avons le plus grand respect et la plus vive admiration pour la Déclaration des Droits de l'Homme, et bien que nous ayons les oreilles un peu rebattues des exposés des grands principes prodigués par nos « sous-vétérinaires » d'occasion, nous sommes fiers, en pensant que la Liberté est partie de France pour faire le tour du monde. Seulement depuis cette époque, nous ne l'avons jamais revue, bien que nous ayons fait, dans notre impatience de la retrouver, un nombre respectable de révolutions !

❋

On dit — que ne dit-on pas depuis quelques jours — que la visite de Guillaume II au Czar aurait pour but une proposition de désarmement partiel des puissances européennes. En ce qui nous concerne, nous n'y verrions pas d'inconvénient si un Congrès, par exemple, pouvait trancher cette question à la satisfaction générale ; mais comment concilier cette nouvelle avec les avis qui nous parviennent aujourd'hui même de Berlin et qui nous montrent le Gouvernement allemand comme disposé à augmenter, dans des proportions considérables, ses effectifs des garnisons de l'Ouest !

Il faut donc chercher ailleurs la raison du voyage du jeune souverain à Saint-Pétersbourg, et nous avouons en toute humilité que, jusqu'à présent, cette raison nous échappe.

Quoiqu'il arrive, nous avons le ferme espoir que la Russie ne se départira pas de sa politique actuelle, et que le Czar ne signera rien du côté russe. Il écoutera sans doute les propositions que pourra lui faire l'Allemagne, mais il ne prendra aucun engagement ; le voulut-il d'ailleurs, ce que nous ne croyons pas, que l'intérêt de son Empire et les sympathies du peuple russe pour la France l'en empêcheraient.

Écoutons le *Nord*, organe officieux de la Chancellerie russe ; voici ce qu'il dit :

« La portée hautement pacifique de l'entrevue des Souverains n'est révoquée en doute par personne. Ceux qui disent qu'il pourrait en résulter des demandes en vue d'imposer à la France un désarmement ou bien d'autres actes incompatibles avec sa dignité, ceux-là se trompent singulièrement s'ils pensent voir la rencontre de Péterhof aboutir à un semblable résultat. »

D'autre part, *La France* reçoit de son correspondant à Saint-Pétersbourg la dépêche suivante : « L'entente entre les deux Empereurs ne semble pas en bonne voie. Guillaume II n'est pas satisfait de l'accueil qu'il a reçu de la part de la population qui est restée très froide. Dans la famille du Czar, l'étiquette habituelle a été observée, rien de plus. »

En voilà plus qu'il n'en faut pour nous rassurer.

20 Août 1888.

De gros points noirs montent à l'horizon des Alpes.

L'affaire de Massouah s'envenime.

Il s'agit, comme vous le savez, de l'imposition d'une taxe par l'Italie sur les propriétaires d'immeubles, ainsi que sur tous les commerçants de la ville, qu'ils soient indigènes ou étrangers, afin de les faire contribuer ainsi aux frais d'entretien des rues et de l'éclairage public.

Une seconde ordonnance, rendue dans le même but, a imposé tous les marchands de liqueurs fortes, comestibles et autres.

Vingt-trois commerçants refusèrent de payer, dont deux français, un suisse et vingt grecs. Ces derniers, en l'absence d'un consul de leur nationalité, jouissent de la protection du vice-consul de France, le seul agent consulaire à Massouah.

Le Gouvernement français soutient leurs prétentions et conteste à l'Italie le droit d'imposer la dite taxe sur les citoyens et protégés français, et invoque à l'appui les *capitulations* qui existent à Massouah.

Telle est l'origine du petit incident qui a pris, en peu de temps, des proportions absolument inattendues.

Nous n'insisterons pas sur les motifs invoqués par les deux gouvernements, maintenant surtout que l'Italie a cru devoir en appeler à l'Europe par une note où, à défaut de bonnes raisons, on remarque le ton agressif et provocateur du premier ministre du roi Humbert.

On conçoit que la série des échecs subis par cet homme d'État ait aigri son caractère et son encre. Il faut donc faire la part des circonstances et ne pas prendre trop au tragique les fanfaronnades méridionales de Crispi.

L'opinion européenne est d'ailleurs entièrement avec nous. Même en Italie, on reconnaît que nous avons raison et certains journaux trouvent que l'on a fait trop de bruit pour « un peu de sable. »

L'insecte malfaisant qui préside au Quirinal doit regretter lui-même de s'être tant avancé. Nous en avons la preuve dans ce fait qu'il cherche à détourner l'attention et à s'excuser en faisant retomber la faute sur de malheureux subalternes.

Finira-t-il par reconnaître enfin que si l'amitié d'un grand homme est un bienfait des dieux, la protection de Bismarck ne suffit pas pour se placer au-dessus des traités et mépriser le droit des peuples?

D'ailleurs, tout va de mal en pis au pays du macaroni.

Ce n'était pas assez des échecs diplomatiques de son gouvernement ; il lui fallait aussi connaître les revers des armes.

Nous apprenions en effet, il y a quelques jours, que nos bons petits amis venaient de recevoir, aux environs de Massouah, une frottée dont ils garderont le souvenir.

Les rapports officiels disent que 400 hommes environ sont restés sur le terrain, y compris cinq officiers.

Les renseignements particuliers que nous avons reçus accusent près de 900 morts.

Cette nouvelle produit dans toute l'Italie une émotion indescriptible. Dans les sphères gouvernementales, on est littéralement attéré.

Aussi, prépare-t-on fiévreusement une nouvelle expédition qui partirait dès l'automne pour aller combler les vides faits par les maladies et par l'ennemi, et pour *venger* la défaite de Saganeiti.

Comme les Abyssins doivent rire de ces vaines menaces !

Nous apprenons, au dernier moment que, pour se consoler sans doute de ses déboires successifs, l'irascible Crispi vient de partir précipitamment pour Friedrichsruhe, afin d'y prendre le mot d'ordre du chancelier.

Nous doutons qu'il trouve le *patron* satisfait de l'exécution du programme dont il l'avait chargé.

Voici quel serait, d'après des renseignements sûrs, le plan de la prochaine guerre.

Sur un avis parti de Berlin, les Italiens prendraient vigoureusement l'offensive sur mer. Une partie de leur flotte franchirait en neuf heures les 135 milles qui séparent la Spezzia de Nice, détruirait la gare de Vence Cagnes, intercepterait toute communication entre Marseille et les Alpes Maritimes et débarquerait un corps de troupes à l'embouchure du Var qui, établissant à Nice sa base d'opérations, prendrait à revers nos fortifications de la Roja, pendant que leurs troupes alpines les attaqueraient de front. En même temps, ils s'empareraient de la Corse qu'ils occuperaient fortement, puis, la division navale de Cagliari irait opérer sur les côtes de l'Afrique, distantes seulement de 40 milles.

Il est à croire que l'escadre française, appuyée par le XVme corps d'armée, ne laisserait pas s'exécuter de point en point ce beau programme ; mais quoi qu'il en soit, la France fera bien de suivre, avec la plus grande attention tout ce qui se passe là-bas, et de bien se persuader que ce n'est très probablement pas du côté des Vosges que partira le premier coup de canon, mais plutôt du côté des Alpes.

Les petits de la grande louve romaine, que les Germains ont, pendant des siècles, domestiqués et fouaillés comme des chiens, se figurent que parce qu'il y a trente ans, nous avons été assez fous pour briser leur chaîne, ils sont redevenus les loups hardis des temps antiques. Mais ils portent toujours le collier allemand et sont tellement habitués à la vassalité germaine, qu'ils montrent les crocs et se couchent à plat ventre suivant que le maître fait claquer son fouet et leur crie : « Kiss ! Kiss ! » ou bien : « Ici Romulus ! »

Garde-toi, France, des chiens-loups affamés du vautrait de Bismarck !

⁎

Le voyage de Guillaume à Saint-Pétersbourg n'a point eu les résultats qu'on en attendait à Berlin. La preuve en est dans la reprise des hostilités entre la presse des deux pays.

L'accueil fait par le Czar à son hôte a été ce qu'il devait

être, mais la population est restée plus froide que les glaces de la Néva. Le souverain allemand en a été profondément blessé.

La Russie reste donc libre d'engagements vis-à-vis de l'ennemi commun ; c'est tout ce que nous voulons retenir de cette visite qui avait fait naître en France de si légitimes appréhensions.

Mais c'est égal, on doit en avoir gros sur le cœur à Berlin.

On pouvait espérer que le fiasco de Péterhof aurait mis un peu d'eau dans le vin du Rhin de Guillaume II.

Il n'en est rien.

On inaugurait jeudi, à Francfort-sur-l'Oder, en présence de l'Empereur, un monument élevé au prince Frédéric-Charles, le soudard sans pitié, surnommé le « Prince Rouge » qui cravachait ses soldats et sa femme, et dont la cruauté farouche fit frémir d'épouvante et d'horreur nos malheureuses populations de l'Est et de la Loire.

Dans le discours que Guillaume a prononcé à cette occasion, il a rappelé la guerre de 1870 et parlé des événements de cette époque néfaste. Puis, il a terminé par ce défi à la France :

« *Périssent les dix-huit corps d'armée, les quarante-deux millions d'habitants de l'Allemagne, plutôt que de laisser enlever une pierre des conquêtes qui ont été faites !* »

Jules Favre aussi, avait dit aux jours de défaite, ce qui était une excuse : « Nous ne céderons ni un pouce de notre territoire, ni une pierre de nos forteresses. »

Hélas !

L'histoire, depuis le commencement du monde, est remplie de ces serments solennels, mais elle est remplie aussi du récit des catastrophes et des chutes des empires les plus solides, et, en apparence, les mieux assis.

Puisse Guillaume II, téméraire et présomptueux, regretter à son tour, dans un avenir plus au moins rapproché, sa jactance.

·✳·

Dans ma lettre du 18 Mars dernier, je vous disais :

« Par l'aveuglement de nos hommes politiques, un plébiscite va avoir lieu sur le nom du général Boulanger.

« Un plébiscite *dans ces conditions*, c'est l'inconnu.

« C'est peut-être la porte du Pouvoir ouverte à un nouveau dictateur, à un nouveau César. »

Nous n'en sommes encore ni à la dictature, ni au césarisme, mais le mouvement plébiscitaire s'accentue d'une façon qui commence à inquiéter sérieusement nos gouvernants.

Des élections législatives avaient lieu hier dans la Charente-Inférieure, dans la Somme et dans le Nord. Partout le général Boulanger a été élu avec des majorités écrasantes.

Et ce, en dépit de la pression officielle la plus scandaleuse qu'on ait jamais vue.

Nous consacrerons un article spécial à cette question que nous avons considérée, dès le début, comme pouvant avoir un jour ou l'autre de graves conséquences à l'intérieur, aussi bien qu'à l'extérieur.

18 Septembre 1888.

Le public est en ce moment très ému des graves accusations que vient de lancer un député du Gard, M. Gilly, à l'adresse des membres de la Commission du budget.

Dans un discours qu'il a prononcé à Alais, M. Gilly a dit qu'il y avait dans la Commission de nombreux Wilson, offrant de citer des noms et d'apporter des faits.

Répondant à une lettre de M. Salis, ce député s'exprime ainsi :

« Eh bien ! Si cela vous répugne, il faut aller jusqu'au bout dans votre écœurement ; il faut révéler à la tribune les abus que vous connaissez en qualité de membre de la Commission du budget. J'ai dit que dans votre Commission, vous avez de nombreux Wilson, et je le maintiens, quoi que cette déclaration doive me coûter. J'appelle *Wilson* les gens qui, après être arrivés à la Chambre ou au Sénat pauvres comme moi, dépensent des cent mille francs par an, ont des hôtels princiers et vivent en millionnaires.

« Ce n'est pas en faisant des économies sur leurs 9.000 francs qu'ils ont pu arriver à suffire à ce train de vie. Tant qu'ils n'auront pas justifié de la provenance *honnête* de cette fortune, je serai autorisé à dire que ces hommes, anciens ministres, anciens sous-secrétaires d'État, anciens rapporteurs généraux ou spéciaux de la Commission du budget ou d'autres Commissions importantes, que ces hommes ont prévariqué, ont profité de leur situation pour jouer à la Bourse ou s'enrichir à propos d'un désastre comme celui de Lang-Son, qui à fait descendre de plusieurs francs le cours de nos fonds publics, ont reçu des pots-de-vin dans les fournitures de l'État et ont vendu leur honneur contre de l'argent. »

Et M. Gilly termine ainsi :

« Ces hommes-là, vous les connaissez ; la Commission du budget les connaît et leur confie des honneurs si elle leur refuse son estime. Il était de mon devoir de déclarer cela à mes électeurs, parce que la situation *est grave, que les temps sérieux s'approchent* et qu'il faut débarrasser notre chère République de toutes les sangsues qui pompent le meilleur de notre sang. »

A la dernière heure, nous apprenons que M. Gilly a accentué encore ses accusations. Il a déclaré qu'il connaissait des faits dont il avait la preuve dans des papiers qu'il possède à Paris. Il s'y rendra après la session du Conseil municipal de Nîmes pour fournir toutes les explications désirables.

M. Gilly avait bien prévu, a-t-il dit, que la Commission du budget ne se mettrait pas en avant ; elle a dans son sein des hommes qui n'oseront jamais la pousser dans cette voie, car ils n'ont pas intérêt à le faire, et il est plus commode assurément de prendre des airs dédaigneux que de répondre.

Mais il a ajouté que, si la Commission persiste dans son attitude, il saura bien l'en faire sortir. Il portera le débat à la tribune et s'adressera aux journaux, dont plusieurs lui ont déjà fait des propositions à ce sujet.

Et, si les personnes attaquées lui opposent des démentis, M. Gilly les mettra dans l'obligation de le poursuivre en Cour d'Assises ; il ne s'abritera pas derrière l'inviolabilité parlementaire. Il veut faire devant le jury la preuve de ce qu'il avance.

Les révélations de M. Gilly ne nous ont rien appris ; elles n'ont fait que nous confirmer dans une opinion que nous avons depuis longtemps sur le compte de nos élus, gens qui ne pensent qu'à se tailler une fortune particulière dans la grande fortune publique.

Mais tout cela aura une fin, et cette fin *est proche.*

Le mécontentement augmente, les grèves se multiplient d'un bout à l'autre de la France, *le pain renchérit*, ce qui, dans maints endroits, a déjà provoqué des troubles.

Signes précurseurs auxquels il serait sage de prêter quelque attention.

Oh ! les grèves ambulantes ! disent nos profonds politiques d'un petit air indifférent. Prenez garde, messieurs les satisfaits ; relisez votre histoire. C'est comme cela que se préparent les révolutions !

Tout semble d'ailleurs crouler autour de nous. Le souci de leur popularité personnelle fait perdre à nos gouvernants jusqu'au sens de la conservation de la République. Affolés devant le déficit, tremblants devant leurs Comités auxquels ils ont juré la formule : *ni emprunt, ni impôts nouveaux,* n'osant pas toucher à ces sinécures ou à ces fonctions inutiles qui forment les compensations aux éclopés de la politique, ils rognent misérablement sur les petits traitements des fonctionnaires, ajournent les avancements mérités, violent les engagements pris, et sont en train de créer à la République les plus formidables ennemis que puisse avoir un régime.

Malheur au gouvernement qui déchaîne contre lui l'hostilité des petits fonctionnaires.

Pour reposer le cœur de toutes ces tristesses, reportons les yeux sur notre admirable armée.

Muette, froide, s'isolant de toute préoccupation étrangère, les yeux uniquement fixés sur le drapeau et sur la frontière, il semble qu'elle soit pétrie d'une autre pâte et devenue le refuge de toutes les vertus qui nous ont abandonnés. On y respire un air vivifiant et fort qui chasse la désespérance et ranime la foi dans la vitalité de notre race.

Les grandes manœuvres qui viennent d'avoir lieu, et qui ont montré avec éclat le succès de ses efforts, ont laissé les missions militaires étrangères sous le coup d'un étonnement inquiet.

« Comment se fait-il, disait un officier *russe* à un général bien connu, qu'avec une armée pareille, la résignation de votre Gouvernement aille presque jusqu'à l'humilité *devant les insolentes provocations de vos voisins ?* »

— « Cela ne nous regarde pas, répondit ce dernier. Nous ne sommes que le bras : *nous ne sommes rien sans la tête ?* »

Hélas ! où est-elle, la tête ?

Qu'est la plus belle des armées, si elle ne sent pas vivre dans toutes ses fibres cette chose indéfinissable qui est l'âme même de la Patrie, et qui vient du gouvernement du pays ? Si, pendant qu'elle se sacrifie pour repousser l'étranger, elle ne sait pas que la sécurité de ses foyers est assurée et que la paix civile régnera derrière elle ?

Sans cette foi profonde, la plus admirable armée n'est rien !!!

***

Au ton de la presse anglaise, qui semble vouloir revenir à des sentiments plus justes, peut-être parce qu'elle s'aperçoit de l'inanité de ses attaques contre la France, il est visible que le trop habile M. Crispi est aujourd'hui empêtré dans les embûches qu'il nous avait trop hâtivement tendues.

Poussé par l'âge, Crispi a voulu rattraper le temps perdu pour sa gloire.

Au lieu d'attendre une occasion favorable à ses ambitieux projets, il a cherché à faire naître cette occasion, ce qui, pas plus en politique que dans les circonstances de la vie, n'est chose aisée, de sorte qu'en essayant de nous nuire, il nous a par le fait servis.

En lui faisant comprendre qu'il avait été trop vite et trop loin, M. de Bismarck a, du même coup, dessillé les yeux de bien des gens que la haine de la France aveuglait.

Sans pousser trop loin l'optimisme, nous sommes en droit d'espérer que les maladresses de M. Crispi et les conséquences qu'elles viennent d'avoir pour lui, amèneront l'Autriche à se dégager des liens qu'elle a un peu légèrement noués avec ce compromettant personnage.

La monarchie Austro-Hongroise joue, d'ailleurs, un jeu dangereux à s'abriter, comme elle le fait depuis tantôt quinze ans, sous le joug allemand. La nationalité Slave et les Bohémiens en particulier, manifestent de très sérieuses velléités d'indépendance. Et, si le Gouvernement Austro-

Hongrois se lançait dans une guerre européenne sans de sérieux motifs de *défense personnelle*, nul doute que les Slaves ne profiteraient d'un tel crime pour obtenir leur autonomie.

A Vienne on commence, croyons-nous, à se rendre compte des dangers de la triple alliance. De là viennent les adoucissements que les feuilles autrichiennes et anglaises ont apportés dans ces derniers temps à leur langage.

※

Des renseignements qui nous parviennent, il résulte qu'on n'est pas sans inquiétude à Berlin au sujet de la santé du jeune empereur d'Allemagne.

Guillaume II souffre, en effet, de nouveau d'élancements très douloureux dans les oreilles et montre une irascibilité extrême qui lui rend intolérable la moindre observation et même le plus léger contre-temps.

Les médecins redoutent beaucoup son activité fébrile et sa volonté inquiète de remplir, en même temps, les fonctions les plus diverses et les plus absorbantes.

Depuis plusieurs semaines Guillaume II ne dort plus. De là, ses sorties nocturnes, ses visites soudaines aux casernes et les exercices· militaires qu'il ordonne parfois avant le lever du jour.

Par moments, l'Empereur éprouve des accès d'abattement pendant lesquels il s'imagine qu'il n'a plus longtemps à vivre.

L'Allemagne ne serait-elle donc plus que l'Empire des morts ?

1ᵉʳ Octobre 1888.

L'impression produite par la publication du journal de l'empereur Frédéric dans le monde de la Cour, à Berlin, est déplorable.

Le Chancelier est hors de lui, en raison du passage de ces notes qui le montrent comme ayant été opposé à la création immédiate de l'Empire allemand.

Ce ne sont pas les poursuites judiciaires qu'il vient d'ordonner contre les prétendus auteurs de cette publication qui en détruiront l'effet désastreux. Au contraire.

En attendant, il y a un débordement de haine dans le monde gouvernemental contre la malheureuse veuve de Frédéric III, que l'on soupçonne, à tort croyons-nous, d'avoir porté ce coup terrible au Chancelier.

Il n'y a pas à en douter, la publication du journal de l'ancien Kronprinz est une déclaration de guerre à M. de Bismarck, car la personnalité de cet homme d'Etat est considérablement diminuée par la révélation de ses incertitudes et de ses tergiversations.

C'est le ridicule jeté — et par quelles mains ! — sur ceux que la légende populaire avait placés très haut.

Le peuple sera surtout stupéfait d'apprendre que son roi n'était que l'instrument de ses favoris.

A cette heure, aux yeux de l'Allemagne, comme aux yeux de l'Europe, le Chancelier lui-même n'est plus *de fer*. Ce n'est plus le pilote audacieux et prévoyant que l'on croyait ; c'est un marin qui est le jouet des vagues et qui aborde au port en utilisant le flot sans l'avoir maîtrisé. C'est un homme d'Etat qui s'agite dans l'immensité du vide.

Tout le grand état-major allemand défile dans la lanterne magique que tient le Kronprinz, et ce déshabillé n'est pas flatteur.

La famille impériale elle-même n'échappe pas à cet examen, et elle apparaît ce qu'elle est, et non pas ce qu'on a cru qu'elle était.

C'est le grand jour de l'histoire qui commence à éclairer l'époque ténébreuse dont l'année 1870 fut l'aurore.

Rien de ce qui se passe actuellement en Allemagne n'est fait pour nous déplaire, et c'est avec le plus vif intérêt que nous suivrons les différentes phases d'une lutte dont l'issue ne peut qu'être profitable à la France.

❋

L'homme qui, après avoir, citoyen, trahi son pays et, général, vendu son armée, Bazaine le scélérat, Bazaine l'infâme, vient de mourir à Madrid, après quinze années d'une vie misérable et honteuse, dérobée à la justice de la nation.

C'est un des plus grands criminels de notre temps et de tous les temps qui disparaît.

Dès avant 1870, on savait dans l'armée que, *guérillero* en Espagne, Bazaine avait vécu, faute de solde régulière, de vols et de rapines. On savait que, chef de bureau arabe en Algérie, il avait, suivant le langage imagé du temps, « mangé les indigènes ». On savait — j'ai honte à le dire, tant c'est infâme ! — que cet officier français avait ramassé dans une maison borgne, où des femmes vendent l'amour, une fillette, presque une enfant, la fille, non encore déflorée croyait-on, de la matrone du lieu, et qu'il projetait d'en faire bientôt, avec le consentement de ses chefs, sa femme légitime. On savait — c'est de l'histoire — que, venue en Crimée pendant le siège, au milieu d'une armée où les femmes étaient rares, la jeune et belle madame Bazaine y tenait une sorte de cour. On disait — ce doit être vrai — que, continuatrice du métier que faisait sa mère, elle aurait, en ce temps-là, contribué à la fortune militaire de son mari en se montrant... facile à des généraux de qui dépendait l'avancement de Bazaine.

On savait tout cela quand cet homme fut investi du commandement suprême de l'armée du Rhin !

Nous avons été cruellement punis pour avoir confié nos destinées à cet indigne maréchal de France, dont le foyer conjugal et les étoiles sentaient le lupanar.

Le nom de ce traître demeurera l'un des deuils de la Patrie !

✳

Les débuts de la session prochaine s'annoncent comme fort orageux.

Et cela pour plusieurs raisons.

La première, et peut-être la principale, est que les députés rapportent les plus fâcheuses impressions de leurs départements. Ils ont entendu les récriminations, les menaces de leurs électeurs, et l'avenir ne les rassure point.

La question des grèves, d'autre part, mécontente et irrite nos représentants qui n'ont rien fait pour les prévenir.

Il y a aussi la question financière qui inquiète au plus haut degré M. Peytral et ses collègues.

Il y a encore cette revision sur laquelle il faudra s'expliquer, que les radicaux exigent, que les opportunistes repoussent, et que la *Droite* fera résoudre *à son gré* en se portant, soit d'un côté, soit de l'autre.

Il y a l'affaire Gilly, et ce n'est pas celle qui préoccupe le moins, car elle est grosse de débats passionnés et de scandales nouveaux.

Il y a enfin et surtout la triple victoire de ce général qu'on se flattait d'avoir vaincu, et les manifestations nouvelles que prépare le boulangisme.

La confusion politique est devenue inextricable dans les rangs des républicains.

C'est dans les ténèbres que s'agite notre malheureux parti aux abois.

Au lieu de se soucier des intérêts du pays, compromis par leurs fautes, nos politiciens, farceurs incapables et intolérants, sectaires protestants et autocrates, jouisseurs de grande vie, n'ont plus qu'une préoccupation : les prochaines élections générales.

Ah ! quelle débâcle ce sera, grand Dieu !

Car, quoiqu'on fasse *maintenant*, le pays n'oubliera pas toutes les déceptions que lui ont causé douze ans de fautes, de gaspillages, d'incapacité, de vénalité.

Il sait à qui en faire remonter la responsabilité, et c'est pourquoi il s'oriente résolument vers la réaction ou vers le boulangisme.

« Qu'on nous donne enfin le Gouvernement de la délivrance », entendons-nous répéter de toutes parts, « nous sommes las, écœurés du gâchis républicain et prêts à marcher au scrutin. »

A-t-il vraiment tort ce peuple ? et pouvons-nous lui en vouloir ?

Ah ! chers lecteurs, quand on a combattu comme nous dans les rangs de la démocratie ; quand on a répété pendant des années que la République est le gouvernement idéal, honnête et juste par excellence ; quand on s'est fait si longtemps l'apôtre de la Liberté, quand on a cru à la *Fraternité*, il est profondément triste, profondément décourageant de constater que tout cela n'existe pas ; que la justice est boiteuse, que l'honnêteté politique, et même *l'autre* est un leurre, que la Liberté est sans cesse violée et que la Fraternité n'est qu'un mythe. Quand on ne voit partout qu'intrigues viles, bassesses de toutes sortes, mensonges effrontés, compromissions honteuses ; qu'on sent que tout croule, que tout s'effondre autour de soi, la conscience indignée se révolte, et la raison se détache du présent pour retourner au passé...

Nous sommes personnellement bien près d'en être là.

*

Au moment de vous envoyer cette lettre, nous recevons le texte d'un discours que notre ministre des Affaires Etrangères a prononcé hier dans un banquet. Ce discours est empreint d'un pessimisme tel, et il confirme si parfaitement tout ce que nous disons depuis des mois au sujet de la question Boulanger et de l'avenir de la République, que nous ne pouvons nous dispenser d'en rapporter les passages saillants.

M. Goblet s'est exprimé ainsi :

« Aujourd'hui j'essaierais vainement de dissimuler les inquiétudes où nous sommes, au lendemain de la très regrettable élection du général Boulanger, se produisant le même jour dans trois départements, parmi lesquels nous avons la tristesse de voir figurer le nôtre (la Somme) ; élection si étrange, si inattendue, *si menaçante pour l'avenir.* »

Plus loin, M. Goblet se plaint de l'instabilité gouvernementale dont il fait retomber la faute sur les électeurs qui ont mal composé la Chambre actuelle.

« Nous voulons tous, continue-t-il, une France forte, puissante, respectée. Comment donc voulez-vous, dans de telles conditions, assurer à notre pays le respect des autres nations ! Quelles relations avoir, *quelles alliances espérer quand on ne peut offrir aux autres plus de sécurité ?*

M. Goblet dit, en terminant, que le tableau qu'il fait de la situation *est réel*, et que, si les électeurs ne reviennent pas sur leurs pas, « nous courons à l'abîme. »

Est-ce clair? et me taxera-t-on d'exagération quand un ministre des Affaires Étrangères laisse tomber de ses lèvres d'aussi graves paroles !

15 Octobre 1888.

L'automne est revenu avec ses beautés mélancoliques, ses charmes alanguis, ses teintes merveilleuses, ses feuilles déjà tombantes, faisant aux sentiers discrets comme un tapis de pourpre et d'or.

Que ne pouvons-nous, avant que vienne l'hiver, jouir de ce reposant spectacle, longer à pas lents les étangs et les rivières, féeries exquises des automnes aux tableaux enchantés, aux ivresses troublantes, aux tableaux pleins de mystère !

Mais sans nous coulera la rivière, dormira l'étang. Il dormira silencieux, au milieu des joncs fleuris et des roseaux mobiles que le liseron enguirlande de clochettes roses, où l'insecte bourdonne un carillon léger.

Car le devoir a ses exigences, et un spectacle moins beau nous retient au rivage...

N'est-ce pas en effet aujourd'hui que rentrent nos honorables (?) retour de leurs départements, après plus de deux mois de vacances?

N'est-ce pas aujourd'hui que nous allons nous retrouver dans ce milieu parlementaire où l'on respire comme un air chargé de carbone asphyxiant et de ferments de décomposition !

Nous croyons que cette session fera époque dans les annales parlementaires de la France.

Déjà, dans les coins de ce palais suspect, transformé en boutique où pontifie la bêtise solennelle, on peut voir le cynique marchandage des consciences, on peut assister au grouillement des passions humaines.

C'est que, bientôt, l'heure des comptes va sonner. Cette heure tant redoutée, que la plupart de nos maquignons politiques auraient tant d'intérêt à arrêter au sablier du Temps !

Le projet de revision que doit déposer aujourd'hui M. Floquet n'est pas sans préoccuper vivement l'opinion. On se demande avec anxiété si ce projet sera bien de nature à assurer au Gouvernement la stabilité qui lui est nécessaire pour achever la réorganisation définitive de notre armée et de notre marine, que des changements successifs ont sérieusement compromise ou tout au moins retardée ; on se demande s'il pourra mettre à l'abri des hasards parlementaires notre ministre de l'Extérieur qui, lui aussi, devrait être inamovible si nous ne voulons pas, jusqu'à la fin des temps, rester isolés en Europe.

Comment veut-on, en effet, qu'une puissance quelconque ayant souci de sa dignité et de sa *sécurité*, s'engage avec nous tant qu'elle ne trouvera pas chez nous les garanties que nos perpétuels changements ne peuvent lui donner ; comment admettre que la Russie par exemple, cette alliée naturelle de la France, fasse aujourd'hui des propositions à M. Floquet, son partisan, quand demain peut-être, un Ferry quelconque, *ami de l'Allemagne*, peut le remplacer au pouvoir ?

Voyez-vous la situation qui lui serait faite ?

Il faut, pour que nous sortions de l'ornière où nous sommes enlisés, que le projet de M. Floquet modifie de fond en comble le système parlementaire qui est en train de tuer la République et la France. Il faut qu'il fasse table rase des anciens errements, sans quoi, nous tournerons toujours dans le même cercle vicieux. Il faut que M. Floquet ait jusqu'à l'audace de la dissolution s'il ne peut rien obtenir d'une chambre qui ne laissera dans l'histoire que la trace de sa légendaire impuissance et de ses coupables vénalités.

Le parlementarisme est une bastille que le grand anniversaire de 89 ne doit pas trouver debout.

Mais nous doutons fort que le projet de revision que doit présenter le Gouvernement soit ce qu'il devrait être ; ne serait-ce pas, en effet, copier le général Boulanger que de proposer aujourd'hui ce qu'il demandait il y a trois mois à peine ? Nous doutons encore plus que le Gouvernement se décide à décréter la dissolution de la Chambre par crainte des surprises que le suffrage universel lassé pourrait lui réserver.

Si nous en croyons les renseignements qui nous sont parvenus, au sujet du projet de revision, la Présidence de la

République et les deux Chambres seraient maintenues. Le Sénat et la Chambre des Députés seraient soumis tous deux au renouvellement partiel par tiers tous les deux ans. La Chambre continuerait à être élue au suffrage universel direct. Le Sénat serait élu au suffrage à deux degrés, c'est-à-dire qu'il serait nommé par des délégués élus par les électeurs des communes, au lieu qu'aujourd'hui, les sénateurs sont élus par les conseils municipaux.

Les lois seraient étudiées et préparées par le Conseil d'Etat sur la demande du Gouvernement.

Les projets de loi seraient soumis à la Chambre des Députés qui les discuterait et les voterait dans les formes habituelles. Des commissaires délégués par le Conseil d'Etat viendraient soutenir devant la Chambre la discussion de ces projets.

Une fois votés par la Chambre, ces projets seraient envoyés au Sénat qui les examinerait à son tour, mais, à la différence de ce qui se pratique aujourd'hui, le Sénat n'aurait plus, à l'égard des projets auxquels il serait contraire, *qu'un droit de veto suspensif*. La durée de ce veto serait au plus de deux ans.

A l'expiration de cette période, c'est le corps électoral qui trancherait directement le différend par le choix de ses représentants.

Ajoutons qu'en ce qui concerne les questions d'ordre budgétaire, le Sénat n'aurait même pas le veto suspensif.

Il n'aurait qu'un droit de *remontrance*. Une fois ce droit de remontrance épuisé, le dernier mot resterait à la Chambre.

Reste à savoir si la stabilité que nous voulons *avant tout* gagnera quelque chose à ces modifications, et si nous ne tomberons pas de Charybde en Scylla.

Nous attendrons donc pour nous prononcer, que M. Floquet ait déposé sur le bureau de la Chambre le projet en question.

Mais dès à présent nous pouvons affirmer que quel qu'il soit, il rencontrera des obstacles *insurmontables* au Sénat, s'il n'échoue pas misérablement devant la Chambre.

Pour nous, il n'y a qu'un moyen de sortir de l'impasse où nous sommes. C'est de dissoudre la Chambre, procéder à de nouvelles élections et reviser ensuite.

Mais voilà, nous en revenons toujours au programme de ce terrible général, et dame...

C'est cependant par là qu'on devra finir avant qu'il soit longtemps.

❋

La Commission du budget — où siègent vingt Wilson, comme vous savez — vient d'économiser quelques millions sur les budgets de la Marine et de l'Armée.

Les réductions opérées par ces 33 intelligents citoyens portent sur la remonte, les poudres et l'*habillement*.

Nous nous demandons où l'on pourra bien trouver encore quelque chose à rogner sur le costume, et dans quel état on va nous exhiber nos pauvres soldats. Il nous semble qu'à cet égard, on a atteint les dernières limites de la parcimonie, et à moins de ne plus fournir à nos défenseurs qu'une semelle pour deux souliers, nous ne voyons guère comment on s'y prendra pour réduire ce qui a déjà été amené, à la suite d'une multitude de combinaisons ingénieuses... pour ceux qui les conçoivent, au strict nécessaire.

Aujourd'hui, en effet, l'homme qui quitte le régiment part en *guenilles*, et, de plus, sans un sou vaillant dans la poche, car il n'y a plus de *masse*, et, s'il n'ose plus traverser la grande rue de son village dans la sordidité de sa tenue, en revanche, il est exposé, s'il ne trouve pas aussitôt du travail, à demander à la charité publique les secours des premiers moments. Entre lui, le soldat, qui vient de donner trois ans à son pays et le coquin qui a passé le même laps de temps sous l'abri d'une maison centrale, l'avantage est tout en faveur de ce dernier.

Décidément, les avocats, médecins, financiers-tripoteurs — c'est M. Gilly qui l'a dit — de la Commission du budget, feraient bien d'aller apprendre le patriotisme à Berlin !

❋

Guillaume II continue ses voyages à travers l'Europe. La semaine dernière il était à Vienne, où l'accueil, paraît-il, n'a pas été très enthousiaste. Actuellement, il est à Rome, auprès du phtisique Humbert et du servile Crispi.

Les renseignements qui nous parviennent de là-bas nous font savoir que d'assez sérieuses manifestations se sont produites. Pendant le trajet de la gare au Quirinal, une profusion de petits papiers rouges sur lesquels on lisait : « Vive la France ! Vive l'Alsace-Lorraine ! A bas Crispi ! » ont été lancés sur le cortège. Les *cousins* ont fait la grimace, d'autant plus que les acclamations ont été peu nourries. On s'attendait à une explosion d'enthousiasme ; on n'a rencontré, ou à peu près, qu'un silence de mauvais augure.

A vrai dire, cette manifestation, qui s'est produite pendant le trajet du Quirinal au Vatican, nous a un peu surpris. Nous ne croyions pas l'Italie déjà lasse de la livrée des palefreniers de la cour d'Allemagne.

Nous ne croyions pas que l'Italie, l'invraisemblable alliée de l'aigle d'Autriche et de Prusse ; l'Italie, que les penseurs ont saluée comme la mère de l'alliance latine, se réveillerait sitôt et oserait jeter à la face des orgueilleux qui la gouvernent, un cri de révolte et de liberté !

29 Octobre 1888.

Le projet de revision récemment déposé par M. Floquet a été renvoyé à une Commission !

Ce projet ne peut nullement satisfaire le pays. Il ne peut contenter non plus aucun des partis dont se compose la Chambre, si bien qu'il lui est impossible de réunir une majorité parmi les parlementaires, pas plus qu'il n'en réunira une dans l'opinion publique.

Comme le disait si bien hier le général Boulanger, dans un discours qu'il a prononcé au banquet de la salle Wagram, les hommes qui sont au pouvoir ont cru qu'il était facile de duper le peuple et qu'il suffisait, pour faire cesser ses revendications, de lui offrir, sous l'étiquette revisionniste, un projet dérisoire qui est une insulte au bon sens public, un projet qui ne change rien aux vices du régime parlementaire, à son impuissance, à son instabilité, à ses intrigues, à ses corruptions. Mais ils se sont trompés.

La revision de M. Ferry a été une mystification ; celle de M. Floquet ne sera qu'un avortement.

Après le projet sur la revision, le projet d'impôt sur le revenu.

Ce n'était pas assez d'une sottise. — Il fallait aussi commettre une monstruosité.

Décidément, rien n'aura manqué à ce malheureux cabinet Floquet !

Mais, dira-t-on, l'Etat a besoin d'argent. Il lui faut en demander à ceux qui en possèdent.

Nous protestons énergiquement contre cette affirmation. Si l'Etat se renfermait dans ses attributions légitimes, s'il ne transformait pas le budget en instrument de règne, s'il n'inventait pas chaque jour des fonctions nouvelles, *pour y installer des amis, des parents ou des électeurs*, s'il renonçait à tout faire et à mal faire tout ce qu'il fait, un budget de *deux milliards cinq cents millions* suffirait largement à couvrir les dépenses nécessaires, et il y aurait lieu, non pas d'inventer de nouveaux impôts, mais bien d'en supprimer un certain nombre d'existants.

Comme c'est le contraire qui se passe, comme pour notre malheur, l'Etat est personnifié depuis longtemps par des gaillards qui ne regardent pas à la dépense quand il s'agit d'étonner et de tromper l'opinion publique, l'argent que nous lui donnons, les ressources nouvelles que nous lui consentons, ne lui servent qu'à creuser plus profondément le gouffre du déficit et de hâter notre ruine.

Sait-on, en effet, que la République dépense tous les ans 627 millions de plus qu'elle ne reçoit ?

Sait-on que les fonctionnaires coûtent à la France 250 millions de plus que sous la Royauté ou sous l'Empire ?

Sait-on qu'en pleine paix la République nous a endettés de près de *huit milliards* ?

Sait-on, enfin, que, de 1875 à 1888, la charge de l'impôt s'est accrue de 20 francs et qu'elle a monté à 111 francs par tête !

Depuis cette époque elle s'est encore élevée, et on veut l'augmenter par des impôts nouveaux !...

Croit-on vraiment que le pays les acceptera ?

Un des caractères les plus défectueux du projet de M. Peytral serait le caractère vexatoire de l'impôt qu'il préconise.

Car, énoncer que le fisc s'en tiendra aux déclarations du contribuable pour établir la quote-part de chacun, c'est ne tenir aucun compte des exigences de l'administration et de ses habitudes tracassières. L'amende sera là, dit-on, pour punir les fausses déclarations, mais comment ces déclarations seront-elles reconnues fausses ? Voici, pour ne citer qu'un cas, un négociant. La loi nouvelle lui imposerait un droit de 1/2 pour cent sur ses bénéfices annuels. Comment chiffrera-il, à la fin de l'année, ses bénéfices ? Au moment où le négociant établit son bilan, le cours des marchandises qu'il détient peut présenter un bénéfice sur le prix d'achat. Ce bénéfice est-il certain ? Non, car, par suite de baisse des cours, il peut s'évanouir dans un avenir prochain et même se transformer en perte. Le négociant avisé consentira-t-il à payer l'impôt sur un revenu aléatoire ? Et si sa déclaration au fisc ne mentionne pas de bénéfices, l'Etat aura-t-il le droit de fouiller dans ses livres ?

Ce serait purement et simplement le rétablissement de l'Inquisition en France.

Et puis, notez que cette nouvelle contribution directe porterait sur les revenus supérieurs à 2.000 francs et que, par conséquent, elle frapperait en plein sur les classes sociales qui sont au-dessous de la classe moyenne.

Voyez-vous le budget des petits employés, qui ont actuellement à peine assez pour vivre par suite d'un renchérissement de toutes choses ; voyez-vous, dis-je, ces modestes, ces humbles, obligés de prélever sur leurs appointements 40 ou 45 francs par an pour les verser dans les caisses de l'Etat, dans ces caisses qui, depuis trop longtemps, ressemblent, hélas ! au tonneau des Danaïdes !

S'il faut de l'argent quand même, que ne frappe-t-on les opérations de Bourse à terme d'un droit plus ou moins élevé, ainsi que le demande un député de la Gironde, dont la proposition vient d'ailleurs d'avoir les honneurs d'un enterrement de première classe.

Nous comprendrions, *à la rigueur*, une loi venant frapper les juifs de la Bourse, parasites éhontés qui remplissent leurs poches, bourrent leurs portefeuilles avec de l'argent extorqué à la fortune publique.

Mais ne craignez rien ; on ne touchera pas à cette bande

de détrousseurs patentés, venus on ne sait d'où, que de hautes influences protègent. Ces chevaliers de l'agio sont aujourd'hui les maîtres ; ils règnent, ils gouvernent, ils sont aux sommets parce qu'ils détiennent une grande part de cette fortune publique qu'ils ont volée, et que les Etats sont obligés de compter avec eux.

Ayant la puissance formidable de l'or, ils nous imposeront toujours leur tutelle dégradante, sans que nous osions ou que nous puissions jamais nous en affranchir !

Dans ses serres maudites, le juif tient le monde, et le monde sera dévoré par le juif.

*

Guillaume a quitté Rome et l'Italie.

Il n'emporte de son voyage que de nombreuses déceptions.

L'armée italienne, la flotte italienne, dont on lui avait vanté la valeur et la puissance, *n'existent pas.*

Guillaume les a vues de près dans les plaines de Centocelle et dans la baie de Naples, et tout cela ne lui a paru bon à rien.

Il est probable que cette constatation faite, le Kaiser allemand aura mis une sourdine aux velléités fanfaronnes du Sicilien Crispi sur le concours effectif duquel il ne saurait raisonnablement compter en cas de conflit avec la France.

Et comme l'Allemagne seule ne tient pas, et pour cause, à se mesurer avec nous, nous en déduisons logiquement que l'on nous laissera tranquilles pendant longtemps encore.

L'Empereur a quitté Rome beaucoup plus promptement qu'on ne s'y attendait. De nouvelles fêtes, de nouvelles démonstrations se préparaient.

Guillaume a dit qu'il en avait assez.

Nous le comprenons de reste.

Et tout le monde le comprendra comme nous quand nous aurons dit que des trains sont arrivés *avec 12 heures de retard* sur un trajet qui s'effectue ordinairement en six heures ; que l'Italie a été pendant les quelques jours qui ont précédé l'arrivée de Guillaume à Rome, littéralement bouleversée pour une concentration de 25.000 hommes de troupes.

Que serait-ce donc s'il s'agissait d'une mobilisation générale, et à quel gâchis n'assisterions-nous pas ?

Maintenant que les lampions sont éteints et que l'imprudente et présomptueuse Italie a démontré aux yeux les plus obtus son impuissance sur terre et sur mer, elle va pouvoir se demander ce que lui a rapporté la visite de l'Empereur Teuton et supputer ce que lui a coûté déjà, et ce que lui coûtera encore l'alliance germanique.

C'est la défaite et la ruine en cas de guerre.

C'est la misère actuellement, par suite de la rupture des relations commerciales avec la France.

Pauvre peuple !

·*·

Il parait que M. de Bismarck médite un nouvel assassinat politique.

C'est du moins ce qu'assure une dépêche chiffrée que vient de publier l'*Agence Libre*.

Voici cette dépêche :

« On prépare à Berlin, contre le roi de Wurtemberg actuellement en France, un coup analogue à celui par lequel on a *supprimé* dans le temps, le malheureux Louis II de Bavière. »

Nos lecteurs se rappelleront que nous les avons déjà entretenus de ce fait

On chercherait, paraît-il, à faire répandre l'opinion que le roi est fou.

Ces intrigues devront amener, dans l'esprit des auteurs de ce joli projet, d'abord la destitution du roi, puis bientôt après sans doute, à l'aide de procédés bien connus sur les bords de la Sprée, sa mort.

Ce qui est dès à présent certain, c'est que la malheureuse victime, pressentant le sort qui lui est réservé, s'est réfugiée en France pour échapper aux coups que l'on médite contre elle.

L'histoire mettra M. de Bismarck hors l'humanité.

27 Novembre 1888.

Notre pauvre France n'apparaît décidément plus que comme le préau d'une maison centrale où grouille un peuple de malfaiteurs.

Voilà ce qu'il en coûte d'avoir ouvert à deux battants les portes de la vie politique à une truanderie d'ignorants, d'imbéciles et de piliers d'estaminets.

Le procès de Nîmes a été une déception pour tout le monde. On a refusé à M. Gilly de faire la preuve des faits allégués par lui ; on a refusé d'entendre les témoins cités à sa requête ; on a étranglé le débat, évidemment sur l'ordre exprès du Garde des Sceaux ou du Ministre de l'Intérieur.

Et nos bons juges, comme bien on pense, n'ont pas demandé mieux que de rendre un nouveau petit service au Gouvernement.

En présence de l'attitude de la Cour, M. Andrieux, qui avait provoqué les poursuites, a retiré sa plainte et le jury, après cinq minutes de délibération, a acquitté M. Gilly.

Ils croient sans doute, les malheureux, que le pays se contentera de cet indécent escamotage !

Cette affaire Gilly avait provoqué à la Chambre, deux jours avant l'ouverture des débats, un incident qui fera époque dans nos annales parlementaires. Cette séance a dépassé en tumulte tout ce qu'il est possible d'imaginer.

M. de Cassagnac, qui n'est pas des nôtres, a dit aux républicains de dures vérités : « C'est sous la République, s'est-il écrié, qu'il nous a été donné de voir vingt ou vingt-deux membres de la Commission du budget appelés devant la Cour d'Assises pour se justifier. Il est vrai que ces membres ne sont légalement appelés que comme témoins, mais devant l'opinion publique, il en est autrement ; ils comparaîtront comme accusés. »

M. le comte (?) de Douville-Maillefeu, que cet incident surexcitait outre mesure, se lève tout-à-coup, et avec des gestes épileptiques, s'écrie :

« Salauds ! je m'en vais vous citer un proverbe indien : « Celui qui salit son nid est un sale oiseau. »

Le gâchis est à son comble ; Douville-Maillefeu continue, au milieu d'un vacarme épouvantable : « Vous êtes tous des mufles, à droite comme à gauche, des salauds! Vous me faites tous ch..., la Chambre, la Presse, le Gouvernement; vous me faites ch... »

Pendant ce temps, M. Boyer, député de Marseille, et M. Sabatier, député d'Oran, se battaient dans l'hémicycle.

C'en est trop, à la fin, de ce régime parlementaire qui salit, qui déshonore la France. Il est temps qu'on balaye ces ordures, si l'on ne veut pas que notre beau pays ne soit mis en quarantaine dans le monde.

Il est temps que le dernier mot reste à l'honnêteté!

Car de quelque côté qu'on se tourne, on se heurte aux mêmes tripotages, et comme le disait hier encore un républicain désolé: « c'est le marché aux votes et la foire aux consciences. »

Jamais, dans la mêlée des intérêts inavouables, on ne vit autant de cadavres à la fois, et ce n'est certes pas le scandaleux avortement du procès de Nîmes qui ressuscitera personne.

Sans attacher plus d'importance qu'il ne convient au prétendu coup d'Etat de M. Floquet contre les boulangistes, il convient cependant de ne pas le passer complètement sous silence.

Et ce, à cause des coïncidences tout au moins bizarres qui paraissent donner corps aux bruits qui ont couru.

M. Spuller n'écrivait-il pas, en effet, la veille, dans *La République Française* cette phrase significative:

« Encore quelques jours de patience, et vous connaitrez dans toute leur rigueur vengeresse, les lois, les justes lois de la République ! »

Si nous ajoutons que tout récemment, deux hauts fonctionnaires, dépendant du Ministère de l'Intérieur, se sont rendus à *Melun* et à *Clairvaux* pour faire procéder à des aménagements, d'ailleurs avoués dans ces deux maisons centrales, nous sommes forcément amenés à supposer qu'il y a réellement quelque chose dans l'air et que la question d'un enlèvement et d'un emprisonnement des principaux chefs du parti boulangiste, a bien été sérieusement envisagée par le Gouvernement.

Ce serait la fin de la fin.

A ce sujet, M. de Cassagnac, dans *L'Autorité* écrit ceci:

« Ce n'est pas un conte, ce n'est pas une invention, et rien ne servira, pas plus les ricanements que les dénégations, car nous sommes exactement renseignés, *et toutes les preuves sont entre nos mains.*

« Nous savons, de source certaine, que cinquante cellules sont commandées, préparées.

« Tout est prêt, tout, et on n'hésite plus que sur le jour et l'heure de l'attentat.

« Et ne croyez pas que les républicains modérés s'indigneraient d'un tel projet ; non.

« Le présent les glace, l'avenir les épouvante, et ils se battent, entraînés et à-demi noyés dans ce courant de boue qui les charrie à l'abîme.

« Quant à nous, nous sommes prêts, prêts à tout.

« Et après avoir crevé le ballon qu'on gonflait dans l'ombre, nous défions le Gouvernement d'accomplir ses desseins !

« Eh ! oui, nous conspirons, et nos complices, c'est la misère publique, c'est la lassitude qui règne dans le pays, c'est le dégoût croissant, c'est l'humiliation débordante d'une nation affamée de sécurité, de liberté et d'honneur. »

Ajoutons que la moitié de la presse parisienne croit réellement à l'existence du complot divulgué en même temps par tous les journaux boulangistes et réactionnaires.

Nous le répétons ; s'il était jamais perpétré, ce serait la fin de la fin.

En attendant, Wilson, le fameux Wilson, publie ses dossiers.

Comme il en a *vingt-deux mille* entre les mains, cela nous en promet de belles.

Les opportunistes, justement effrayés des nouveaux scandales qui se préparent sur leur dos, ont fait des démarches auprès de M. Grévy pour le supplier d'user de son influence sur son gendre, en vue d'amener celui-ci à renoncer à sa publication.

Nous ignorons ce qu'a répondu M. Grévy, mais nous doutons que les démarches tentées auprès de lui aient réussi.

L'ex-Président qui, jusqu'au dernier moment, l'année dernière, avait cru que le parti républicain, au souvenir du passé, n'oserait pas le forcer à quitter l'Elysée, s'était renfermé dans le silence ; mais il a peut-être pensé qu'après le procès de Nîmes où le nom de Wilson avait été présenté comme une diffamation, le temps était venu de sortir de sa longue réserve.

Ce doit être pour M. Grévy une bien douce satisfaction que de voir ceux qui, au nom de la probité méconnue, l'ont jeté à bas du pouvoir, implorer aujourd'hui sa bienveillante intervention auprès de Wilson ressuscité et menaçant.

Quelle singulière époque !

⁎

M. Herbette, notre représentant à Berlin, est décidément un drôle d'ambassadeur.

Pour être agréable à M. de Bismarck, il n'a rien trouvé de mieux que de faire expulser d'Allemagne nos journalistes qui le gênent.

Si vous voulez savoir en quelles mains sont confiés nos intérêts là-bas, écoutez ce qu'en dit une de ses victimes, M. Robertpic, correspondant de *La France*, à Berlin :

« Cet homme ne fréquente personne et ne reçoit pas de visites. Il puise ses convictions dans les journaux allemands. Il n'est d'aucune cérémonie. Il ne connaît pas un seul homme politique allemand.

« Jamais un ministre prussien n'a franchi le seuil de l'Ambassade française.

« Si, pourtant ; Bismarck vint un jour à l'Ambassade. Mais c'était pour rendre visite à M. de Lesseps. Ceux qui ont pu assister à ce spectacle ne l'oublieront jamais plus. Pour ma part, je m'en souviens comme d'un affront.

« Bismarck, sanglé dans son uniforme de cuirassier, botté jusqu'aux cuisses, casqué du chaudron étincelant, la tête haute, le regard méprisant, Bismarck énorme, descendait l'escalier d'honneur de l'Ambassade après être resté une dizaine de minutes avec M. de Lesseps. Il descendait lentement, dans une lumière d'apothéose. A sa gauche, le grand Français, tout petit, gonflé d'orgueil. A sa droite, Herbette, qui semblait s'être enfoncé de cinquante centimètres dans l'épaisseur des tapis, Herbette, étonnamment diminué, les bras vers la terre, le front vers la terre, confondu d'émotion, de peur et de reconnaissance.

« Honte et rage ! Quelle attitude ! Un valet ne mérite jamais de représenter la France !

« Bismarck, sans baisser d'une ligne l'aigle prussienne fixée sur son casque, impassiblement dédaigneux, tendit sa main comme pour donner un pourboire. Je crus qu'Herbette allait se précipiter sur cette main pour l'embrasser.

« Mais par l'entrebâillement d'une porte donnant sur le vestibule, apparaissait la face maffluc de l'ambassadrice, la bouche tordue d'angoisse et les yeux brouillés d'émotion ; dans l'entrebâillement d'une seconde porte, la tête hagarde du petit Herbette, qui avait profité du bouleversement de sa famille pour ne pas aller au collège. Enfin, derrière une porte, les secrétaires de l'Ambassade, dressés sur la pointe de leurs souliers, hypnotisés dans la contemplation du maître qui avait daigné venir visiter l'immeuble.

« Je n'exagère rien. Je sais d'autres personnes qui ont assisté à cette scène incroyable et qui pourraient en faire le même récit. »

Le rédacteur de *La France* ajoute que deux ou trois Français qui assistaient à cette scène « sentirent un flux de honte envahir leur front. »

En effet, il est humiliant de dire que des représentants de la France à l'étranger, peuvent manquer à ce point de dignité.

Quant à l'exactitude du récit qu'on vient de lire, et dont nous n'avons reproduit que les principaux passages, un rédacteur du *Soleil*, M. Dubois, s'en porte lui-même garant, car il a été précisément l'un des témoins de cette scène qu'une pudeur patriotique l'avait empêché de dévoiler.

Il serait temps que notre gouvernement songeât à rappeler ce diplomate en chambre, et à confier l'Ambassade de Berlin à un homme dont le sentiment du devoir soit à la hauteur de la mission.

Nous en dirons autant de M. Waddington, dont la présence à Londres est tout simplement scandaleuse. En effet, M. Waddington est Anglais de cœur ; toutes ses sympathies sont pour l'Angleterre. Il a des parents partout, excepté en France. Ses cousins sont nombreux en Allemagne ; sa sœur a épousé un diplomate prusssien, M. de Bunsen. Un de ses oncles est colonel dans l'armée anglaise, un autre est mort au mois d'Avril 1886, à Pérouse.

Etonnez-vous, après cela, que notre diplomatie obtienne tant de succès sur les bords de la Tamise !...

10 Décembre 1888.

Les nouvelles que nous recevons d'Allemagne ne laissent plus de doutes sur l'état alarmant dans lequel se trouve le jeune souverain. Les feuilles officieuses reconnaissent que l'Empereur a besoin de beaucoup de ménagements, tout refroidissement ayant pour cause une aggravation de la maladie dont il est atteint. Tout le monde observe la plus grande discrétion sur la nature de ce mal, et on se demande avec anxiété qu'elle sera sa marche ultérieure.

De l'avis unanime, Guillaume est atteint d'un mal héréditaire dont il ne guérira pas malgré l'opération que le docteur Bergmann se propose de tenter pour conjurer le dénouement.

Il ne faut pas en inférer pour cela que ce dénouement soit proche, mais il n'en paraît pas moins certain que les jours du Souverain sont comptés, et que la sinistre camarde affirme dès aujourd'hui ses droits sur l'homme qui ne rêve que l'embrasement de l'Europe et l'anéantissement de la France.

Ne dirait-on pas, en vérité, qu'une volonté mystérieuse, plus puissante que la volonté humaine, et devant laquelle tout s'incline, veut épargner au monde, en frappant avant l'heure celui qui les aurait provoquées, les horreurs épouvantables dont il était menacé !

Tels sont peut-être en effet, les desseins insondables de la Providence !

Guillaume disparu, car il faut envisager maintenant cette hypothèse, que deviendra l'empire d'Allemagne ?

Son unité si fragile résistera-t-elle aux événements qui suivront le nouveau deuil dont il est menacé ?

Le socialisme qui gronde et envahit l'Allemagne comme une marée montante, ne finira-t-il pas par briser le joug despotique sous lequel le peuple vit esclave ?

La vivifiante lumière de la liberté ne se fera-t-elle pas enfin jour à travers les ténèbres épaisses qui pâlissent ses rayons précurseurs ?

Oui, l'Allemagne verra tout cela, et la secousse sera d'autant plus violente qu'elle aura plus souffert de la tyrannie des hommes qui ont cru la faire grande en l'opprimant !

Oui, l'Allemagne se réveillera de sa longue léthargie ; oui, elle brisera ses chaînes, écrasera ses despotes et goûtera un jour, bientôt soyez-en sûr, les bienfaits d'un régime plus libéral.

Son asservissement a trop duré. L'Allemagne a trop souffert. Elle a dans le cœur trop de colère contenue.

Croyez-m'en, l'heure de son émancipation est proche. La mort de son jeune souverain en sera certainement le signal.

En attendant que ces événements s'accomplissent, la Triple Alliance paraît vouloir se désagréger.

L'Autriche en trouble l'intimité et en compromet l'harmonie. Depuis quelque temps, en effet, les feuilles de Vienne et de Berlin se livrent à une polémique qui a pris, ces jours derniers, un ton d'acuité tout à fait inattendu. On commence à être moins enthousiaste de la politique suivie par le Gouvernement. Un parti puissant de protestation s'organise. Les régions officieuses elles-mêmes sont mécontentes de l'attitude du Cabinet de Berlin, qui voudrait imposer à celui de Vienne et ses vues et ses hommes. Des observations assez vives ont été échangées à ce sujet, et M. de Bismarck a dû capituler, mais les prétentions autoritaires de cet homme néfaste ont dessillé bien des yeux en Autriche où une politique exclusivement allemande ne sera jamais possible, et tout fait prévoir que cette puissance pourrait bien mettre une main dans la main de la Russie, et l'autre dans celle de la France.

Comme compensation Bismarck aura toujours Crispi ! Ce sera son châtiment.

∗

La mascarade organisée dimanche en l'honneur du député Baudin, tué sur une barricade, le 2 Décembre 1851, n'a pas produit l'effet qu'en attendait le Ministère. On comptait sur

300.000 manifestants. Il s'en est présenté 20.000 environ ;
le *Petit Journal* dit 7.000.

Le peuple de Paris ne s'est pas trompé sur le sens de cette
manifestation, qui était en effet, bien moins organisée en
souvenir de l'héroïque victime du Coup d'Etat, que contre le
général Boulanger dont la popularité grandissante affole
tous les jours davantage nos malheureux gouvernants.

On parle plus que jamais de bannissement, d'internement.
Hélas ! nous doutons fort que le ministère actuel ait le temps
de mettre tous ses beaux projets à exécution.

Il est possible, en effet, que notre prochaine correspondance contienne l'oraison funèbre de M. Floquet et de ses
collègues. Nous en profiterons pour apprécier le rôle qu'ils
ont joué pendant leur passage au pouvoir.

*

Personne n'ignore que nos députés parlent beaucoup
d'économie, malheureusement, ils n'en prêchent pas l'exemple. Comme il n'est pas défendu de rire un brin, qu'on nous
permette de citer quelques articles du budget spécial à cette
assemblée, et plusieurs autres dont la découverte nous a fait
rêver.

C'est d'un drôle !...

Vous savez déjà, peut-être, que la dépense d'*Eau de
Cologne* s'est élevée, pour 1887, à 1.522 fr. 30 ? Celle prévue
pour 1889 n'est que de 1.522 francs. Les contribuables
auront donc 30 centimes de moins à payer l'année prochaine
pour les parfums de ces messieurs. C'est déjà quelque chose.

Il faut bien plaire au beau sexe, que diable !

Le crédit des impressions qui, pour les 750 membres
de l'Assemblée Nationale, ne s'élevait pas à plus de
250.000 francs atteint, depuis 1883, pour les 534 membres
de la Chambre actuelle, le chiffre de 500.000 francs, ce qui
représente un peu plus de 1.000 francs par député.

On ne s'étonnera pas des lumières que répand dans le
pays le Palais-Bourbon, quand on saura que l'éclairage, bon
an, mal an, coûte 109.000 francs.

Il y a au budget, où nous avons glané ces jolies perles,
8.400 francs de prévus pour « frais funéraires des députés. »

Lorsqu'un représentant meurt, à la douleur légitime que nous cause sa mort, s'ajoute cette autre douleur d'avoir à payer 1.200 francs à sa famille.

Mais tout cela n'est rien auprès de ce que nous allons vous dire :

Les destructeurs de rats de la présidence, les raccomodeurs de parapluies de M. le Président de la Chambre, ont leur compte ouvert au budget de l'Etat.

On y trouve jusqu'à une somme de 60 fr. 05 pour frais de billard ? ? ? Les allumettes absorbent à elles seules un crédit de 1.798 fr. 30.

N'est-ce pas qu'en France, nous faisons bien les choses ?

Ecoutez encore, car ce n'est pas fini.

En vertu de lettres patentes, datant du 1er Mai 1857, une rente est encore servie, par la République de 1888, aux descendants d'un sieur Chambon, qui reçut de Louis XV, le Bien-Aimé, une rente perpétuelle pour avoir eu un parent tué à la chasse du roi !

Nous nous étonnons que l'on n'ait pas pensé aussi aux héritiers si nombreux de M. de la Palisse.

Il y a huit jours, on lisait dans *L'Officiel*, la nomination de M. Ortéga comme président de la *Commission Internationale des Pyrénées*.

Or, cette Commission, instituée sous Louis XIV, *pour la délimitation des frontières*, a cessé de fonctionner, sinon d'exister, depuis environ deux siècles. Ce qui n'empêche pas d'y caser annuellement des titulaires avec 25.000 francs d'appointements — pour ne rien faire.

Nous avons tellement d'argent de reste, la fortune publique est si florissante, que, jusqu'en 1886, on a trouvé le moyen de payer les « frotteurs » du palais de Saint-Cloud.

Et ce palais est brûlé depuis dix-sept ans !...

Enfin, on rencontre en ce moment sur le pavé de Paris, un grand nombre de fonctionnaires casés au Tonkin par la République, dans de grasses sinécures, et qui, après un séjour de quelques mois en Orient, ont obtenu des congés indéfiniment renouvelables, la colonie, paraît-il, n'ayant pas un besoin très urgent de leurs bons services. Ils touchent sur le budget leur solde de congé.

Le Ministère a imaginé, pour les désigner, une locution

nouvelle. Ces fonctionnaires ne sont ni en *disponibilité*, ni en *congé*, ni dans aucune des vieilles catégories connues. Ils sont payés comme étant *en instance de réintégration !*

Tas de fumistes, va !

Et puisque nous parlons du Tonkin, signalons un fait révo'tant dont nous avons eu récemment connaissance, fait qui ne prête nullement à rire, celui-là, car il s'agit de l'honneur de la France, qui nous tient tant au cœur.

Quand les pirates font prisonniers des tirailleurs ou des miliciens indigènes, ils ont l'habitude de leur couper une main et de nous les renvoyer ainsi mutilés. Que fait alors le protectorat ? il accorde, par arrêté, une vingtaine de piastres (un peu moins de cent francs), à ces malheureux, et les renvoie dans leurs villages sous prétexte qu'ils ne peuvent plus lui être utiles à rien.

Naturellement, quand les familles voient revenir ces estropiés avec leurs quelques piastres dans la poche, et qui, ne pouvant plus travailler, *sont obligés de mendier pour vivre* — car les vingt piastres ne durent pas longtemps — les familles, dis-je, ne se sentent guère portées à admirer notre générosité ; elles trouvent, avec raison, que ce n'est pas la peine de prendre parti pour nous si on doit être récompensé d'aussi piteuse façon.

Vous avouerez qu'il est, en effet, indigne de la France, de traiter ainsi des serviteurs qu'elle est allée chercher chez eux, et qu'il est pénible de voir ces malheureux nous tendre leur moignon plus ou moins cicatrisé, en criant : « *Un sou, s. v. p., y en a pirates coupé lui tap !* » Ce qui veut dire : « J'ai perdu un membre en combattant tes ennemis, pour protéger ta famille et tes biens, et maintenant que je suis estropié pour la vie, ton gouvernement ne peut pas me nourrir. Donnez-moi quelque chose pour ne pas mourir de faim. »

⁂

Notre dernière correspondance vous entretenait des nouvelles expulsions de journalistes français en résidence à Berlin. Aujourd'hui, nous avons à signaler celle du colonel Stoffel, qui adresse au *Matin* des détails navrants sur la mesure inique dont il a été l'objet.

Voici quelques passages de cette protestation indignée, que nous avons lue avec des larmes plein les yeux :

« Si le fait que je rapporte était un fait isolé, je ne dirais rien ; mais, joint à beaucoup d'autres de même nature, il révèle trop clairement un système adopté par le Gouvernement allemand dans le but de chercher à avilir tout ce qui touche à la France, hommes et choses. On se demande alors si nos gouvernants ont renoncé à protéger les citoyens français contre les attaques de l'étranger, et si chacun de nous reste exposé, en un moment quelconque, à avoir à rougir de sa nationalité. Je le dis, quoi qu'il m'en coûte : lorsque je me vis indignement soupçonné et traité comme un vil espion ; lorsque dans la gare de Strasbourg, subissant l'humiliante surveillance d'un mouchard allemand, je songeais qu'il ne me fallait pas compter sur la protection de ma patrie, j'en vins à regretter, pour la circonstance, de ne pas appartenir à un pays qui, comme la fière Angleterre, sait défendre contre les insultes, jusque dans les contrées les plus lointaines, l'honneur et la dignité du moindre de ses sujets, à l'égal de son propre honneur et de sa propre dignité.

« Nos ministres dirigeants devraient se dire que la France a un passé trop glorieux et qu'elle est encore trop fière pour s'accommoder plus longtemps de *son avilissement au dehors*. Qu'ils méditent cette pensée de Napoléon : « Lorsqu'une déplorable faiblesse et une versatilité sans fin se manifestent dans les conseils du pouvoir ; lorsque, cédant tour à tour à l'influence des partis contraires et vivant au jour le jour, sans plan fixe, sans marche assurée, il a donné la mesure de son insuffisance, et que les citoyens les plus modérés sont forcés de convenir que l'Etat n'est plus gouverné ; lorsqu'enfin, à sa nullité au dedans, l'administration joint le tort le plus grave qu'elle puisse avoir aux yeux d'un peuple fier, je veux dire l'avilissement au dehors, alors une inquiétude vague se répand dans la société, le besoin de sa conservation l'agite, et, promenant sur elle-même ses regards, elle semble chercher un homme qui puisse la sauver. » Ces paroles devraient être gravées en lettres d'or sur la porte du chef de l'Etat et de tous les ministres. Peut-être songeraient-ils alors à en faire le sujet de leurs méditations. On les dirait écrites d'hier, à l'adresse de nos gouvernants. Tout s'y trouve : le gouvernement qui donne la mesure de son insuffisance ; la nullité de l'administration au dedans ; *le peuple fier voué à l'avilissement au dehors* ; l'inquiétude vague partout répandue, et jusqu'à l'homme cherché (il est même déjà désigné) pour sauver la société en péril. »

Si encore nos gouvernants pouvaient comprendre cette fière leçon !

Et pendant ce temps, les espions prussiens incendient nos manufactures d'armes, pour retarder la fabrication de notre nouveau fusil. Celle de Châtellerault était, il y a quelques jours, réduite en cendres. Depuis, deux autres établissements militaires ont subi le même sort. Partout, les enquêtes auxquelles on s'est livré, ont irréfutablement démontré que ces sinistres étaient dus à la malveillance ; partout, on a constaté que le feu avait été allumé par des mains *étrangères*, mais aucune arrestation n'a été opérée, aucune expulsion n'a été ordonnée, et les Allemands grouillent tous les jours plus nombreux autour de nos forts, qu'on leur ouvre le plus souvent à deux battants, alors que les meilleurs patriotes français en sont rigoureusement exclus.

En voulez-vous un exemple ? Voici ce que publiait hier encore un journal parisien :

« Les travaux de fortification du Mont-Chauve sont commencés On compte 200 ouvriers environ, *mais pas un seul français !* »

Imprévoyance d'une part, lâcheté de l'autre, c'est complet.

Nos phénomènes du Palais-Bourbon se sont encore flanqué une *danse* avant-hier à la Chambre.

Mais la vraie danse, ce sera celle que les électeurs infligeront bientôt à ces représentants si peu dignes de leur mandat, si peu corrects dans leur vie politique et privée.

Ah ! celle-là sera soignée, croyez-le.

Car des vallons et des coteaux, des villes et des campagnes, on entend monter une immense clameur faite de mille cris qui disent :

« Allez-vous-en, car vous nous faites honte, nous rougissons de vous ! »

Mais vous verrez qu'il faudra le balai pour chasser ces fauves qui transforment le Parlement en une baraque de lutteurs, en une halle à la marée.

Ah ! oui, le balai, et tout de suite, grand Dieu ! pour que l'étranger ne voie pas *ça* quand il visitera l'Exposition.

C'est assez qu'on nous jalouse.

Nous ne voulons pas qu'on nous méprise !

24 Décembre 1888.

Le rejet par la Chambre de la proposition du Gouvernement relative à l'affaire du Panama, a causé dans toute la France une émotion profonde.

La Banque Prusso-Juive peut être fière de ce résultat.

Pour nous, nous déplorons cette défaite qui donnera au monde un avant-goût de la décadence financière et commerciale de notre pays.

Sans doute, bien des fautes ont été commises, bien des gaspillages ont eu lieu ; sans doute M. de Lesseps, *le grand Français*, comme on l'appelle, a de lourdes responsabilités dans cette affaire où s'engouffra l'épargne populaire.

Mais Panama était une entreprise française, et il fallait la sauver !

C'est ce que la Chambre n'a malheureusement pas compris.

En admettant qu'elle ne voulut pas tendre la perche à M. de Lesseps, trop compromis, et à son entourage, plus coupable encore, ne pouvait-elle au moins provoquer la retraite des hommes néfastes qui ont présidé jusqu'ici aux destinées de cette œuvre, et lui imposer une autre direction, sous le contrôle même de l'Etat ?

Nous dirons plus : devant la faillite menaçante de la Compagnie, le Gouvernement n'avait-il pas le devoir de prendre en mains la suite de cette affaire malheureuse qui ne va pas peu contribuer à augmenter encore le mécontentement général.

Nous croyons qu'il eût été sage, qu'il eût été patriotique d'agir ainsi.

Sans être dans le secret des dieux, et sans savoir ce qui sera résolu dans la grande réunion des actionnaires et des obligataires qui aura lieu le 29 courant, nous sommes convaincus que les intérêts des nombreux porteurs de titres sont gravement compromis.

Car, il faut bien le dire, malgré les affirmations de « l'ami naturel des Allemands », le canal ne sera pas ouvert à la navigation en 1890, pour cette raison toute simple que, faute d'argent, les travaux seront forcément interrompus dans un avenir prochain, *et que tout ou presque tout reste à faire*, l'entaillement de la « Culebra », cette montagne de granit, n'étant qu'ébauché.

·✳·

Le discours que M. Challemel-Lacour vient de prononcer au Sénat à l'occasion de la discussion du budget, restera comme une page magistrale dans l'histoire des assemblées françaises. Rarement la tribune a retenti d'une parole plus éloquente.

Ecoutez ce passage, cri suprême d'un cœur désolé, exhalant sa plainte et sa tristesse sur le spectacle affligeant de l'heure présente :

« Il y a des heures si tristes, qu'en présence de certains spectacles, on se demande avec mélancolie si l'on n'a pas fait un mauvais emploi de sa vie, en la consacrant à une cause que l'on voit compromise. S'il en est qui ont eu de ces tristesses, qu'ils me permettent de leur dire: vous ne vous êtes pas trompés. Vous avez cru qu'après l'écroulement de l'idée monarchique, la République était le gouvernement le plus propre à relever toutes les bonnes volontés, qu'elle était la meilleure école de la dignité; vous avez cru que la République était grande parce qu'elle ennoblit jusqu'aux plus petits en vivifiant chez tous le sentiment du devoir; non, vous ne vous êtes pas trompés.

« *Une expérience assez dure* n'a pas ébranlé nos convictions ; je me rejette vers ces institutions qui ont eu l'enthousiasme de ma jeunesse et qui sont encore le dernier asile de la liberté.

« Elles feront encore assurer le respect des croyances ;

évitons les ruines que la chute de la République entraînerait, évitons une suprême catastrophe ! »

Pourquoi faut-il que l'homme qui a prononcé ces admirables paroles soit un des lieutenants de M. Ferry ! Pourquoi faut-il que le nom de cette belle figure républicaine soit si malheureusement attaché à la fatale expédition du Tonkin ! Pourquoi faut-il enfin que cet homme, qui pleure aujourd'hui sur les fautes commises et sur la situation de cette République conquise au prix de tant de sang, soit précisément un de ceux auxquels nous devons cette politique néfaste qui nous a conduits, d'étapes en étapes, à l'état d'oligarchie dans lequel nous nous débattons, et qui paralyse toutes les forces vives de la nation !

Malgré tout, nous ne pouvons refuser notre sympathie à M. Challemel-Lacour. Sa loyauté franche et sa confession sincère ne peuvent que servir la cause qu'il défend d'ailleurs avec une autorité et un talent peu communs.

7 Janvier 1889.

Un député de Paris, M. Hude, vient de mourir.

Les électeurs de la Seine sont convoqués pour le dimanche 27 Janvier, à l'effet d'élire un nouveau représentant.

Le général Boulanger se représente.

Le général Boulanger sera élu !

Ses adversaires les plus implacables, ceux qui disaient, qui affirmaient imprudemment il n'y a pas trois mois encore que le général « n'aurait jamais Paris, et que, quand on n'a pas Paris, on n'a rien », sont les premiers aujourd'hui à considérer son élection comme certaine.

La République Française en fait déjà son deuil. Ne déclarait-elle pas hier, qu'après l'élection du 27 *il y aurait toujours la loi républicaine*, comme avant ; que les Parisiens ce jour-là, ne se donneront pas un maître, ne feront pas un roi, n'éliront pas un empereur.

Nos institutions, ajoute gravement la feuille opportuniste, demeureront debout. Que l'on cesse donc de nous effrayer des conséquences formidables de cette élection. *Ce sera une élection, et voilà tout!*

Nous nous demandons ce que ces gens-là diront quand, aux élections générales, Boulanger sera nommé par cinquante départements !

Car ils auront beau faire, Boulanger sera plébiscité, quelle que soit la forme du scrutin *choisie* par nos gouvernants pour empêcher son triomphe.

L'affolement est tel chez les républicains, que les malheureux ne peuvent même pas trouver un candidat sérieux à opposer au général à Paris.

Depuis quinze jours, ce ne sont que réunions, intrigues, compromissions, tentatives de toutes sortes pour découvrir ce merle blanc ; les noms les plus fantaisistes, les personnalités les plus étranges — soyons poli — sont tour à tour mises sur le tapis, l'accord, hélas ! ne peut se faire entre radicaux, possibilistes, socialistes, communistes, etc.

Jamais impuissance plus complète ne s'est étalée aux yeux de Jacques Bonhomme, à qui la parole sera bientôt heureusement rendue, et qui remettra un peu d'ordre dans cette oligarchie sans exemple.

Au milieu des noms mis en avant pour faire échec au général Boulanger, il en est cependant un qui mérite d'être cité. C'est celui de M. Antoine, député de Metz au Reichstag allemand.

A notre humble avis, il eût été préférable de ne pas prononcer ce nom.

Nous n'aurions pas eu, en effet, la douleur de voir ce fier porte-drapeau de nos justes revendications attaqué avec violence par un de nos meilleurs et de nos plus spirituels journalistes, M. Henri Rochefort :

« M. Antoine, dit-il, *n'est pas Français*, puisqu'il a opté pour l'Allemagne, et franchement, nous avons à la Chambre assez de Badois, d'Anglais, sans compter Wilson, d'Italiens et de Polonais, en comptant M. Sigismond Lacroix, pour que nous n'ayons aucune envie d'augmenter par nos votes, la collection d'exotiques entre les mains desquels notre France a sombré. »

Voilà de bien fâcheuses paroles.

Il semble pourtant que ceux-là soient doublement français qui se sont héroïquement résignés à demeurer sur la terre allemande, à subir les conditions que leur a imposées la

Prusse, pour avoir le droit de protester dans un parlement prussien, en faveur de leur ancienne patrie.

Pour nous, il n'y en a point qui aient donné, et qui donnent de plus éclatants témoignages de leur affection et de leur dévouement que ce député d'Alsace qui, sous le coup d'une perpétuelle menace, conserve invinciblement dans son cœur, le souvenir du pays dont on l'a séparé ; qui porte, avec un indomptable courage, à ses risques et périls, devant un parlement hostile, les revendications et les espérances du patriotisme français.

Venir dire à cet honnête homme : « Vous avez opté pour l'Allemagne, vous n'êtes plus Français » c'est aussi, c'est surtout une monstrueuse sottise !

Allons ! allons ! laissons l'Alsace-Lorraine tout entière à sa douleur, et ne la mêlons jamais à nos misérables dissensions politiques.

Ce serait ajouter au martyr de la pauvre exilée, et détacher peut-être son cœur si fidèle de ceux qui ne cessent pas de l'aimer, et qui ont foi dans l'immanente justice.

Nous avons oublié de dire qu'on a prêté, pendant quelques jours, à M. Floquet, l'intention de se démettre de ses fonctions de Président du Conseil pour opposer sa candidature à celle du général.

A l'heure où nous écrivons, nous ne savons encore ce que fera l'ancien ami de la Pologne, mais nous doutons fort que M. Floquet, qui doit se rappeler son La Fontaine, se décide à lâcher la proie pour l'ombre.

On nous communique à l'instant la proclamation que le général Boulanger adresse aux électeurs de la Seine, proclamation qui sera placardée cette nuit, dit-on, sur les murs de Paris.

C'est un document qui doit être lu d'un bout à l'autre. Le voici :

« Électeurs de la Seine,

« Les parlementaires qui ont tout fait pour me rendre éligible, sont aujourd'hui affolés à l'idée de me voir élu.

« Mon épée les inquiétait ; ils me l'ont retirée.

« Les voilà plus inquiets qu'à l'époque où je la portais encore !

« En réalité, ce n'est pas de moi qu'ils ont peur, c'est du suffrage universel, dont les jugements réitérés témoignent du dégoût qu'inspire au pays l'état d'abâtardissement où leur incapacité, leurs basses intrigues et leurs discussions fastidieuses ont réduit la République.

« Il leur est, en effet, plus commode de me rendre responsable du discrédit où ils sont tombés que de l'attribuer à leur égoïsme et à leur indifférence pour les intérêts et les souffrances du peuple.

« Pour ne pas être obligés de s'accuser eux-mêmes, c'est moi qu'ils accusent, me prêtant les plus invraisemblables projets dictatoriaux.

« Ils m'ont renversé comme ministre sous prétexte que j'étais la guerre ; ils me combattent comme candidat sous prétexte que je suis la dictature.

« N'est-ce pas nous qui l'avons subie sous toutes ses formes ? Ne propose-t-on pas tous les jours d'inventer des lois d'exception pour les électeurs et pour moi ?

« Si la pensée de jouer au dictateur avait pu me venir, il me semble que c'eût été quand j'avais la qualité de ministre de la Guerre et toute l'armée dans la main. Rien dans mon attitude d'alors a-t-il pu justifier ce soupçon injurieux ? Non. J'ai accepté les sympathies de tous sans songer à voler la popularité de personne.

« Qu'y a-t-il de dictatorial dans mon programme, qui réclame la revision constitutionnelle par le système le plus démocratique, c'est-à-dire au moyen d'une Constituante où chaque député aura toute faculté de défendre et de faire prévaloir ses opinions ?

« Les chefs du parti républicain s'étaient fondés sur mon républicanisme pour m'ouvrir les portes du Ministère. En quoi ai-je donc, depuis, démérité de la République ? Qu'on me cite un seul acte, une seule profession de foi où je ne l'aie pas nettement affirmée !

« Mais je veux, comme la France le veut aussi, une République composée d'autre chose que d'une réunion d'ambitions et de cupidités. Que pouvons-nous espérer de gens qui, après s'être, de leur propre aveu, trompés depuis quinze ans, osent se représenter à vous en redemandant votre confiance ?

« Electeurs de la Seine,

« La France aujourd'hui a soif de justice, de droiture et de désintéressement.

« Tenter avec vous de l'arracher au gaspillage qui l'épuise, aux compétitions qui l'avilissent, c'est la servir encore.

« La Patrie est le patrimoine de tous ; vous l'empêcherez de devenir la proie de quelques-uns !

« Vive la France ! Vive la République ! »

La parole est maintenant aux électeurs. Vous verrez comme ils s'en serviront.

—❋—

On nous assure que l'Italie a maintenant complètement terminé l'armement des forts qui composent la défense du plateau du Mont-Cenis.

Mais si l'on travaille ferme au pays du macaroni, en France, on ne s'endort pas non plus depuis quelques temps.

Après avoir couronné les principaux points stratégiques de la frontière des Alpes par des ouvrages importants et singulièrement fortifiés, le ministre de la Guerre vient de créer douze bataillons de chasseurs alpins et deux régiments d'artillerie de montagne, auxquels viendront s'adjoindre sous peu, un nombre égal de bataillons et de régiments alpins territoriaux.

Avec de tels éléments, notre frontière du Sud-Est sera à l'abri de tout coup de main, car, comme l'a dit Vauban : « Il est bien vrai que les Alpes ne sont pas des barrières suffisantes, mais quand les passages en sont bien reconnus, c'est beaucoup de n'y point trouver des portes cochères, mais seulement des guichets qu'on peut aisément fermer. »

Et puis, franchement, qu'avons-nous à craindre des petits soldats de Crispi ?

Ne savons-nous pas que la mobilisation de l'armée italienne est *impossible*.

Un de nos excellents confrères parisiens, M. Jules Richard, qui passe avec raison pour traiter avec compétence les questions militaires, étudie et discute dans le *Figaro* cette mobilisation. Il affirme que l'armée du roi Humbert, c'est-à-dire la concentration des douze corps, même en deux groupes, exigerait *plus de deux mois*, et qu'il serait impossible de faire mouvoir l'armée de seconde ligne.

C'est plus de temps qu'il n'en faudrait à la France, pour arriver à Berlin et à Rome !

Nous recevons de mauvaises nouvelles de la santé de Bismarck.

Dans les sphères officielles, on est très inquiet et l'on se demande déja quel sera l'homme capable de lui succéder.

On n'en voit aucun.

Dans tous les cas, il ne nous parait pas possible que Bismarck, étant donné son état actuel, conserve plus longtemps la charge écrasante du Pouvoir.

Cette charge passera entre les mains de son fils Herbert, qu'il a essayé de façonner à son image.

Mais le fils n'a pas l'étoffe du père.

Il n'en a ni l'habilité ni l'autorité.

L'empire d'Allemagne va donc se trouver livré aux jeunes.

La jeunesse est présomptueuse et quelquefois téméraire. Elle ne dédaigne pas les lauriers.

Guillaume en cherchera-t-il dans une guerre avec la France et la Russie.

Peut-être.

C'est ce que nous apprendra l'avenir.

—✳—

Vous savez que des navires anglais et allemands se trouvent actuellement en croisière sur les côtes de Zanzibar, sous le fallacieux prétexte de s'opposer à la traite des nègres, et de donner la chasse aux pirates qui désolent cette malheureuse région.

Or un télégramme de Londres, daté du 29 Décembre, nous apporte la stupéfiante information que voici :

« Une maison de commerce, qui a des relations avec Zanzibar, a communiqué au *Manchester Guardian* un document dont la publication a produit une grande émotion en Angleterre.

« C'est le texte d'un contrat passé à Monbaza entre les représentants de la Compagnie Anglaise de l'Afrique Orientale et tous les notables de Monbaza, y compris le gouverneur et le ministre du Sultan. Par ce contrat, il est décidé que les Arabes de Monbaza resteront entièrement libres d'acheter et de vendre des esclaves, de louer leur travail, de les punir, *de les charger de chaînes*, etc. En un mot, cet acte constitue une véritable charte de l'esclavage dans les domaines de la Compagnie Anglaise.

On ne nous a pas changé notre John-Bull. C'est bien toujours le même !

Pour finir, relatons une particularité touchante qui a marqué la réception si cordiale faite dernièrement à des officiers russes par la municipalité de Cherbourg.

C'était au dernier punch offert à quelques officiers de la marine impériale.

Après la réception de gala, un vieillard de 75 ans, décoré de la rosette de la Légion d'honneur, paraissait chercher particulièrement un officier russe parmi ceux qui levaient leur verre en l'honneur de la France.

On lui désigna un jeune homme. M. X.. le vieillard alla droit à lui et, le saluant militairement :

« — Monsieur, lui dit-il, voulez-vous me permettre de vous adresser une question ?

« — Volontiers ! répondit l'officier avec un engageant sourire.

« — N'êtes-vous pas M. Nicolas K...off ?

« — Parfaitement, monsieur.

« — J'ai beaucoup connu jadis, poursuivit M. X..., un M. K...off !

« — Vraiment ?

« — Oui, certes ; et il y a de cela bien près de trente-cinq ans.

« — Ah ! Et où avez-vous connu mon homonyme ?

« — A Odessa.

« L'officier russe devient tout à coup pensif. Il paraissait chercher dans sa mémoire.

« — Ma foi, monsieur, dit-il, à cette époque-là, il n'y avait qu'une famille de ce nom à Odessa ; c'était la nôtre. M. K...off était mon père.

« — Je m'en doute bien, reprit M. X... avec un sourire. Monsieur votre père accueillit un jour chez lui un officier français fait prisonnier à Balaclava et interné à Odessa. Cet officier a été comblé de soins et de prévenances délicates qu'il n'a jamais oubliés.

« Le jeune russe se frappa le front et s'écria tout à coup :

« — Vous êtes M. X... ?

« — Lui-même. »

Et les deux hommes tombèrent dans les bras l'un de l'autre. M. X... qui avait quitté Odessa littéralement chargé de cadeaux, avait entretenu, pendant près de vingt ans, une correspondance régulière avec M. K...off. Si l'officier français avait conservé le souvenir de cette hospitalité cordiale, son nom n'avait pas été oublié en Russie, et le jeune officier avait souvent entendu parler dans sa famille, de M. X..., l'ancien prisonnier de guerre.

On pense si la reconnaissance fut fêtée par de chaudes accolades et des toasts vibrants à la Russie et à la France !

22 Janvier 1889.

La publication par un journal d'outre-Rhin, de l'acte d'accusation qui avait été dressé contre M. Geffcken, a produit en Allemagne une profonde sensation.

On comprend cet effet.

Le fragment du *journal* de Frédéric III, livré au public et à la postérité par le désormais célèbre docteur, a frappé le prince de Bismarck d'une incurable blessure.

Il défait la *pose* que le Chancelier s'était faite devant l'histoire au sujet de l'unité de l'Allemagne ; il le relègue au second plan, alors qu'il tenait par-dessus tout à paraître au premier. Aussi, couvait-il contre l'auteur et contre le révélateur du *journal*, et même contre tous leurs amis, une rancune tenace de Teuton, aussi violente qu'immense est son orgueil.

Dès l'apparition du *journal* dans la *Deutsche Rundschau*, Bismarck s'agita fièvreusement ; il en contestait l'authenticité, la valeur ; il lançait d'injurieuses imputations contre l'Empereur dont la tombe venait de se fermer, et contre sa malheureuse veuve. Il multipliait les menaces ; enfin, il recourait aux tribunaux. Il lui fallait un jugement dont l'arrêt le vengerait des auteurs de la publication, et dont les considérants le remettraient sur le piédestal d'où la main d'un mort venait de le renverser.

Mais l'événement a trompé son espérance ; la Haute-Cour de Leipzig a renvoyé M. Geffeken des fins de la plainte, comme on dit au Palais.

L'abandon des poursuites réclamées par M. de Bismarck, dans un rapport plein de rage, est un blâme cruel pour le Jupiter de Varzin.

L'âge et la *maladie* l'ont mis dans un état d'irritation constante, et c'est ce qui explique la faute grave qu'il a commise en voulant traduire en justice la mémoire de l'Empereur Frédéric.

Rien ne pouvait nuire davantage au prestige, déjà si ébranlé, de la dynastie.

Nous passons sous silence l'affaire Morier, cet ambassadeur anglais, actuellement à Saint-Pétersbourg, accusé par les Bismarck père et fils d'avoir, en 1870, livré à Bazaine, les secrets de l'armée allemande.

On sait comment la presse européenne a accueilli cette infamie qui a soulevé l'indignation du monde entier.

Triste fin d'une existence qui aurait pu s'éteindre dans le rayonnement d'une apothéose.

La politique coloniale de M. de Bismarck n'est guère plus heureuse que sa politique continentale.

L'ère des difficultés a commencé pour nos voisins, qui ont en ce moment sur les bras deux affaires assez ennuyeuses.

A Samoa, l'Angleterre se résigne et s'efface, mais les Américains montrent les dents.

Le sang allemand a déjà largement coulé dans plusieurs engagements avec les indigènes, et l'intervention des Etats-Unis pourrait bien empêcher que ceux-ci fussent punis de leur résistance aux conquérants prussiens.

En Afrique, l'ambition allemande se heurte à des obstacles encore plus grands.

La conquête *pacifique* de ces contrées était en bonne voie ; les Allemands sont venus pour établir leur domination, mais comme ils ne brillent ni par la douceur, ni par la prudence, ils ont soulevé la résistance de toutes les peuplades de la région des Grands Lacs.

Les routes sont maintenant fermées, les missionnaires sont en fuite. On nous apprenait hier qu'un grand nombre avaient été massacrés.

C'est l'œuvre de la civilisation encore une fois interrompue.

Quand à Berlin, on fera la récapitulation, on verra ce que la politique coloniale aura coûté d'hommes et d'argent à ce pays déjà si pauvre !

⁂

La bataille entre boulangistes et jacquistes est commencée depuis huit jours.

Elle va se continuer pendant huit jours encore, avec un redoublement d'ardeur.

Jamais nous n'avons assisté à un spectacle semblable.

Paris disparaît littéralement sous une couche épaisse d'affiches multicolores.

Quel que soit le recoin ignoré sur lequel se porte le regard, il tombe sur un assemblage truculent de couleurs criardes et disparates.

Chaque matin, en effet, depuis le 8 Janvier, le Comité Central Républicain lance dans Paris, à la première heure, une armée de colleurs qui, le soir venu, ont placardé de 20 à 25.000 affiches de tout format. Or, chaque fois que le Comité Central est parvenu à faire coller ces 25.000 affiches, le Comité Boulangiste en fait placarder le double, une quarantaine de mille environ.

Et nous ne comptons pas la banlieue où dix mille affiches républicaines et quinze mille boulangistes au moins, sont collées chaque jour.

On ne serait pas loin de la vérité, croyons-nous, en évaluant à 120.000 le nombre des affiches de tout format qui ont été collées *chaque jour* à Paris depuis le 8 Janvier.

Très probablement, ce chiffre sera encore dépassé durant cette dernière semaine de la période électorale.

Ce n'est pas, à notre avis, parce qu'un des candidats aura fait placarder plus d'affiches que son adversaire, qu'il sera élu.

Les électeurs ne sont pas des enfants qu'on amuse avec des boniments.

Et nous trouvons blessant pour eux qu'on les traite ainsi.

A la place du général Boulanger, nous aurions tout simplement fait afficher une laconique profession de foi.

C'eût été suffisant. C'eût été plus digne.

Cette attitude fière lui aurait valu plus de partisans que la campagne ridicule à laquelle se livre son Comité.

En attendant la fin maintenant prochaine de la lutte, on s'ingénie de la belle façon dans les journaux de toutes nuances.

On s'appelle réciproquement : « Gredin, misérable, voleur, etc. »

Quel drôle de peuple nous sommes, tout de même.

La Bataille, par la plume de Lissagaray, cet ancien membre de la Commune, se montre particulièrement agressive.

Mais il est si spirituel, ce diable de Lissagaray !

C'est surtout contre *L'Intransigeant* et contre son rédacteur en chef, M. Rochefort, qu'il tourne sa colère.

Ecoutez-le :

« Ce serait à crever de rire, dit-il, si nous étions en temps normal ; mais aujourd'hui, c'est à prendre la trique.

. . . .

« Oser s'appeler Parti National quand on reçoit des subsides du dehors !

« Non, vous les alliés de Coblentz et de Sedan, vous, les élèves de Bazaine, vous qui paralysez le commerce et l'industrie, vous, les insulteurs des républicains, vous, les soudoyés de l'étranger, vous, qui rêvez une dictature de la République, vous, qui ne sauriez exister si tout n'était perdu, non, vous n'êtes pas, et vous ne pourrez jamais être un Parti National, mais vous avez un autre nom : vous êtes le parti du crime. »

Et ça continue comme cela pendant des colonnes.

Dans cinq jours, nous verrons à qui, le peuple consulté, aura donné raison.

⁕

Un de nos confrères *républicains* de Paris, a eu l'idée assez originale de *mesurer* dans *L'Officiel*, les nombreuses colonnes, petit texte, qui contiennent les noms des décorés du 1er Janvier, et il a trouvé que ces colonnes, ajoutées les unes aux autres, ne mesuraient pas moins de huit mètres de long. Légion d'honneur, Mérite agricole, médailles militaires, palmes académiques, rubans violets, indigos, bleus, verts, jaunes, orangés, rouges, quelles passementeries ! Quel spectre solaire pour cet anniversaire de la grande époque qui révéla l'égalité au monde !

* * *

Si pour finir, nous disions un mot de l'Italie.

« Misère en Prusse », n'est plus de mode. C'est « misère en Italie » qu'il faut maintenant dire.

Nous n'en voulons pour preuve que les renseignements publiés dernièrement par le *Matin* et que nous résumons brièvement :

« Par suite de la rupture des relations commerciales avec la France, la misère est telle dans les provinces, que le brigandage a recommencé à sévir partout.

« En Sicile, notamment, et pour préciser, à Catane, à Palerme, on n'ose plus sortir de chez soi après la tombée du jour ; les mendiants ont cessé d'être obséquieux, ils sont devenus brigands.

« M. Crispi a réussi à chasser de Rome et à rapatrier tous les maçons que la déconfiture des grandes entreprises laissent sans ouvrage, mais ils commencent à se répandre dans les campagnes et dans les villes. De là ces manifestations d'ouvriers affamés qui se multiplient partout.

« En Sardaigne, la misère est si criante que les députés sardes menacent de se démettre plutôt que de participer à un gouvernement « qui méconnaît le droit à la vie des citoyens. »

A Rome, les faillites se multiplient dans des proportions effrayantes. Il a fallu qu'un syndicat se constituât parmi toutes les banques les plus puissantes de l'Italie entière, pour permettre à la grande Société de Construction de l'Esquilin de garder ses guichets ouverts, et de ne pas interrompre absolument ses travaux.

On affirme que les pertes de cette société s'élèvent à plus de 40 millions.

On ne peut plus compter les faillites d'entrepreneurs. Les banques les plus puissamment patronnées liquident ou font faillite. Les plus grandes familles de Rome sont atteintes par ces sinistres.

Telle est la situation actuelle de l'Italie.

Il y a quelques jours, le ministre de l'Instruction Publique parlait dans une réunion et s'exaltait jusqu'au lyrisme en rappelant la beauté du ciel, la fertilité du sol dont la nature s'est plu à gratifier son pays. Tout-à-coup, une voix, partie de l'assistance, interrompant le Ministre, cria: « Mais ici, l'on meurt de faim ! »

Oui, on meurt de faim en Italie !

Comme en France, avant 89.

Il est cependant des leçons que les rois et leurs ministres ne devraient jamais oublier.

Humbert, souvenez-vous de Louis XVI !

4 Février 1889.

« Le général Boulanger n'a pas Paris, et, quand on n'a pas Paris, on n'a rien ! » Ainsi disait *Le Rappel* il y a quelques mois.

Depuis huit jours, le général Boulanger est député de Paris par 244.000 suffrages et près de 90.000 voix de majorité sur son concurrent, « le candidat prénom, le candidat zéro. »

Nos lecteurs se rappelleront que nous avions prédit ce succès ; mais il dépasse de beaucoup nos prévisions.

Voilà à quoi a abouti la honteuse campagne entreprise contre le général ; voilà ce qu'ont produit les infâmes calomnies répandues à profusion par la presse officielle sur l'homme qui personnifie la droiture, l'honnêteté, la bravoure ; sur celui que la France tout entière désignera, lorsque là-bas, vers les Vosges ou vers les Alpes, s'allumera l'immense incendie qui, un jour, embrasera l'Europe.

244.000 citoyens libres ont dit aux gens du Gouvernement: « Vous êtes des imposteurs ; c'est vous les vendus, et c'est lui le plus digne ! »

Paris a bien mérité de la République !

Ah ! la leçon vous semble dure, n'est-ce pas, mais il faut en prendre votre parti, messieurs nos politiciens de pacotille. Une force irrésistible vous entraîne, une poussée formidable vous précipite ; c'est en vain que vous vous débattez, vous n'éviterez pas le gouffre ou vous allez plonger.

Vous aurez beau décréter vos mesures d'exception, recourir aux procédés de l'Empire dont vous êtes les plagiaires, bâillonner la liberté dont vous vous souciez si peu, bannir, emprisonner même, si tels sont vos desseins, vous n'arrêterez ni le dégoût qui monte, monte, ni le flot qui roule et vous emporte dans son tourbillon vertigineux.

Scrutin d'arrondissement, scrutin de liste, que nous importe !

La France, désabusée, saura désormais faire entendre sa voix, même aux plus sourds. Vous ne l'empêcherez pas, petits pygmées que vous êtes, d'imposer sa volonté et de se faire obéir. On ne muselle pas une nation. Rappelez-vous, d'ailleurs, que si vous supprimiez le bulletin de vote, il resterait le fusil, cet *ultima ratio* des peuples !

Mais, à quoi bon parler poudre à des gens pour lesquels la botte suffit !

On peut bien vous dire cela, n'est-ce pas, à vous qui écriviez, il y a huit jours à peine, cette petite ordure :

« C'est vrai, tout de même, Boulange, que tu es bête !...

« Si tu connaissais Paris, mon pauvre Barbenzingue, tu saurais que, chez nous, l'on a horreur de ce qui est malpropre, lâche et sot...

« En 87, t'as été rigoler au Chat-Noir, au lieu de rester à travailler au Ministère.

« Et c'est comme cela que nous te jugeons : un imbécile et un noceur ! »

Pour être logique, M. l'Opportuniste que vous êtes, — car vous ne pouvez être que cela, — pour être logique, dis-je, il faut sans doute considérer également comme des imbéciles les 244.000 électeurs de celui que vous appelez si spirituellement Barbenzingue !

Mais ne nous arrêtons pas à des choses de si peu d'importance.

L'élection du 27 aura des conséquences incalculables

Aujourd'hui, nous ne pouvons que prévoir une chose : la disparition du Ministère.

M. Floquet, dont nous étions au début si partisan, est un homme à la mer, usé, perdu.

Jamais peut-être personnage politique ne fut, comme celui-là, au-dessous de sa tâche.

Il faut que le pouvoir passe en d'autres mains.

Une seule solution nous paraît possible :

C'est l'avènement du général Boulanger au ministère de la Guerre, avec M. Goblet ou M. de Freycinet comme président du Conseil.

Nous aimerions mieux celui-là que celui-ci.

Ce serait la meilleure manière de donner satisfaction au pays.

Mais cette solution de la crise n'est pas probable, du moins de la manière que nous l'entendons et l'expliquons.

Car, si Boulanger a les deux tiers du pays pour lui, il a contre lui M. Carnot, le Sénat et la Chambre.

Donc, c'est le *statu-quo* qui va prévaloir.

Pendant quelque temps on nous fera vraisemblablement marquer le pas à l'aide de replâtrages qui nous conduiront *peut-être* jusqu'aux élections d'octobre.

Et puis...

Oh ! alors, — du Gouvernement, du Sénat et de la Chambre il ne restera pas grand-chose, soyez-en sûr.

Mais nous avons encore huit grands mois à attendre, huit mois de discussions, de luttes stériles, huit mois de gaspillages, huit mois de curée pendant lesquels toute la bande de Macaires et de Bertrands, sacripants de tout acabit, va continuer à nous sucer les moëlles.

A moins que, d'ici là.....

Vive la France !

Vive Boulanger !

⁕

Le prince héritier d'Autriche, l'archiduc Rodolphe, un ami de la France, vient de mourir, assassiné par une main mystérieuse.

Cet événement tragique a stupéfié l'Europe entière.

L'Europe savait, en effet, que l'archiduc n'aimait pas

Guillaume II, qu'il détestait Bismarck et que c'était un ennemi de l'hégémonie allemande.

L'Europe se rappelle la mort de Skobeleff, le héros slave, d'Alexandre II, de Gambetta, du roi de Bavière et de Frédéric III.

Elle commence à trouver que la *fatalité* choisit bien ses victimes.

Dégageons de cet événement qui frappe douloureusement l'empire austro-hongrois, ce fait, que l'Europe vient de perdre un prince libéral de plus. Si l'archiduc Rodolphe eût régné un jour sur l'Autriche-Hongrie, ses goûts pacifiques eussent pu être une garantie de plus pour la paix européenne.

La sympathie dont il jouissait dans son pays, aussi bien que les sentiments qu'il professait pour son redoutable voisin, l'Allemagne, eussent pu le détourner, à un moment donné, de s'associer à quelque entreprise dirigée contre nous.

C'est donc, à tous les points de vue, un événement regrettable que celui qui met en deuil la cour d'Autriche.

En Russie, l'assassinat de l'infortuné prince a produit une immense sensation et causé un profond regret.

L'opinion publique envisage déjà les conséquences politiques de cette catastrophe.

La *Novoié Vrémia* rappelle les grandes espérances qu'avait fait naître l'archiduc chez les peuples slaves de l'Autriche.

Le *Grajdanine*, faisant allusion à la mort de Frédéric III, dit qu'évidemment, *le destin* ne veut pas souffrir des philosophes sur le trône.

En Angleterre, la *Revue Mensuelle* anglaise, si connue dans le monde politique et littéraire, a publié, sous le titre : *The Bismarck Dynasty*, un article sanglant contre le grand chancelier et son fils.

C'est déjà quelque chose qu'un article de journal, quand le journal a de l'importance, mais c'est beaucoup plus encore quand cet article porte l'empreinte d'une haute et puissante inspiration. L'auteur indique crûment que tout le monde a eu la pensée que le prince de Bismarck était l'assassin de Frédéric III.

Il fait ressortir le désir que le chancelier avait de se voir débarrassé de ce maître incommode. — « Il est facile, dit l'écrivain subtil, d'imaginer la force de tentation suggérée par le cancer qui rongeait la gorge du malade de San-Remo. »

Allons, M. de Bismarck, vous commencez à être bien connu. Vos forfaits, auxquels on ne voulait pas croire, tellement ils sont monstrueux, sont aujourd'hui partout dénoncés. — D'un bout du monde à l'autre s'élève contre vous une clameur qui ira grandissant. — Vous pouvez maintenant descendre dans la tombe où l'on dit que votre bras criminel en a poussé tant d'autres qui gênaient votre œuvre. La justice des hommes vous a marqué d'un stigmate indélébile. Avant de mourir, vous aurez vu s'abîmer votre gloire factice, vous aurez connu l'opprobre qui s'attache aux noms maudits, et vous saurez que le vôtre, répété d'âge en âge par les générations futures, sera un objet d'exécration et d'horreur !

Nous n'en demandions pas davantage.

Voici comment on rapporte l'assassinat du prince héritier :

L'archiduc était à Meyerling. Il passa à la chasse toute la journée de lundi et la plus grande partie du mardi. Mercredi matin il appela son domestique, Jean Lozseck, et lui commanda d'ouvrir les volets. En exécutant cet ordre, le serviteur lui dit :

« Monseigneur, il y a deux hommes dans le jardin. »

« — Ce sont des gardes-chasse ; donnez-moi les lettres. »

Et le prince s'assit dans son lit pour lire.

Lozseck sortit de la chambre et, en passant par le salon, dit au comte Hoyos :

« Monseigneur le comte, il y a des gens dans le jardin qui ne me reviennent pas. »

« Au même instant on entendit un coup de feu et on se précipita dans la chambre de l'archiduc. Les carreaux étaient cassés, le prince était mort, la partie postérieure du crâne fracassée.

On avait tiré sur lui du dehors.

Le mystère de cette mort sera-t-il jamais éclairci ?

***

Les nouvelles qui arrivent de la Sicile sont loin d'être rassurantes. Il règne une véritable misère sur tous les points de cette province. Il en est de même en Italie où les effets de la crise agricole prennent des proportions épouvantables. Dans la province de Naples le travail manque absolument et l'on traverse une période si difficile qu'il est permis d'en escompter les déplorables conséquences. Vingt mille personnes sont dans la plus affreuse misère. On voit ces malheureux, sur le visage desquels la faim a tracé son sillon funeste, groupés sur les places publiques dans un état complet de dénûment. On a vu un vieillard accablé par les ans, épuisé par les privations, étendu à terre ne donnant plus signe de vie, les yeux presque clos. A ceux qui l'entouraient, il murmura d'une voix à peine distincte :

« J'ai faim ! il y a trois jours que je n'ai pas mangé. Secourez-moi, pour l'amour de Dieu ! »

Dans les rues, on assiste à ce spectacle de familles entières, suivies de leurs enfants, allant de porte en porte mendier un morceau de pain, qu'on ne peut leur donner la plupart du temps.

Jamais on n'a vu une détresse aussi profonde.

Ne faut-il pas à Crispi tout l'argent du peuple pour entretenir son armée et forger des armes contre la France !

18 Février 1889.

Encore un cabinet d'enterré !

Vainqueur il y a deux jours sur la question du scrutin d'arrondissement, il est mort hier de la revision qu'il portait dans ses flancs.

A vrai dire, nous nous attendions depuis longtemps déjà à cet événement, qui n'a ni surpris ni ému Paris.

D'ailleurs, le cabinet était moribond depuis le désastre de l'élection de la Seine.

Au fond, ce n'est pas la revision, c'est Boulanger qui a tué Floquet.

La revision n'a été que le prétexte.

Etablissons le bilan du cabinet défunt ; il peut tenir en quelques lignes.

Nous trouvons à son actif : indécision, mollesse dans la politique générale, rétablissement de la candidature officielle dans ce qu'elle a de plus scandaleux, retour aux mesures d'exception dont nous étions menacés, projet d'impôt sur le revenu, rétablissement du scrutin de clocher, mesures en préparation contre la presse et contre la liberté des citoyens, rétablissement du régime des suspects, etc., etc.

C'est complet, n'est-ce pas ?

Aussi, ne dirons-nous plus de mal de l'Empire, de cet Empire autoritaire et proscripteur que nous étions à la veille de revoir sous le masque de la République.

Si c'était ça la République aimable de M. Floquet !...

Maintenant, que va-t-il advenir ? — De quels hommes nouveaux M. Carnot va-t-il s'entourer ?

Les uns parlent d'un ministère Goblet ; les autres croient à un cabinet présidé par M. de Freycinet.

Misérables combinaisons qui n'auront, hélas ! que la durée des roses.

Aujourd'hui, ce qui se dégage nettement de la situation, c'est l'impossibilité pour le Gouvernement de demain, quel qu'il soit, de se maintenir au pouvoir.

En effet, l'alliance conclue hier par les opportunistes avec la droite, rouvre au plus haut point les vieilles divisions entre les deux fractions des républicains parlementaires, et demain, ce sont les radicaux qui s'allieront avec la droite pour renverser un cabinet opportuniste.

Dans ces conditions, il est hors de doute qu'aucun homme politique sérieux — en reste-il d'ailleurs ? — ne saurait accepter le pouvoir sans avoir dans sa poche un décret de dissolution tout prêt.

Il n'est donc pas téméraire de prévoir qu'avant deux mois, la Chambre sera dissoute.

C'est la seule solution, c'est le seul remède.

C'est ce que demande le général Boulanger depuis longtemps ; c'est ce que veulent deux millions d'électeurs avec lui.

Mais, que deviendra notre malheureuse Exposition au milieu de ce chaos, de ce déchaînement des appétits et des convoitises qui précèderont les élections générales ?

Puisque, fatalement, on devait en arriver là, n'eût-il pas

été plus sage de se décider il y a six mois, que d'attendre la veille même du tournoi auquel nous avons convié, dans un esprit de paix et de progrès, toutes les nations du monde ?

Quel spectacle donnerons-nous aux étrangers, nos hôtes !

Quelle opinion emporteront-ils de notre pays ?

Hélas ! nous ne le savons que trop.

Vue de près, notre République les dégoûtera d'en rêver une semblable pour eux.

Ils se diront que la République, c'est le désordre, c'est l'anarchie, et qu'il vaut encore mieux subir le joug d'un unique despote que d'avoir affaire à une multitude de petits potentats fainéants comme ceux qui se partagent la France.

Et voilà comment l'idée de liberté, qui aurait pu grandir et entraîner les peuples, s'éteindra peut-être dans le cœur de ceux qu'elle avait déjà touchés de son aile !

Ainsi que je viens de le dire, le scrutin d'arrondissement a été voté par la Chambre et par le Sénat.

Nos honorables ont également décidé qu'aucune élection législative n'aura lieu avant les élections générales.

Voilà ce qui s'appelle mettre la main au collet du suffrage universel.

Mais le suffrage universel aura son tour.

Quant au scrutin d'arrondissement, successivement abandonné et repris, selon les besoins des circonstances et non les convictions des législateurs, nos *foutriquets* du Palais Bourbon et du Luxembourg peuvent être certains que ce n'est pas cette arme qui arrêtera les progrès du boulangisme en France.

Le général n'en aura que plus de partisans.

Car nous en connaissons beaucoup qui, ces jours derniers, hésitaient encore, mais qui, écœurés par les basses et honteuses manœuvres employées pour combattre « le César de contrebande », comme ils disent, sont venus grossir l'armée déjà formidable des mécontents de toute opinion.

Continuez donc, messieurs ; décrétez, légiférez, supprimez le droit, étranglez la liberté que vous avez tant de fois violée, la malheureuse ! allez, sans vous arrêter, toujours de l'avant, jusqu'au fossé ou jusqu'au *collecteur* où vous ferez la culbute, car vous comprenez bien, n'est-ce pas ? qu'il faudra en arriver là. Vous savez bien que le peuple, qui vous souffre parce qu'il a conscience de sa force, ne laissera pas élever une nouvelle Bastille sur les ruines de celle que ses pères ont renversée, qu'il ne tendra pas ses mains à de nouveaux fers, qu'il ne sera pas l'esclave des petits drôles que vous êtes !

Quand un peuple a fait 93, la liberté ne peut plus lui être ravie.

✳

Avant de franchir les frontières, au-delà desquelles nous ne pourrons guère nous attarder aujourd'hui, laissez-moi vous dire quelques mots d'un malheureux ministre dont l'existence politique a été bien éphémère.

Il s'agit, vous l'avez deviné, de ce pauvre M. Guyot-Dessaigne qui, nommé à la Justice il y a huit jours à peine, mordait hier la poussière dans l'arène parlementaire.

Un type, ce M. Guyot-Dessaigne. D'aucuns disent même : « Un vilain type ».

Esquissons donc, avant qu'elle nous échappe, cette physionomie si particulièrement intéressante à beaucoup de points de vue.

On a beaucoup médit, on s'est beaucoup moqué du nouveau ministre de la Justice. Les uns lui ont rappelé son bonapartisme de fraîche date et ses velléités boulangistes, plus récentes encore : les autres ont raconté qu'il avait pris autrefois l'aimable habitude de dénoncer ses supérieurs hiérarchiques pour prendre leurs places ; on a réimprimé certaine phrase qui montre le républicain Guyot-Dessaigne ne reprochant à l'Empire que l'excès de son libéralisme et son appréciation humanitaire sur le climat de la Nouvelle-Calédonie, « malheureusement trop sain pour les déportés *politiques.* »

Il doit se cacher beaucoup de malveillance dans toutes ces récriminations. M. Guyot-Dessaigne ne tourne pas beaucoup plus qu'une girouette bien graissée. Il connaît l'art difficile de prendre le vent pour évoluer en temps utile. Il a des convictions tout comme un autre et, si elles sont successives en étant contradictoires, c'est qu'il rougirait de se classer parmi ces hommes absurdes qui ne changent jamais. Il n'est pas autrement dépourvu d'idées fixes : il en change souvent, voilà tout. Peut-être direz-vous que ce politicien, ondoyant et divers, ne sait pas ce qu'il veut ; c'est exact, mais il le veut fermement.

Une chose qui n'a pas dégénéré chez M. Guyot-Dessaigne, c'est le caractère, et il n'en faudrait pas davantage pour lui assurer une place dans la société contemporaine. Il disait autrefois à l'Empereur et à M. Rouher : « Je suis un magistrat intègre et farouche, dont la vertu ne trouve jamais répugnantes certaines besognes qui en font hésiter de moins résolus. » Il répétait hier à la Chambre ahurie, et à M. Floquet convaincu : « Je suis un ministre intègre et farouche, dont le dévouement est résolu d'avance à faire tout ce que M. Ferrouillat n'a point voulu entreprendre. » C'est en réalité un de ces légistes qui ont toujours étranglé légalement le droit et la liberté. Comme il est impartial, il opère avec la même résolution, au profit des régimes les plus divers et va chercher ses victimes dans tous les camps.

L'autre jour, lorsqu'il est monté à la tribune, pas un applaudissement n'a répondu à son discours ; c'est un de ces hommes qui découragent les bravos.

On dira de lui, si jamais on en dit quelque chose, qu'il lui a été plus facile d'être ministre que d'être quelqu'un.

⁕

Il y a quelques jours, le médecin-major du 90me de ligne, à Châteauroux, sollicitait à l'Ambassade d'Allemagne, à Paris, un passeport pour aller recueillir le dernier soupir de sa mère mourante, à Strasbourg.

Ce passeport lui fut refusé, et sa mère est morte sans qu'il ait pu la voir.

Le colonel du 90ms, saisi d'indignation, adressa aussitôt à son régiment un ordre du jour conçu en ces termes énergiques :

« C'est avec un profond et sincère regret que le colonel fait connaître au régiment la perte cruelle que vient d'éprouver M. le médecin-major de 1re classe Eudes, en la personne de sa mère, décédée avant-hier à Strasbourg.

« La douleur de M. le docteur Eudes est d'autant plus extrême que, pendant cinq jours, sa mère mourante l'a appelé auprès d'elle, et que, malgré les supplications d'un fils demandant à faire à sa mère les adieux suprêmes, malgré l'autorisation formelle de la police de Strasbourg, malgré l'assurance faite sur l'honneur de revenir immédiatement, l'Ambassade a inhumainement refusé la permission qu'on implorait. Elle a été jusqu'à déclarer à M. Eudes qu'on l'arrêterait à la frontière s'il essayait de la franchir.

« Tels sont les procédés allemands envers un officier français. Pareils faits sont-ils dignes d'un pays civilisé ?

« Le colonel n'insiste pas davantage.

« Mais le présent ordre sera lu dans chaque compagnie, à une réunion générale.

« MM. les commandants de compagnie le commenteront à leurs hommes, pour bien leur imprimer dans le cœur les sentiments dont tout soldat français doit être animé envers l'Allemagne. »

Cet ordre du jour ayant provoqué une vive émotion, le ministre de la Guerre fit ordonner une enquête à la suite de laquelle le colonel Sénar — c'est le nom de ce soldat patriote — a été mis en disponibilité.

. . . .

Français ! chapeau bas devant l'Allemagne !
O honte !

❋

Bismarck, malade ; Bismarck, en *délicatesse* avec le comte Waldersée, l'ami et le confident de Guillaume II, va disparaître.

Sa démission n'est plus qu'une question de jours, d'heures peut-être.

❋

L'Italie se tord dans les souffrances effroyables de la faim !
Ce ne sera bientôt plus la misère, ce sera la famine !
Rome vient d'être le théâtre de troubles graves. Le pays tout entier se soulève.

Il se prépare là-bas des événements dont nous ne pouvons encore prévoir l'issue, mais qui vraisemblablement seront terribles.

A propos de la chute du Ministère, un de nos plus aimables confrères, poète à ses heures, nous communique la fantaisie suivante.

C'est le monologue d'un brave pochard, monologue recueilli, paraît-il, entre onze heures et minuit, le jour de ce grand événement :

Allons bon, encore un coup d'chien !
On n'peut donc plus se fier à rien !
Rien n'est plus stable sur la terre.
V'la qu'il est mort, el'ministère !

L'ministère ! je l'aimais bien, pour sûr ;
Et j'disais : « C'tit là, c'est-z-un pur »
Et puis... va te faire lanlaire...
V'là qu'ils l'ont tué, mon ministère !

Là ! tous enl'vés comme un paquet.
Jusque compris móssieu Floquet,
C'lui qu'a la... tête ed' Robespierre.
Donc, le v'là mort, el'ministère.

Il m'plaisait, le p'tit père Goblet
Et j'gobais monsieur d'Freycinet,
L'ministre civil de la Guerre...
Mais le v'là flambé, el'ministère.

Flambé ! pourvu qu'pour se venger
On n'aill' pas choisir Boulanger...
Boulanger amen'rait Laguerre !
Moi j'en veux pas d'leur ministère !

Tout d'même ; comm'nous sommes ingrats !
Hier, on les saluait bien bas,
A c't'heure, on leur z-y jett' la pierre...
Puisqu'il est mort, el'ministère.

Au surplus, faut se faire un' raison ;
Qu'est-ce que ça fait ? j'suis pas d'la maison ;
C'est trop bête, c'est pas mon affaire
S'il est défunt, el'ministère !

Qu'ils fich' le camp, ça m'est égal !
Et quant à l'ex-potard Peytral,
Qu'il r'tourne goûter ses clystères !
Moi j'm'en f..., d'leurs ministères !

Nous avons remercié, ainsi qu'il convenait, notre confrère de sa communication, en lui recommandant, au cas où il lui arriverait encore de rencontrer — le hasard est si grand! — le même pochard, le lendemain d'un grave événement, de noter ses réflexions, afin de pouvoir les communiquer à nos lecteurs!

6 Mars 1889.

Dans toute l'Europe, il n'y avait qu'une nation sur laquelle en cas de guerre avec l'Allemagne, nous eussions pu compter.

Une nation dont les sympathies étaient vives pour la France, et que la communauté des intérêts faisait notre alliée naturelle.

C'était la Russie.

Or, l'homme qui avait débuté dans la vie politique par une insolence envers un hôte de la France, en criant devant le Czar: « Vive la Pologne, monsieur! » n'a pas voulu descendre du pouvoir sans commettre une lâcheté, doublée d'une bassesse.

Pour complaire à l'Italie, cette matrone, M. Floquet n'a pas hésité à donner à un amiral français l'ordre de mitrailler des Russes !

Cette nouvelle s'est répandue comme une traînée de poudre dans toute l'Europe qu'elle a stupéfiée.

Pour les vrais patriotes, qui rougissent de voir les destinées d'un pays confiées à de telles mains, le bombardement de Sagallo a été une action criminelle.

Vous connaissez l'affaire. Rappelons-là cependant à grands traits.

Il s'agit de la mission Atchinoff. Atchinoff n'est pas le premier venu, comme on a voulu le faire croire pour pallier tout l'odieux de l'acte commis. Il avait l'appui matériel et moral du clergé, de la noblesse et de la presse russes. Accompagné de 115 personnes, dont la moitié étaient des agriculteurs, et le reste des prêtres, Atchinoff se rendait en Abyssinie avec le consentement du Négus, pour y fonder une colonie.

Cette mission inquiétait fort, dès le principe, l'Italie et

l'Angleterre. Ces deux puissances voyaient là, paraît-il, une tentative de la Russie pour s'implanter dans un pays placé sur la route des Indes et aux confins de l'Egypte. Elles craignaient aussi qu'à un moment donné, le colosse du Nord donnât la main à la France pour l'aider à résoudre, dans un intérêt commun, les deux questions d'Egypte et du Canal de Suez. Les journaux italiens n'hésitèrent d'ailleurs pas à nous accuser d'être les complices de la mission Atchinoff.

C'est alors que notre Gouvernement entre en scène.

Ne voulant pas être soupçonné un instant par l'Italie, dont l'amitié nous est si nécessaire, paraît-il, il donna l'ordre à l'amiral Olry d'empêcher Atchinoff et ses 145 colons, de débarquer sur les territoires soumis à notre protectorat dans cette région.

Mais Atchinoff, trompant la vigilance de notre escadre, parvint à prendre terre à Sagallo, aux environs d'Obock, et s'y installa.

On sait le reste.

Sans doute, c'était le droit strict de la France d'agir ainsi qu'elle l'a fait, mais n'était-il pas impolitique au premier chef d'user de ce droit vis-à-vis d'hommes que leur nationalité devait nous rendre sacrés ?

Le Gouvernement Russe ne pouvait-il intervenir directement auprès d'Atchinoff ?

Ne pouvait-il lui faire entendre raison ?

Notre ministre des Affaires Etrangères aurait dû faire à Saint-Pétersbourg des démarches dans ce sens. Tout se serait facilement arrangé.

Nous aurions ainsi gardé notre poudre pour le Prussien, c'eût été plus utile ; le sang russe n'aurait pas coulé sur une terre française, versé par des mains françaises ; le Czar nous aurait su gré de notre courtoisie et le peuple slave serait resté notre ami, alors que maintenant.....

✳

Nous ne vous parlerons ni du ministère Tirard, qui vient de succéder au ministère Floquet, ni de la Chambre, ni des lois d'exception que, dans son affolement morbide, elle est en train de fabriquer contre les patriotes.

Nous y reviendrons plus tard s'il y a lieu.

Le bombardement de Sagallo a été un crime de lèse-nation ; la dissolution de la Ligue des Patriotes, dont il faut bien que je dise un mot, est une monstruosité que le pays ne pardonnera jamais aux insensés qui nous gouvernent.

C'est un acte de basse servilité envers l'Allemagne.

La Ligue comprenait environ 250.000 adhérents actifs. Dans quelques mois elle en comptera 500.000.

Car, ainsi que le déclarait avant-hier M. Laguerre à la tribune du Parlement, la Ligue des Patriotes, malgré l'arrêté du ministre de l'Intérieur, malgré *son* Préfet de Police, malgré *ses* magistrats, restera ce qu'elle était hier. La Ligue conservera, suivant sa glorieuse devise : « Quand-Même », son nom, son but *et ses moyens d'action*.

Le crochetage des tiroirs de la Ligue, le vol de ses documents, l'arrestation probable de ses chefs ont, ai-je besoin de le dire, exaspéré au plus haut point l'opinion publique.

D'un bout de la France à l'autre, les cerveaux sont en ébullition, la colère grandit, un souffle de révolte, précurseur de tempêtes, secoue les masses. Jamais peut-être le péril n'a été plus grand.

Personne n'admet, en effet, que la Ligue soit frappée pour avoir protesté, dans un manifeste énergique adressé à la Russie, contre le massacre de la mission Atchinoff.

Le Gouvernement, en brisant la Ligue pour ce fait, a souffleté la France !

La France relève l'outrage.

Elle aura le dernier mot.

Au moment de clore cette lettre, nous apprenons que l'Empereur d'Allemagne a diné hier, pour la première fois, chez notre ambassadeur, M. Herbette.

Sa Majesté a voulu exprimer à notre *humble* représentant sa satisfaction pour les mesures prises contre la Ligue des Patriotes.

C'était bien le moins, n'est-ce pas ?

Comprends-tu maintenant, France, ô mon pays ! ! !

14 Octobre 1889.

Les élections générales. qui étaient attendues avec tant d'impatience par tous les partis, sont terminées.

Disons tout de suite, et avouons franchement qu'elles n'ont pas donné les résultats que nous en attendions au point de vue de la politique révisionniste.

La nouvelle Chambre se compose de *364 gouvernementaux* et de *211 opposants* de toutes nuances.

Mais parmi les républicains de gouvernement, se trouvent un certain nombre de radicaux qui, dans bien des cas, s'allieront aux opposants pour faire échec au Ministère.

De sorte que la stabilité ministérielle ne sera guère plus à l'ordre du jour dans la nouvelle assemblée que dans l'ancienne.

Il faut aussi compter sur l'obstruction des boulangistes et des conservateurs dont on n'étouffera pas facilement la voix maintenant que leurs bataillons se trouvent renforcés d'une cinquantaine de sièges.

En résumé, d'après les indications actuelles, nous ne croyons pas à une majorité sérieuse de gouvernement.

Les opportunistes — et ils sont nombreux — voudront faire un pas en arrière, tandis que les radicaux exigeront que l'on aille de l'avant. Dans ces conditions, si la scission se produit, comme cela est à craindre, ce sont les boulangistes et les réactionnaires qui seront les arbitres de la situation.

Quant au mouvement boulangiste dans le pays, il subit un temps d'arrêt, une espèce de recul dont nous ne sommes pas surpris.

Le général s'est trop compromis avec l'élément réactionnaire, il s'est entouré de trop de *rebuts* pour ne pas devenir suspect aux électeurs.

Il est indéniable que, depuis quelques mois, le général Boulanger a beaucoup perdu de son prestige et de ses partisans.

D'autre part, son départ pour l'étranger a été une maladresse. Quand on est le chef d'un parti, il faut savoir payer de sa personne et l'exposer au besoin, pour le triomphe de la cause.

Malgré tout, il ne faut pas croire que le boulangisme soit

mort. Tant que les causes qui l'ont fait naître n'auront pas disparu, il dormira sous les cendres de sa dernière défaite, prêt à briller peut-être d'un nouvel éclat.

C'est à nos gouvernants à tenir compte de la sagesse de la nation et à satisfaire ses légitimes espérances.

Malheureusement, il nous est impossible d'avoir confiance dans les hommes dont M. Carnot s'entoure.

Ils ont fait trop de mal à la France pour que nous puissions jeter un voile sur le passé; ils sont trop compromis, trop déconsidérés pour que nous puissions croire dans l'avenir avec eux.

Si les élections dernières ont trompé nos espérances, il est un palliatif à notre tristesse: c'est l'insuccès de Ferry, que les électeurs des Vosges — son pays — ont chassé de la Chambre.

C'est là un acte de haute justice et de saine morale auquel on ne saurait trop applaudir.

Enfin ! « le dernier des lâches » ne fait plus partie du Parlement !

Mais s'il est un échec qui nous soit sensible, c'est celui de M. Goblet, non réélu à Amiens, où il était candidat.

Cet homme, qui dans un moment critique a tenu si haut et si ferme le drapeau de la France, ne devait pas être sacrifié par le corps électoral.

Sa place était marquée dans les conseils du Gouvernement.

L'avoir oublié est plus que de l'ingratitude; c'est une faute politique grave que nous déplorons.

En résumé, les élections générales de 1889 ont été favorables aux républicains gouvernementaux en ce sens qu'ils gardent la majorité à la Chambre, mais elles leur ont été défavorables, en ce sens que leur majorité a été notablement réduite sans devenir plus homogène ; elles leur ont été défavorables, en ce sens qu'ils se sont vu enlever des circonscriptions dans une trentaine de départements où, jusqu'à présent, ils régnaient en maîtres ; elles leur ont été défavorables en ce sens que leur état-major se trouve cruellement décimé.

Telle est la situation, vue sans parti-pris, et sous son véritable jour.

Maintenant, attendons nos nouveaux législateurs à l'œuvre pour les juger. Nous le ferons sans passion.

La situation européenne ne semble pas avoir empiré depuis nos dernières correspondances.

C'est dans deux ou trois jours que l'Empereur de Russie va rendre sa visite de l'an dernier à l'Empereur prussien.

Cette visite, toute de politesse, n'a rien qui doive nous alarmer.

Elle ne modifiera point la politique du Czar, et ne retardera pas d'une heure le branle-bas inévitable qui sonnera un jour ou l'autre, simultanément, sur les frontières des deux nations amies.

L'Italie est toujours dans la même impasse, se tordant dans les affres de la faim.

Il faudrait pour apaiser cette faim, une nourriture plus substantielle que celle que M. Crispi est capable de donner aux malheureuses populations qui tendent vers lui leurs mains suppliantes... et déjà menaçantes.

Partout maintenant les débouchés sont fermés ; de plus, la récolte est mauvaise et le gouffre du déficit s'élargit tous les jours. La faillite est à toutes les portes : c'est un écroulement de tout.

Il dépend de nous, *de nous uniquement*, d'achever l'Italie agonisante, et Crispi le sait bien. C'est pour cela que, depuis quelques jours, la presse à la solde de cet avorton diplomatique ne crie plus : « Sus à la France », mais a entamé avec ensemble l'air depuis longtemps oublié : « Evviva la Francia ! »

Trop tard, les amis. Un jour — il y a longtemps de cela — nous avons pu croire à vos serments d'amitié ; un jour, nous avons pu nous abuser à ce point d'aller rougir du sang de nos soldats les sillons de vos plaines d'où sont sorties votre indépendance et votre unité. Vous nous en avez remerciés en forgeant contre nous le poignard empoisonné des traîtres. Vous êtes une nation que maintenant tout le monde méprise, même vos alliés. Notre pitié ne descendra plus jamais jusqu'à vous.

Nous disions tout à l'heure que nous pouvions porter le dernier coup à l'Italie ; nous n'avons pour cela qu'à dénoncer la convention monétaire et c'en sera fait d'elle.

On évalue que cette dénonciation entraînerait pour les finances italiennes une perte de 60 à 70 millions.

La présentation, en ce moment, d'une pareille note à payer serait, pour l'Italie, l'effondrement final.

C'est pour écarter ce calice que Crispi fait faire par ses journaux amende honorable et risette à la France.

La France commettrait-elle la suprême folie d'écouter ces plaintes ?

Nous ne le croyons pas.

Et, maintenant, voulez-vous savoir comment Crispi est apprécié par ses bons amis les Allemands eux-mêmes ?

Ecoutez ce que dit le *Vaterland* au sujet du discours que le ministre d'Humbert doit prononcer dans quelques jours à Palerme, en Sicile :

« M. Crispi fait beaucoup de bruit ; il se croit pris au sérieux par tout le monde.

« Quoi qu'il en soit, son discours sera accueilli *par un haussement d'épaules* ou par un immense éclat de rire. Les Français disent ! Ah ! le pauvre homme ! comme il perd son temps, qui serait mieux employé à faire une excursion fructueuse *dans les caves de la Banque de France !* »

Connaissent-ils assez bien l'homme en Allemagne !

Un article, publié dans le numéro d'Octobre de la *Contemporary Review* sous le titre : « La Triple Alliance et l'accession de l'Italie », et sous le pseudonyme grec de *Outidanos* pour toute signature, excite l'attention universelle et suscite des controverses passionnées, le *Daily News*, organe de M. Gladstone, ayant attribué à ce grand homme d'Etat libéral la paternité, ou, tout au moins, l'inspiration de ce travail.

Le fond et le ton de l'article « Outidanos » attestent un revirement ou, plutôt, une évolution profonde dans les idées et les sentiments de M. Gladstone depuis l'époque où, premier ministre d'Angleterre durant la guerre franco-allemande, il ne s'inspirait, vis-à-vis de la France, que d'une froide et presque malveillante neutralité.

« Les forces de la Triple Alliance, dit « Outidanos », sont tellement égales à celles de la France unie à la Russie, que l'appui de l'Angleterre doit être hautement désirable pour l'alliance en question. Si cette dernière pouvait obtenir le secours de notre flotte, à l'effet d'empêcher la France de réduire l'Italie, ce secours équivaudrait pour elle à une armée de 300.000 hommes.

« Malgré les dénégations de Sir James Fergusson, on croit généralement à l'étranger et à peu près généralement en Angleterre, qu'un secours de ce genre a été promis. Sans doute. il n'existe à ce sujet ni convention, ni traité, ni mémorandum ; mais il n'en est pas moins possible que lord Salisbury ait déclaré que, dans le cas où il serait au pouvoir, son gouvernement appuierait la Triple Alliance dans telle ou telle éventualité. Si une pareille déclaration a été faite, le public devrait en recevoir communication et, dès qu'elle en en aurait été informée, la nation devrait désavouer cette promesse. »

Après avoir esquissé la situation des membres de la Triple Alliance, montré l'Allemagne forcée de se livrer à des efforts ruineux pour conserver l'Alsace-Lorraine « dont la population tend des mains suppliantes vers la mère-patrie, à laquelle elle a été arrachée et qui ne peut refuser éternellement une telle prière », après avoir montré l'Autriche écrasée sous le fardeau, M. Gladstone appelle la participation de l'Italie à la Triple Alliance « une gigantesque folie ».

Il montre les impôts triplés et le trésor « au bord même de la banqueroute ». Dans une éloquente péroraison, il adjure ce pays, auquel il parle en ami, de ne pas perdre de vue ce que la *gratitude* et la *prudence* lui imposent à l'égard de la France.

« Si jamais l'Italie prend les armes, s'écrie-t-il, pour entraîner la France dans une guerre *libératrice*, ce sera l'un des plus graves, l'un des plus odieux scandales de l'histoire. »

Et il termine en suppliant le peuple italien de redresser lui-même la direction de sa politique étrangère.

Ces éloquentes déclarations sont, malheureusement, destinées à rester sans écho au-delà des Alpes.

⁕

Au dîner de gala, donné en l'honneur du Czar, l'Empereur Guillaume a porté le toast suivant :

« Je bois à la santé de mon hôte et ami vénéré, S. M. l'Empereur de Russie ; je bois à la durée de l'amitié qui, depuis plus de cent ans, unit nos maisons, et que je suis résolu à cultiver comme un bien hérité de mes pères ! »

L'Empereur Alexandre a répondu, *en français*, alors qu'il a une parfaite connaissance de la langue allemande :

« Je remercie Votre Majesté de ses bonnes paroles, et je partage entièrement les sentiments que vous venez d'exprimer.

« A la santé de Sa Majesté l'Empereur et Roi ! ».

Nous n'avons pas besoin d'insister sur l'importance de la déclaration qu'on vient de lire.

Le Czar voulant donner à la France un nouveau et précieux témoignage de sa sympathie, s'est exprimé en français.

C'est encore, malgré dix-huit ans d'oppression, la langue des provinces ravies.

En l'employant, Alexandre III a protesté contre la politique de la Triple-Alliance.

Comme Français, comme patriote, nous crions :

Vive Alexandre III !

Vive la Russie !

Vive la France !

12 Novembre 1889.

Il vient de paraître à Bruxelles une brochure intitulée : *La Belgique et la guerre prochaine*, ayant pour auteur un ancien major du génie de l'armée belge, M. Girard, qui connaît à fond le sujet qu'il traite.

Cette brochure confirme et complète tout ce que nous avons dit ici même, il y a plus d'un an déjà, au sujet de l'attitude du roi Léopold, devenu l'homme de l'Allemagne.

Les révélations de M. Girard auront un retentissement d'autant plus grand que ce patriote n'a pas hésité à sacrifier sa situation officielle pour pouvoir dire la vérité à son pays, et lui signaler les graves dangers qui le menacent.

« La réalité est, écrit-il, que la neutralité belge ne nous protège, ni en fait, ni en droit, contre une invasion étrangère ; que le prétendu violateur, en entrant chez nous, ne fera qu'user d'une faculté reconnue par le droit des gens ; que le même droit des gens lui permet de réclamer l'occupation de nos forteresses de la Meuse ; que — ce qui est plus fort et dépasse l'imagination — *nous réédifions à grands frais une forteresse que Léopold Ier avait fait raser dans le but d'échapper aux conséquences d'un traité secret dont la Prusse pouvait se prévaloir pour en exiger l'occupation dans le cas d'une guerre contre la France !* »

La place nous fait défaut pour suivre M. Girard dans tous ses développements. Il nous suffit, pour le moment, de voir nos prévisions confirmées aussi nettement, d'une façon aussi irréfutable que vient de le faire le patriote belge.

Oui, la Belgique, ou plutôt le Gouvernement Belge, travaille pour l'Allemagne en construisant les forteresses de la Meuse. Le roi Léopold et ses ministres agissent-ils ainsi parce qu'ils sont tenus par des traités secrets avec l'Allemagne, ou simplement parce que leurs sympathies sont allemandes ? L'une et l'autre de ces raisons sont exactes.

La Cour de Bruxelles est étroitement liée à celle de Berlin ; Léopold est le vassal de Guillaume ; M. Beernaert est le sous-secrétaire d'Etat de M. de Bismarck pour les affaires belges, et les généraux Brialmont et Fontus n'agissent que d'après les ordres du grand Etat-major allemand.

La Belgique est devenue véritablement une province allemande. La France ne doit pas perdre de vue cette vérité.

Dans quelques jours, Guillaume II, le commis-voyageur de la maison Bismarck et Cie, sera de retour de son excursion en Grèce et à Constantinople.

Le souverain allemand a été reçu dans cette dernière ville avec un luxe, une pompe, un faste vraiment oriental, mais il est à présumer que c'est tout ce qu'il rapporte de sa visite au Sultan.

Nous ne croyons pas, ainsi que nous l'avons dit, que la Turquie se laisse entraîner dans l'orbite de l'Allemagne, malgré les efforts de la diplomatie de Berlin, qui comprend que la réunion de cette puissance à la Triple-Alliance serait un des éléments les plus importants, en présence de l'attitude si réservée et presque hautaine de la Russie.

On conçoit que dans un conflit, celle-ci serait fortement

gênée si la Turquie se rangeait du côté de ses adversaires. Il suffirait à cette dernière de masser des troupes au Nord de ses frontières européennes et asiatiques pour obliger la Russie à immobiliser plusieurs corps d'armée et pour forcer la Serbie à garder la neutralité. Il est vrai que cette attitude de la Turquie entraînerait pour elle certains risques et une lourde responsabilité car, si d'aventure, elle ne se trouvait pas du côté du plus fort, la partie qu'elle perdrait serait plus grosse pour elle que pour aucune autre puissance : elle courrait risque de disparaître définitivement de l'Europe, et la légendaire politique des czars aurait enfin atteint son but.

✳

Nous voilà de nouveau en plein gâchis ministériel.

L'amiral Krantz, ministre de la Marine vient de donner sa démission.

Motifs : le Tonkin, d'où de mauvaises nouvelles nous parviennent et où l'élément civil trouve que nous avons trop d'effectifs alors que l'élément militaire demande des renforts.

Vous verrez que nos trois couleurs finiront par être obligées de disparaître de ce pays, où elles n'auraient jamais dû flotter.

Constans et Tirard sont en froid ; Ferry est malade à Nice, mais ce sont là des détails de trop peu d'importance pour qu'on s'en occupe.

Peu de choses d'ailleurs à vous dire aujourd'hui de notre politique intérieure, si ce n'est que la majorité de la nouvelle Chambre paraît devoir être encore plus intolérante que celle de l'ancienne. Tous ceux qui ne peuvent pas montrer patte blanche sont exclus de ses réunions ; le vent est à l'ostracisme le plus radical, et on parle d'invalidations en masse.

C'est demain mardi, qu'aura lieu la rentrée du Parlement. On s'attend à de graves manifestations place de la Concorde et devant le Palais-Bourbon où la Ligue des Patriotes, les boulangistes et les électeurs de Montmartre attendront l'arrivée de Joffrin, proclamé député de Paris à la place du général Boulanger, bien que celui-ci ait obtenu 1.800 voix de plus que son concurrent.

Ce sera drôle.

L'Exposition du Centenaire a vécu.

Elle s'est éteinte par un soleil radieux, qui lui a fait de lumineuses funérailles dans une apothéose de rayons.

En voyant la fête suprême, on aurait pu se demander si c'était là un début ou un commencement, une aurore ou un déclin, la chute ou le lever d'un rideau magique.

Elle s'est ensevelie, cette inoubliable, dans tout l'éclat de sa gloire et de sa beauté, comme un génie disparaît dans l'épanouissement de ses splendeurs.

Du haut de la tour fameuse, élevant dans le ciel sa tête altière, elle a vu défiler le monde : l'Europe, l'Asie, l'Afrique, l'Amérique, l'Océanie ; leurs types et leurs races, leurs produits, leurs curiosités, leurs richesses, leurs mœurs, leur histoire, leur passé, leur avenir.

Et toutes ces multitudes des pays les plus divers et les plus lointains, emporteront aux quatre coins du globe, dans les neiges du Nord comme sur les rivages ensoleillés des tropiques, le souvenir fantastique de toutes ces merveilles.

Elles reverront, sous leur ciel, ce prodigieux Champ de Mars, je ne sais dans quel mirage troublant de palais et de mosquées, de dômes magnifiques, de coupoles roses et de minarets blancs.

Elles reverront surtout, dans ce lointain mirage, la France si enviée, hospitalière et noble, pacifique et laborieuse, marchant à la tête du progrès et de la civilisation ; la France enfin, qu'elles auront appris à connaître, à estimer et à aimer.

Et de cette exposition, il restera un souvenir impérissable de grandeur et de beauté, un tableau de merveilles inoubliables, une résurrection des passés lointains, une glorification triomphale d'une date immortelle, aurore de nos libertés.

Il aurait manqué quelque chose à son éclat, à son prestige. si les Allemands, ces barbares, ne s'étaient pas acharnés à la dénigrer et ne s'étaient pas donné pour mission de la faire avorter.

Vains efforts ! Envie misérable et sans effets !

L'Exposition du Centenaire les domine dans la même proportion que la Tour Eiffel domine les palais environnants.

Celle du Ministère de la Guerre a obtenu un immense succès.

On y voyait des canons de toutes les formes et de tous les poids, de tous les genres, de tous les calibres et de tous les goûts.

Oh! les beaux canons, les amours d'obusiers, les culasses élégantes, les boulets charmants!

Sait-on qu'il y avait là de ces joujoux dont le prix de chaque coup revient à 2.500 francs?

2.500 francs! Les appointements de toute une année avec lesquels un brave employé nourrit sa famille, élève ses enfants. 2.500 francs! quelle jolie maisonnette on achèterait dans mon village, avec un frais jardin et de beaux cerisiers où viendraient bavarder les fauvettes et les pinsons!

Lorsqu'en face de tant de merveilles accumulées depuis six mois dans ce champ clos de luttes pacifiques, on jette un regard troublé sur tous ces engins de guerre, de carnage et de ruine, on peut se demander si c'est là le dernier mot de cette civilisation tant vantée.

Non, certes! mais ces richesses, il faut les garder; ces merveilles de l'esprit humain, il faut les protéger; ces découvertes, il faut les continuer; ce progrès, il faut le poursuivre; cette civilisation, il faut l'agrandir; cette Patrie, il faut la défendre!

« *Si vis pacem, para bellum.* »

Un jour viendra, peut-être, où tous ces géants de bronze qui barrent la route à la civilisation, après avoir promené la mort aux quatre coins du monde, se tairont une bonne fois dans le bruit sonore des outils et l'hymne triomphant des machines chantant dans les usines, la grande épopée de l'intelligence et du travail!

Mais avant, il faut que le canon de la résistance nationale crache encore au visage de l'étranger un effort suprême et glorieux!

26 Novembre 1889.

L'Angleterre semble définitivement être entrée dans la triple alliance.

C'est-à-dire que le marquis de Salisbury lui aurait promis le concours de la flotte Britannique au cas où la guerre viendrait à éclater entre la France et les puissances alliées.

Il va de soi qu'il n'y a aucun traité signé avec l'Allemagne — l'Angleterre ne se lie jamais les mains — mais il n'est pas douteux qu'une entente verbale est intervenue entre ces deux puissances, et que nous devons, dès à présent, envisager l'hypothèse d'avoir un jour à combattre l'Angleterre en même temps que la Prusse et l'Italie.

A moins que d'ici là, le retour aux affaires du parti libéral anglais, à la tête duquel se trouve M. Gladstone, ne vienne modifier la situation et rompre les engagements contractés par un ministre jaloux de la France, et du rang qu'elle occupe de nouveau dans le monde.

Malheureusement, le retour au pouvoir de M. Gladstone et de son parti ne peut avoir lieu, à moins de circonstances imprévues, que dans un temps relativement éloigné, alors que la partie suprême aura vraisemblablement été jouée entre l'Allemagne et nous.

Cette situation nous crée donc de nouveaux devoirs en même temps qu'elle nous impose de nouvelles charges.

Car maintenant que l'Angleterre a pris position contre nous, c'est avec l'Europe entière, moins la Russie et quelques puissances de second ordre, que nous aurons à lutter l'heure venue.

Il est possible cependant, qu'au moment solennel, quelques-uns de ceux sur lesquels elle avait compté, faussent compagnie à l'Allemagne qui possède bien la promesse des cours, *mais qui n'a pas le cœur des peuples.*

Nous l'avons déjà dit; ce sont évidemment là des considérations qui doivent peser dans la balance des probabilités, mais auxquelles il nous est actuellement interdit de nous arrêter. Nous ne devons voir qu'une chose : la coalition formidable qui nous menace de toutes parts et nous préparer à y faire face, quels que soient les sacrifices que l'on demande dans ce but au pays.

La France est capable de cet effort. On doit le savoir à Berlin, à Rome, à Vienne où tour à tour ses trois couleurs glorieuses ont déjà flotté, portées par des héros dont l'histoire a gardé le souvenir !

Seule, la France pourrait refaire aujourd'hui ce qu'elle fit jadis sans aucun allié; c'est-à-dire qu'elle pourrait tout au moins, car elle ne rêve pas de conquêtes, défendre avec succès son territoire, s'il venait à être de nouveau menacé par un ennemi quelconque, mais la France n'est plus isolée. Il y a derrière elle la Russie avec ses huit millions de baïonnettes qui imposent le respect aux bravaches des bords de la Sprée, du Danube et du Tibre.

Car on a eu beau faire à Berlin, rien n'a pu détacher la Russie de la France. Nous en avons une preuve nouvelle et convaincante dans ce fait que cette puissance vient d'adopter le fusil Lebel et notre poudre sans fumée dont personne n'a le secret. Il est bien évident, n'est-ce-pas, que la France n'aurait pas livré ce secret à la Russie s'il n'y avait, entre elle et nous, une entente solide au point de vue des événements de l'avenir ?

Donc, en Russie comme en France, la poudre française sera brûlée sur le Prussien, cela ne fait plus de doute pour personne, moins encore de l'autre côté du Rhin que partout ailleurs, peut-être.

A propos de la poudre sans fumée, disons que toutes les expériences faites en Allemagne, en Italie, et en Autriche ont échoué. Les Italiens prétendaient cependant, avoir découvert une poudre supérieure à la nôtre, malheureusement au bout de quelques semaines, ils se sont aperçus que cette poudre se détériorait et devenait absolument inutilisable !

Si j'ajoute que l'on cherche encore chez nos ennemis, un modèle de fusil, on pourra se faire une idée de l'état dans lequel se trouve à cette heure leur armement.

·❋·

L'Empereur du Brésil, Dom Pedro d'Alcantara, vient de perdre sa couronne.

C'est un fait regrettable, mais qui était prévu depuis quelque temps en Europe.

Regrettable en ce sens que, sous Dom Pedro, homme éclairé et libéral par excellence, le Brésil jouissait d'une liberté que beaucoup de républiques auraient pu lui envier.

Il ne manquait en effet à ce régime, que l'étiquette de républicain, mais qu'importe le nom quand on a la chose ?

Aujourd'hui, la République est proclamée dans ce vaste

empire ; c'est du moins ce que nous disent les dépêches officielles, car les télégrammes privés sont soigneusement contrôlés ; le parti militaire est au pouvoir, et tout fait supposer qu'il s'y maintiendra.

Mais, nous avons des doutes sur les intentions et la valeur des hommes qui composent le nouveau gouvernement, et nous craignons que le Brésil n'ait plus à perdre qu'à gagner au changement qui vient de s'accomplir.

Car il faut bien le dire, la Révolution de Rio n'est que la revanche des propriétaires d'esclaves, ruinés par le décret d'abolition de l'esclavage rendu par Dom Pedro l'année dernière.

Il n'y a pas à en chercher les causes ailleurs.

C'est ce mécontentement, exploité par le parti militaire qui a provoqué la déposition du Souverain.

Il serait curieux, mais profondément triste, de constater que l'esclavage, aboli par un Empereur, a été rétabli par une République !

Dans tous les cas, nous souhaitons que les intérêts commerciaux français n'aient pas à souffrir du nouvel état de choses.

Les événements du Brésil pourraient bien avoir un contre-coup sérieux en Espagne et au Portugal, où les républicains menacent de prendre une vigoureuse offensive.

Il est vrai que le mouvement ne s'est pas encore nettement dessiné, mais il y a des symptômes qui font présager de graves et prochaines résolutions.

Nous faisions pressentir, dans nos précédentes correspondances, que l'attitude de la nouvelle Chambre française ne serait ni meilleure ni pire que celle de l'ancienne.

Les faits semblent déjà nous donner raison.

On discutait jeudi la question du monopole des allumettes. Deux députés, dont l'un, ancien ministre des Finances, demandaient la dénonciation du contrat qui fait, depuis si longtemps, le public victime d'une compagnie sans scrupules.

La Chambre, par 202 voix contre 232, votait l'abolition du monopole malgré l'énergique intervention de l'intègre

Rouvier, qui menaçait d'abandonner son portefeuille, si ses vues n'étaient pas partagées par le Parlement.

Donc, première victoire, en faisant espérer une autre plus décisive.

Les députés, auteurs du nouveau projet, voulaient en effet la fabrication libre, qui aurait donné à l'Etat un revenu d'environ 25 millions par an. La Chambre semblait en majorité favorable.

Mais M. Rouvier, battu jeudi, voulait une revanche, et il l'a prise samedi.

Dans l'impossibilité de défendre plus longtemps, *sans paraître suspect*, les intérêts d'une Compagnie *susceptible de reconnaissance*, dit-on, le ministre a, en fin de compte, demandé le monopole pour l'Etat, qui lui a été accordé par 244 voix contre 237. Ainsi donc, à deux jours d'intervalle, la Chambre s'est déjugée et a sacrifié des intérêts considérables à une misérable question de portefeuille !

Ce que nous voyons de grave dans ce fait, c'est la substitution de la volonté gouvernementale à la volonté souveraine des représentants du pays.

Quand un Parlement débute ainsi, il est jugé.

C'est aussi l'opinion du *Matin*, qui dit à ce propos :

« Si l'enfant ressemble à l'homme qu'il sera, avouez que la Chambre nouvelle ressemble fort, dès ses premiers vagissements, à la Chambre qu'elle a remplacée et dont elle entretiendra probablement le souvenir et les traditions. »

Il y a d'ailleurs des choses singulièrement louches dans cette affaire du monopole des allumettes. Ce qu'il y a de certain, c'est qu'on a profité de la circonstance pour accomplir un fort coup de bourse.

En effet, le Ministre des Finances ayant annoncé la mise en adjudication du monopole — ce qui impliquait inévitablement la prorogation de la Compagnie avec tous ses privilèges et prérogatives — ses actions qui, le 9 Novembre, étaient à 700 francs, ont fait un bond énorme qui les a portées jusqu'à 750 francs. Aujourd'hui, elles flottent entre 650 et 655 francs.

Qui a profité de cette énorme et éphémère plus-value ?

Qui a été atteint par la colossale dépréciation qui a suivi ?

Nous reviendrons prochainement sur cette question.

9 Décembre 1889.

Il y a des gens qui se figurent qu'une fois Bismarck disparu, son fils Herbert sera de taille à continuer son œuvre.

Nous avons dit, il y a longtemps déjà, que nous ne partagions pas ce sentiment.

Le fait suivant, dont l'importance n'échappera pas à nos lecteurs, ne semble pas donner tort à nos appréciations.

C'était il y a quelques jours, au Reichstag. On discutait le budget des Affaires Etrangères. M. Richster demandait si le Gouvernement était en mesure de communiquer au Parlement quelques résultats de la Conférence de Samoa.

Le jeune comte Herbert, qui remplace par l'arrogance la valeur qui lui fait défaut, a répondu inopinément « qu'il demanderait, pour des motifs politiques, que le parti progressiste voulût bien renoncer à une pareille question, s'il n'était pas persuadé qu'à une pareille demande, M. Richster répondrait en exigeant précisément une discussion approfondie. »

M. Richster repousse une semblable insinuation, déclarant qu'aucun procédé parlementaire ne justifiait l'appréciation du Ministre. Il ajoute textuellement, au milieu d'un profond silence : « Nous n'acceptons pas de pareilles insinuations que n'a même pas faites contre nous un homme qui a rendu plus de services à l'Allemagne que n'a eu l'occasion de le faire jusqu'ici, M. le sous-secrétaire d'Etat. »

La Droite proteste bruyamment. La Gauche applaudit à tout rompre.

Le comte Herbert de Bismarck veut s'expliquer, mais il ne fait que s'enliser davantage.

Finalement, M. Richster, visiblement irrité, interpelle ainsi le fils du Chancelier : « Que diriez-vous si j'employais la phrase suivante : « Il y a des ministres qui, parce qu'ils « sont incapables de mener une discussion technique, « cherchent toutes les occasions de dissimuler leur incapa- « cité par des attaques personnelles injustifiées » et que je veuille ensuite me retrancher derrière cette excuse que je n'ai pas voulu désigner le comte Herbert de Bismarck ? »

Un immense éclat de rire et les frénétiques applaudissements de la Gauche soulignent la riposte du leader progressiste. La Droite crie : « A l'ordre », mais le Président ne semble pas disposé à user des sévérités du règlement.

Le jeune Herbert s'est rassis tout penaud au banc des ministres, et n'a plus soufflé mot.

Mais, s'il faut en croire les rumeurs parlementaires, cet incident menacerait de prendre des proportions très graves. Les mots de « défaveur », de « disgrâce », même de « retraite » circulent depuis plusieurs jours. Le comte Herbert serait ruiné dans son crédit auprès de l'Empereur, et le prince de Bismarck, pour sauver son fils, serait sur le point d'accourir à Berlin et de se présenter au Reichstag pour y prendre directement à partie le redoutable chef de l'opposition progressiste, qui a infligé un si sanglant affront au jeune ministre.

Il est certain que Guillaume II est très irrité de la défaite du comte Herbert.

Avec son caractère autoritaire et susceptible, il n'admet pas qu'un de ses serviteurs se laisse clouer à son banc par un orateur de l'opposition. Il n'admet pas, surtout, qu'il s'attire un pareil affront en provoquant sans raison un membre de la Chambre.

Depuis son avènement au trône, ses relations avec le comte se sont, d'ailleurs, sensiblement refroidies, et, de l'avis de tous, la position de ce dernier est sérieusement ébranlée.

Aussi bien, puisque nous parlons des choses d'Allemagne, disons un mot de son fantasque monarque que la manie du galon, plus encore peut-être que ses incessants voyages à travers l'Europe, est en train de faire passer à la postérité à la façon de Marlborough, de si cocasse mémoire.

Ce n'est depuis quelques jours, dans toute la Prusse, qu'un concert de malédictions à l'adresse de l'Empereur-Roi, dont le règlement récent sur l'uniforme des fonctionnaires jette la désolation dans les esprits et les bourses intéressées.

Jugez-en plutôt :

En vertu du règlement royal nouveau, les fonctionnaires doivent posséder à l'avenir trois uniformes différents — comme Cadet-Roussel. — Le premier, à usage journalier, sans broderies ni chamarrures ; le second, à l'usage des jours de repos, avec broderies et chamarrures ; le troisième enfin, qui fait pousser des hurlements mélés de sanglots de désespoir, sera l'uniforme de gala avec broderies d'or, panaches de plumes d'autruches et autres accessoires coûteux.

Le Ministre d'Etat se plaint qu'il aura à dépenser, rien que pour son uniforme de gala, environ 1,700 marks ou 2,130 francs.

Le Sous-Secrétaire d'Etat, le Président de la Province, le Président de Justice, le Référendaire, bref, toute la filière administrative, font chorus pour glapir et geindre que l'Empereur-Roi leur met le couteau sur la gorge avec sa manie des uniformes et de la parade.

Après tout, le sort de ces gens ne nous intéresse pas !

✳

Les sympathies de la Russie pour la France se manifestent de plus en plus vivement. Chaque jour nous apporte la nouvelle que des Français arrivant dans des ports russes sont entourés des marques les plus amicales.

L'armée, l'aristocratie, le clergé et le peuple russe ne perdent aucune occasion de montrer leur amour pour la France et pour tout ce qui est français. Le sentiment est unanime.

Il y a quelques jours, l'arrivée d'un navire de guerre français à Wladiwostok a été le signal d'une série ininterrompue de fêtes magnifiques en l'honneur de nos nationaux. Tous les jours ont été marqués par de nouvelles réceptions : lunchs, dîners, soupers, bals, représentations théâtrales, rien n'a manqué à nos officiers. Et les toasts sous les drapeaux des deux nations, mêlant fièrement leurs plis, faisaient retentir les mots de France, Russie, amour, espoir, avenir, victoire !

Les cœurs étaient doucement émus et les yeux versaient des larmes, en proie à l'héroïque vision des champs de bataille de demain !...

Que sera demain ? Que nous réserve l'avenir ? Il n'importe ! Haut les cœurs ! et que nos deux peuples amis se serrent fraternellement sous le même étendard et s'unissent dans la fidèle espérance de leur importante mission !

✳

Parlant de la poudre sans fumée, nous disions dans notre dernière lettre, qu'aucun des essais tentés à l'étranger n'avait réussi.

Un journal russe, la *Gradjdanine*, confirme aujourd'hui dans ces termes, l'information dont nous nous sommes fait 'io :

« Récemment, nous étions témoins de l'enchantement avec lequel les Germains fêtaient, en présence de l'Empereur d'Autriche, les étonnants effets de la poudre sans fumée, et voici que tout à coup, les alliés ne disent plus mot.

« Il se trouve que cette poudre — que les Allemands ont préparée sur l'analyse d'une poudre volée à la poudrière française de Sevran-Livry — n'a donné que des résultats déplorables. En Allemagne, elle ne supporte pas l'humidité ; en Italie, elle ne supporte pas le froid ; en Autriche, elle produit l'effet d'un anesthésique ; *les soldats qui tirent des cartouches de cette poudre tombent sans connaissance.* Bref, la montagne en travail accouche d'une souris. Toute cette bruyante bravade finit en opérette. La Providence a puni l'Allemagne d'avoir violé le huitième commandement. »

⁕

De l'Italie, que dirions-nous bien aujourd'hui ?

Sa situation ne s'améliore pas ; le déficit de son budget atteint actuellement le chiffre effrayant de cinq cent dix millions ; les kracks particuliers se multiplient et les dépenses de guerre ne font que s'accroître.

Nous le répétons, c'est l'épouvantable misère qui fait l'Italie nous tendre actuellement la main, mais il ne faut pas voir seulement cette main qui quémande ; il faut voir l'autre qui, dans l'ombre, tourmente un stylet forgé par Bismarck, et n'attend que le moment de nous le plonger dans le dos.

⁕

Le duc d'Edimbourg, dont nous avons déjà eu l'occasion d'entretenir nos lecteurs, tient décidément à faire parler de lui.

On se rappelle que l'année dernière, il y a dix-huit mois

peut-être, ce noble Anglais, qui est commandant d'escadre, oublia de saluer nos ports alors qu'il se trouvait avec ses bâtiments dans les eaux méditerranéennes, sur les côtes de France.

On se rappelle également que le duc en question, sommé de s'expliquer sur ce manquement aux règlements maritimes, répondit qu'il dormait.

La vérité est, comme nous l'avons dit d'ailleurs, que le noble seigneur, ayant trop bu, cuvait son vin dans une cabine du vaisseau amiral.

Les journaux d'Outre-Manche nous apprenaient, il y a quelques jours, que le même personnage, assistant dernièrement à une chasse, alors qu'il se trouvait en état complet d'ivresse, avait grièvement blessé d'un coup de fusil, l'un des invités.

Ce sont là jeux de prince, paraît-il, et qui ne tirent pas à conséquence dans le royaume de « Sa très Gracieuse Majesté. »

⁕

Après être resté trois longues années complètement séparé du monde civilisé, Stanley, que l'on croyait mort, empoisonné ou massacré par les peuplades barbares de l'Afrique Centrale, vient d'arriver inopinément à Zanzibar avec sa caravane, diminuée de cent cinquante hommes environ.

C'est une nouvelle page glorieuse à ajouter à celle déjà si belle de cet explorateur, que nous regrettons de ne pouvoir compter au nombre des amis de la France.

⁕

La politique est tout de même une belle chose, et ceux qui prétendent qu'elle ne mène à rien ont joliment tort.

C'est ainsi que depuis plus d'un mois, nous assistons à un véritable déluge de nominations dans toutes les fonctions possibles et imaginables, de députés blackboulés aux élections de septembre.

Mais il y a des limites à la reconnaissance du « Maroquin » et on nous fera difficilement croire qu'elle doive aller jusqu'à la négation des plus élémentaires principes de justice et de dignité.

Quoi ? parce qu'un monsieur aura « bien voté » en de certaines occasions, parce qu'il aura consolidé de son bulletin un portefeuille chancelant, s'ensuit-il que le jour où ce député « à tout faire » reste sur le carreau, le Gouvernement doit lui procurer une plus ou moins grasse sinécure au détriment des contribuables et des modestes employés qui attendent un avancement toujours retardé par l'intrusion de ces parasites dans l'administration ?

Nous ne le pensons pas.

Mais il s'agit bien de justice et de droit pour nos ministres. Ce qu'ils veulent avant tout, c'est une administration créée à leur image, avec des fonctionnaires dévoués à « leur personne » et susceptibles, le moment venu, de participer à toutes les besognes plus ou moins propres qu'on leur commandera.

Voilà où en est le régime républicain chez nous. C'est plutôt triste !

Enfin, on commence à parler de la création en France, d'un grand État-Major, semblable au grand État-Major allemand, auquel nous devons une partie des désastres de 1870-1871.

C'est M. de Mahy qui a attaché le grelot.

Il veut donner une tête à notre armée, et il a raison.

Mais l'écoutera-t-on ? car il faut compter avec les passions politiques qui compromettent et paralysent tout en France, où il n'y a plus de place que pour l'intérêt particulier.

Ainsi que le dit fort à propos M. de Mahy, ce n'est un secret pour personne que le général Saussier est désigné, pour commander en chef, en cas de guerre, toutes nos armées, et qu'il aurait pour chef d'État-Major général, le général de Miribel, mais le premier est actuellement gouverneur de Paris, et le second commandant en chef du 6me corps. Aucun des deux n'a le loisir de se préparer aux fonctions si importantes qu'il aurait à remplir l'heure venue.

Qu'arriverait-il le jour de la déclaration de guerre ? Le général Saussier quitterait brusquement le gouvernement de Paris pour aller prendre le commandement des armées sur le théâtre des opérations, où le général de Miribel viendrait le rejoindre, après avoir quitté, non moins précipitamment, le commandement de son corps d'armée. Ni le généralissime, ni le chef d'Etat-Major général ne connaissent le personnel qu'ils auraient à diriger. Il faudrait donc organiser le grand Etat-Major au début de la campagne et, pour ainsi dire, sous le feu de l'ennemi !

M. de Mahy nous fait le tableau de la confusion qui régnerait fatalement dans la direction de l'armée au moment où la guerre éclaterait : « Le généralissime, les commandants d'armée se rendant au lieu fixé pour la concentration de leurs quartiers généraux et voyant là, *pour la première fois, leurs chefs d'Etat-Major venant du ministère et d'un peu partout, laissant les fonctions où ils étaient occupés, et qui ne les ont préparés en rien à leur fonction spéciale de guerre* ».

Et le député de la Réunion conclut qu'une pareille organisation est « le comble de l'imprévoyance », que c'est, à proprement parler « l'art de n'être pas prêt, d'être pris au dépourvu. » Il se fait militaire pour la circonstance et il écrit l'exposé des motifs de sa proposition de loi avec la liberté d'un soldat qui sait mal farder la vérité.

En résumé, M. de Mahy se propose de donner à la France un Etat-Major comparable à l'Etat-Major allemand, que M. de Moltke a formé, et qu'il a dirigé pendant la campagne de 1870-71 avec une connaissance approfondie de l'art de la guerre. L'ambition du député de la Réunion s'inspire d'un sentiment de patriotisme auquel nous ne pouvons que rendre un sincère hommage.

La Chambre vient de valider Joffrin, jetant au suffrage universel le plus sanglant des outrages.

Elle a mis le représentant de la minorité à la place du représentant de la majorité. Jamais cela ne s'était vu.

Ainsi que l'écrit Paul de Cassagnac dans l'*Autorité :* « Nous avons désormais le droit de dire à cette Chambre étonnante qu'elle a foulé aux pieds la volonté nationale et qu'elle autorise, par son exemple, tout ce qui, dans la suite, pourra violer ce principe, base de la démocratie moderne.

« On peut dire dès aujourd'hui qu'il n'y a plus de suffrage universel. »

24 Décembre 1889.

Nos ministres et sous-ministres en prennent vraiment à leur aise avec les crédits dont ils ont besoin pour leurs petits trafics.

Jusqu'à présent le Gouvernement avait pour habitude, toutes les fois qu'il lui fallait de l'argent, d'adresser une demande à la Chambre, qui refusait ou accordait.

Aujourd'hui, ce n'est plus cela. On puise tout simplement dans la Caisse des Dépôts et Consignations, et on remplace les sommes ainsi «empruntées» par des Bons du Trésor.

Depuis moins d'un mois, voilà près de *trente millions* qui en sortent à l'aide de cette petite opération.

Il en est de même pour les Caisses d'Epargne, où l'argent déposé n'a pas l'habitude de moisir, tant la transformation du numéraire en papier est rapide.

Cette façon de procéder, dans le but d'esquiver des demandes de crédits épineuses, n'est pas sans présenter de réels dangers.

Qu'arriverait-il, en effet, le jour où une panique, provoquée par un désastre financier quelconque ou une déclaration de guerre, par exemple, s'emparerait du public ?

On ne le sait que trop.

Tout le monde se précipiterait aux guichets des caisses de l'Etat pour réclamer son argent. Or, l'Etat ne serait pas en mesure de rembourser les sommes qu'il a reçues «en dépôts» ; cela ne fait aucun doute.

Passe encore pour ceux qui pourraient attendre, mais les pauvres diables qui comptaient sur cet argent pour des besoins pressants ?...

Les voyez-vous, ces créanciers de l'Etat, obligés de se serrer le ventre et de crever de faim, eux et leurs familles, sous le fallacieux prétexte que leur modeste épargne était nécessaire à l'équilibre du budget !

Le comble serait qu'ils fussent poursuivis par le fisc pour retard dans le paiement de leurs impôts.

Nous avons vu plus fort que ça.

On dira peut-être que nous poussons trop au noir. Dieu veuille que l'avenir ne nous donne pas trop vite raison !

Il paraît, d'ailleurs, que nous ne sommes pas seul à penser

ainsi. Voici, en effet, ce que dit sur le même sujet un important journal de province, qui nous parvient au moment même ou nous écrivons ces lignes :

« Le bruit court avec persistance que M. Rouvier favorise, au détriment de l'Etat, les intérêts de la haute banque.

« Les opérations du Ministre des Finances, ses manœuvres illicites, seraient même tellement inexcusables, que M. Carnot en aurait pris ombrage.

« MM. Constans et Carnot reprochent à M. Rouvier d'exposer le trésor à un *krack qui deviendrait inévitable* si une panique, toujours à craindre, survenait, et que les dépositaires des caisses d'épargne réclamassent inopinément les capitaux avec lesquels le Ministre des Finances *spécule*.

« Ce ne serait plus seulement une débâcle, ce serait un désastre ! »

Nous sommes heureux que d'autres que nous aient pensé à cela et aient eu le courage de le dire.

·❋·

Notre nouvelle Chambre invalide, invalide que c'est comme une bénédiction !

Naturellement, ce sont les boulangistes et les conservateurs qui étrennent.

Aux approches du jour de l'an, ça se comprend.

Mais il nous semble qu'il n'y a pas que les partisans de la révision ou de la monarchie qui soient dans le cas d'être invalidés ; il y a bien, dans le nombre, quelques républicains dont l'élection est contestable à plus d'un titre, et qu'on aurait dû, ne fût-ce que pour faire croire à un semblant de justice, renvoyer devant leurs électeurs.

Cette opinion est partagée par le sémite Camille Dreyfus lui-même, qui ne peut s'empêcher de dire dans *La Nation :*

« Les invalidations prennent un caractère *systématique* que le suffrage universel n'acceptera pas et comme, en définitive, c'est lui qui aura le dernier mot, on fera peutêtre bien de ménager ses nerfs. Ce qui m'inquiète, ce n'est pas le sort de ceux qu'on invalide, c'est le maintien de l'autorité politique de ceux qui invalident. »

Cette appréciation me dispense de commentaires.

Un député de la Gauche, M. Bourgeois, a demandé il y a quelques jours au Gouvernement quel parti il comptait prendre en ce qui concerne la convention monétaire de 1885 entre la France et l'Italie.

La Chambre a renvoyé cette question indiscrète à un mois.

Ce qui signifie que le Gouvernement ne veut ni dénoncer la convention, ni même examiner la question.

Enguirlandé par les fallacieuses promesses de Crispi, M. Rouvier n'a pas voulu prendre cette mesure que justifierait si bien l'attitude actuelle de la « Nation sœur ».

C'est donc un an de répit accordé à notre reconnaissante voisine, l'alliée de Bismarck, qui, hier encore, demandait à son Parlement 37 millions de crédits supplémentaires pour activer ses armements contre nous !

Voilà ce que le Gouvernement a fait ! Voilà ce que la Chambre a consenti !

C'est de la démence, mais de la démence criminelle !

Lord Palmerston s'écriait un jour à la tribune du Parlement britannique, au sujet de la guerre d'Italie : « L'histoire dira plus tard quel est l'imbécile qui a fait l'unité italienne ! » Le noble Lord ne se doutait pas que cette œuvre néfaste du second empire serait un jour consolidée par des républicains français.

✳

Allons, nous voilà menacés de croître et multiplier au nom de la loi !

Je ne plaisante pas.

Un monsieur quelconque, journaliste, croyons-nous, usant du droit de pétition, vient d'adresser au Parlement un mémoire destiné à activer l'accroissement de la population par des mesures sévères prises contre les célibataires et les hommes mariés..... impuissants.

Et, ce qu'il y a de curieux, c'est que, tout de suite, une commission a transmis ce document politique au Ministre de l'Intérieur, en le recommandant à sa haute attention !

Le mariage et la procréation rendus obligatoires ! on ne s'attendait pas à celle-là.

Obligatoire ! Si nous dressions le tableau de tout ce qui est devenu obligatoire en France depuis cent ans, on est effrayé du peu d'heures de liberté réelle et complète concédées aux descendants des vainqueurs de la Bastille.

Il y a des obligations embusquées à tous les coins de l'existence, et la liberté moderne se compose surtout d'entraves infligées à l'initiative individuelle.

Il paraît que ce n'est pas encore suffisant.

En attendant mieux, plaignons les célibataires et les mariés..... impuissants, que menacent l'amende et la prison.

7 Janvier 1890.

L'Angleterre est décidément pourrie jusqu'aux moëlles !

Nos lecteurs se rappellent les scandales divulgués par la *Pall Mall Gazette* il y a environ quatre ans.

Eh bien ! nous avons mieux aujourd'hui.

Il s'agit d'une maison de débauche, d'un genre particulier, située dans Cleveland Street à Londres, et tenue par un nommé H..... et un sieur V....., *Clergyman*.

Les deux associés avaient pour compère un employé des postes qui était spécialement chargé de recruter des jeunes *boys* des postes et des télégraphes, afin de les employer aux monstruosités de la hideuse maison.

Et sait-on par qui était fréquenté ce lupanar immonde ? par toute la *gentry* de Londres, par des *Clergymen* et des LORDS ! ! !

La justice anglaise a fait tous ses efforts pour étouffer l'affaire ; certains personnages importants du Ministère ont cherché à paralyser l'action de la police, mais en vain.

A l'heure actuelle, le grand jour est fait, ou à peu près, sur les actes ignobles de ces misérables, à la tête desquels nous voyons figurer en première ligne le noble lord Somerset, un des plus grands noms de l'Angleterre.

Naturellement, le lord en question a pris la fuite, avant même que des poursuites aient été commencées contre lui.

Un *Sollicitor*, très connu à Londres, et deux autres personnalités, appartenant au monde de la magistrature, sont également accusés d'avoir, d'une façon illégale, empêché la justice de suivre son cours.

Le feu du ciel s'est trompé d'adresse en détruisant Sodome et Gomorrhe. C'est Londres qu'il aurait dû frapper.

Nous avons parlé jadis du trafic des décorations. Nous avons aujourd'hui à dire un mot du trafic des places sous la troisième République.

Jamais, en effet, sous aucun gouvernement, ce trafic ne s'est étalé avec un cynisme aussi révoltant que sous la présidence de M. Carnot.

Et cependant, M. Carnot est un honnête homme ; malheureusement, il est des choses qu'il ignore ou ne peut empêcher.

Nous apprenions, il y a quelques jours, qu'un percepteur du Jura venait de faire un trou à la lune, cas assez fréquent depuis quelques temps d'ailleurs.

Immédiatement, le bon public, qui n'en sait pas davantage, se met à crier « haro ! », demandant la mort du pécheur, peut-être, hélas ! plus à plaindre qu'à blâmer, bien que nous n'ayons nullement l'intention de l'absoudre.

Car la plupart des fonctionnaires des finances n'ont obtenu la protection de certains hommes politiques que sous la condition *de leur abandonner une partie de leur traitement.*

Ce que le public ignore, c'est que certains députés ministériels ont été intéressés dans les bénéfices des fonctions publiques, obtenues par les solliciteurs ; c'est que ces intègres législateurs se sont fait des rentes au préjudice des Trésoreries Générales, des Recettes Particulières et des Perceptions.

Comment veut-on que de malheureux percepteurs, chargés de famille, puissent vivre avec leur modeste traitement, lorsqu'ils sont obligés de prélever d'abord l'intérêt dû à quelque usurier qui leur a prêté leur cautionnement, et ensuite la part exigée par quelque politicien qui vend ses votes pour les places dont il trafique ?

Ces honteux marchés se passent sous les yeux et avec la complicité des ministres, qui considèrent que la corruption est l'auxiliaire indispensable des hommes de gouvernement sous le régime parlementaire.

Quelles mœurs !

20 Janvier 1890.

La vilaine Angleterre vient encore de commettre un nouvel acte de brigandage.

Voici à quel propos :

Le Portugal occupe, dans l'Afrique Orientale, la côte qui fait immédiatement face à Madagascar, depuis la baie de Delagoa, qui confine aux possessions anglaises, jusqu'à la limite de la côte de Zanguebar.

Les Portugais voulaient s'avancer dans l'intérieur, mais l'Angleterre, pour parer le coup, s'annexa le territoire confinant au Nord avec les possessions du Cap, puis, plus tard, celui compris entre le pays des Betschunas et le Zambèze.

Mais les Portugais, tout en protestant, continuèrent leur marche en avant et plantèrent bientôt leur drapeau sur de nombreux territoires, barrant ainsi la route à l'ambition gloutonne de l'ogre britannique.

De là, contestation, à laquelle l'Angleterre a mis fin par l'envoi d'un ultimatum au Portugal.

Le représentant de la Reine n'a donné que cinq heures au cabinet de Lisbonne pour se soumettre, déclarant que, ce délai expiré, il quitterait immédiatement la ville.

Sous la menace d'un bombardement devenu imminent, le Portugal ne pouvait pas résister.

Il a donc dû subir les humiliantes exigences de l'odieuse Angleterre, dont l'histoire n'est faite que de rapines et de cyniques violences.

Jamais, en effet, l'abus de la force n'a été plus évident, et tous les hommes de cœur en Europe seront indignés de cette application éclatante de la fameuse maxime chère à M. de Bismarck.

Ce qui doit accroître la douleur et la colère des Portugais, c'est qu'ils sont, depuis 200 ans, les plus fidèles alliés de l'Angleterre ; c'est qu'ils se sont battus pour elle dans la succession d'Espagne et dans les guerres de l'Empire ; c'est qu'ils ont eu avec elle, pendant ces deux siècles, les rapports économiques les plus étroits. Leur pays était un véritable marché britannique.

S'il y avait un peuple au monde qui pût compter sur

quelque condescendance de la part des Anglais, c'est le Portugal qui a si longtemps subi leur influence et versé son sang pour leurs querelles.

La brutalité de lord Salisbury est un des plus beaux exemples de l'arrogance plus que romaine des concitoyens de Palmerston.

Quand donc les races latines se décideront-elles à s'entendre pour résister aux races germaniques, qui professent, à Londres comme à Berlin, la souveraineté de la force ?

En attendant, le peuple portugais souffleté, a bondi sous l'outrage. A Oporto, Lisbonne et dans beaucoup d'autres villes, des manifestations imposantes ont eu lieu aux cris de : « A bas l'Angleterre ! » Les vitres de plusieurs légations britanniques ont été brisées, et, partout, la police est impuissante à maintenir l'ordre.

La presse, par des articles violents, cherche à provoquer une révolution d'où sortirait la République. L'Espagne s'émeut ; l'Italie elle-même prend vigoureusement fait et cause pour le Portugal.

Partout, on ne parle que de meetings d'indignation ; c'est un concert de malédictions qui s'élève de toutes parts contre la lâcheté de l'Angleterre.

Ecoutez ce que dit *L'Etoile Belge :*

« Il n'y a qu'un cri dans toute la presse européenne, à l'exception des journaux anglais bien entendu, pour blâmer et flétrir la violence faite au Portugal par la Grande-Bretagne. »

Passons maintenant à *La Gazette de Cologne,* l'organe de M. de Bismarck. La presse française n'écrira rien de plus sévère que cet article :

« Le développement de toute l'affaire, dit ce journal, montre simplement, à qui l'examine de sang-froid, la violence faite à un petit Etat par un grand. C'est, d'ailleurs, un vieux principe de la politique anglaise de mépriser, avec le manque de conscience le plus délibéré, n'importe quel droit, quand les intérêts mercantiles du pays sont en jeu et qu'elle est en face d'un adversaire faible. »

De quelle boue est donc pétri ce peuple de forbans et de satyres !

Voilà que notre bon Spuller, se met à faire risette à l'Allemagne.

Ce n'est plus maintenant du côté de la Russie que s'oriente la politique de notre Gouvernement.

Nous nous demandons comment cette nouvelle attitude sera appréciée à Saint-Pétersbourg.

Le télégraphe vous a sans doute appris qu'il était question, dans nos sphères officielles, d'un voyage que ferait M. Carnot à Bruxelles, où il rencontrerait Guillaume II.

On a même été jusqu'à dire qu'il ne serait pas impossible que l'Empereur d'Allemagne vînt à Paris faire une visite au Président de la République Française !

N'est-ce pas monstrueux ?

Est-il permis, en effet, au chef de l'Etat, au petit-fils de « l'organisateur de la victoire » de donner, par la visite compromettante qu'on lui demande de faire, une sanction à un état de choses qui a pour origine et pour bases le démembrement violent de notre pays, et une spoliation, en vertu du principe que la force prime le droit ?

Toutes les générations qui se sont succédé depuis 1871, ont porté leurs couronnes aux statues de Metz et de Strasbourg ; toutes ont gardé intact le culte de la Patrie ; toutes n'ont cessé d'invoquer l'heure de la justice immanente.

Dans ces conditions, la démarche que l'on suggère au Président de la République n'aurait pas d'excuse.

D'ailleurs, à ces obstacles qui viennent de chez nous, combien ne pourrait-on pas en ajouter qui viennent des Allemands eux-mêmes ?

Est-ce que les Allemands n'ont pas fermé leurs frontières à tout ce qui vient de France ?

Est-ce que, depuis que la paix est signée, ils n'ont jamais cessé de nous faire la guerre ?

Est-ce qu'ils ne nous menacent pas à tout propos et hors de propos ?

Est-ce que nos nationaux et nos produits ne sont pas pourchassés par eux dans tous les pays et sur tous les marchés du monde ?

Est-ce qu'ils n'ont pas pour constante préoccupation de coaliser l'Europe contre nous, et de donner la France pour champ de bataille et pour proie aux bandes teutonniques, autrichiennes, italiennes, sans compter les autres concours qu'ils sollicitent?

Et voilà dans quelles conditions M. Carnot irait, comme un vassal obéissant, déposer son hommage et l'hommage de la France aux pieds de Guillaume II enorgueilli, et de sa cour railleuse.

On n'y songe pas vraiment.

Quant au voyage de Guillaume en France, c'est une affaire de tact et d'appréciation.

Assurément, il y aurait un sentiment d'angoisse profonde dans tous les cœurs le jour où Guillaume II paraderait dans nos rues.

Sans doute, il ne se produirait ni manifestations ni attitudes qui puissent blesser un tel hôte.

Peut-être, seulement, la politesse avec laquelle la France ferait les honneurs de chez elle, serait-elle froide et gourmée, mais il faut convenir que ce serait bien compréhensible et trop excusable.

Le mieux, donc, est que chacun reste chez soi.

Pour ce qui est d'un rapprochement, nous ne dirons pas d'une alliance, entre la France et l'Allemagne, ce serait folie d'y songer.

D'ailleurs, l'Allemagne, en faisant des avances à la France, n'a qu'un but, qu'il est facile de deviner : Endormir notre gouvernement et l'opinion publique et profiter de notre indécision pour fondre sur la Russie.

La Russie battue, attaquer la France!

C'est-à-dire : écraser la France et la Russie *séparément,* tel est le plan de la diplomatie allemande.

Il est peut-être habile, mais il est véritablement aussi trop grossier pour qu'on s'y laisse prendre.

Cependant notre bedonnant ministre des Affaires Etrangères semble être tombé tout bêtement dans le traquenard.

A un journaliste qui lui demandait quelques explications au sujet de son attitude, savez-vous ce qu'il a répondu:

« Mais quel mal auriez-vous vu à ce que M. Carnot allât à Bruxelles? Est-ce que le roi Léopold n'est pas un honnête homme qu'on peut fréquenter? Et dans le cas où M. Carnot serait allé en Belgique, pouvait-il exiger du roi Léopold qu'il chassât son hôte, l'Empereur d'Allemagne? »

Et plus loin :

« L'alliance allemande, l'alliance allemande... *en tous cas,* JE NE SUIS PAS RUSSE, MOI.

« Je ne me considère pas ici comme LE DÉLÉGUÉ de M. de Mohrenhein.

« Tout ce que je puis dire, c'est que toutes les fois que j'ai eu affaire avec l'Ambassadeur d'Allemagne, *j'ai eu avec lui d'excellentes relations;* M. DE MUNSTER EST TRÈS CONCILIANT, TRÈS ARRANGEANT.

« NON, JE NE SUIS PAS RUSSE, MOI.

« JE NE SUIS PAS RUSSE. »

Tout commentaire est inutile, n'est-ce pas ?

⁕

L'Impératrice Augusta, la veuve du vieux Guillaume Ier, vient de mourir.

C'était une amie de la France et de tout ce qui était français.

Elle avait dans le cœur l'amour des lettres et des arts, le culte de l'intelligence.

La France peut dignement saluer celle qui s'en va, car elle a eu pour notre grand pays des sentiments, des intentions, des paroles généreuses que nul n'a oubliées.

Elle a toujours adouci, dans la mesure du possible, les souffrances de nos malheureux prisonniers pendant l'Année terrible.

Jamais ceux qui se sont adressés à sa pitié n'ont été repoussés.

La France s'est honorée naguère par la sympathie respectueuse dont elle a compati à l'infortune du fils. Elle peut apporter aujourd'hui à la mémoire de la mère de légitimes et fiers hommages.

Si Victor Hugo était là, lui, le grand poète de justice, de bonté et de paix qu'elle a tant aimé, il voudrait se souvenir, et chanterait, sur le bord de cette tombe à peine fermée, le grand cœur de celle qui, là-bas, récitait des vers de France pendant que son auguste époux bombardait Paris !

5 Février 1890.

Nous avons parlé récemment dans ce journal, des caisses d'épargne et des trafics auxquels le Gouvernement se livre pour *s'approprier* l'argent des déposants.

M. Francis Laur, dans *La France*, pense comme nous. « L'institution des caisses d'épargne, dit-il, est un immense vol organisé. Le déposant ne place son argent qu'à la condition *absolue* de le retirer *à vue*, c'est-à-dire, du jour au lendemain.

« Pour remplir cette condition primordiale du contrat conclu avec des millions de Français, il faudrait de l'argent *liquide*. Au lieu de cela, on a des inscriptions de rente soumises aux fluctuations du jeu de la juiverie cosmopolite et de la Bourse.

« On n'a même pas acheté à la Bourse, avec l'argent des déposants, ces chiffons de papier, leur seule fortune ; on a mangé l'argent d'abord, puis on a mis des imprimés du 3 % amortissable nouveau à la place du numéraire, de ces beaux louis sonnants versés par l'épargne patiente.

« Cela se passait du moins ainsi en 1882. Depuis, on a fait des progrès : « *On a substitué les bons du trésor aux* « *rentes* », c'est-à-dire des billets à ordre aux garanties que donne un fonds d'Etat, voté par les Chambres. Que demain, une catastrophe arrive, les déposants seront bien lotis avec la signature de M. Rouvier pour faire bouillir leur marmite!

« C'est l'emprunt sans limites, sans contrôle, fait à un prêteur qui s'appelle le public, avec une signature insuffisante.

« Un jour, on ne l'a pas su — c'était il y a trois ans — le Trésor s'est trouvé à sec et les trésoriers-payeurs étaient sans le sou.

« On l'a connu dans les caisses d'épargne.

« Quinze jours de panique et l'on fermait les caisses.

« Ce serait un joli début, si la guerre était déclarée ! »

N'est-ce pas absolument ce que nous avons dit dans notre dernière correspondance !

Il ne nous reste plus qu'à attendre les événements.

✳

On commence à faire courir le bruit de la retraite possible de notre ami Spuller.

La raison qu'il donne de son départ est l'opposition qu'il rencontre dans le Parlement pour faire accepter sa politique extérieure.

Il fallait vraiment être... Spuller pour supposer un instant qu'il en serait autrement.

Ainsi que nous l'écrivions il y a quinze jours, notre ministre des Affaires Etrangères ne cache pas son antipathie pour l'alliance russe, soutenant que la France n'a rien à y gagner, et qu'un *rapprochement* avec l'Allemagne et l'Italie nous serait infiniment profitable.

L'épais Spuller ne néglige aucune occasion d'affirmer ses sentiments à cet égard.

On connait les propos tenus par lui sur le compte de M. de Mohrenheim, propos qui n'ont pas été démentis *et qui ont failli amener le départ de l'Ambassadeur de Russie.*

Voici un autre fait tout récent, non moins significatif :

Diverses Sociétés Russes ont offert une écharpe d'honneur au général Saussier.

Le gouverneur de Paris demanda au Ministre de la Guerre l'autorisation de la porter. M. de Freycinet, à son tour, crut devoir demander son avis à son collègue des Affaires Etrangères.

Naturellement, l'avis du quai d'Orsay fut nettement défavorable et M. de Freycinet se vit obligé de refuser au général Saussier l'autorisation de porter l'écharpe d'honneur.

Cet incident a produit une vive impression à l'Ambassade de Russie et n'est pas de nature, on le conçoit, à améliorer nos rapports avec le gouvernement du Czar.

Est-ce que M. Spuller — prononcez : S' poulre — serait plus Allemand que Français !

·✳·

Il est en train de se passer quelque chose d'assez mystérieux à Berlin, que nous n'avons ni la prétention ni les moyens d'approfondir.

Dans tous les cas, ce quelque chose est suffisamment grave pour que le prince de Bismarck ait cru devoir donner sa démission de Ministre du Commerce, qui a été acceptée par l'Empereur.

Certains disent que le jeune Souverain et le vieux Chancelier sont depuis longtemps en complet désaccord au sujet de la politique à suivre, tant à l'intérieur qu'à l'extérieur.

Il serait peut-être plus sage de supposer tout simplement que M. de Bismarck a voulu se démettre d'une charge devenue trop lourde à cumuler avec les hautes fonctions dont il est investi.

C'est ce que l'avenir nous apprendra.

Au-delà des Alpes, nous voyons l'Italie en passe de « mamours » à l'adresse de la France.

Le mot d'ordre est maintenant accepté par toute la presse sans exception.

Et, ce qu'il y a de plus désolant, c'est que chez nous, du moins dans les sphères officielles où trônent Spuller et Rouvier, on semble vouloir se laisser prendre aux aimables avances de cette nation qui prépare notre égorgement, de concert avec l'Allemagne, pour se partager nos dépouilles.

Espérons qu'on saura bientôt rappeler à ceux qui l'oublient, qu'aucun lien ne doit désormais nous rattacher à ce peuple dont le Gouvernement a toujours nourri contre la France des sentiments de haine et d'envie que notre attitude n'a cependant jamais justifiés.

Le *Nouveau Temps*, de Moscou, publie, à propos du conflit Anglo-Portugais, un article d'une violence extraordinaire contre l'Angleterre, dont il qualifie la politique de « politique de brigandage ».

Examinant ensuite l'attitude des autres puissances, l'organe libéral russe constate l'indifférence de l'Autriche-Hongrie et l'hypocrite neutralité de l'Italie « qui, dit-il, procède à l'égard de la Turquie comme l'Angleterre à l'égard du Portugal. »

« Il n'est pas mauvais, poursuit le *Nouveau Temps*, que l'Angleterre continue sa politique de spoliations et d'extorsions ; la Russie enregistre avec soin ses exploits infâmes et l'heure approche où les intérêts d'une grande puissance lui imposeront d'expulser l'Angleterre de certains continents et particulièrement de l'Asie méridionale, malgré les efforts qu'elle fait pour s'y maintenir.

« Ce jour-là, elle aura beau exhumer de la poussière des ans des parchemins ou des traités, on lui opposera sa conduite à l'égard de puissances inférieures qu'elle aura violentées.

« Dès aujourd'hui, le monde veille à ce que les consuls anglais n'usurpent pas dans les Indes libres l'autorité des chefs indigènes.

« Au demeurant, cela n'empêchera pas d'aviser à faire respecter, au nom du droit et de l'équité, les revendications légitimes du Portugal contre l'Angleterre, et la Russie y veillera. »

Voilà un petit avertissement que les compatriotes de lord Somerset feront bien de méditer.

19 Février 1890.

Nous nous sommes déjà longuement occupé du cas de M. Spuller et du rapprochement que cet homme médite entre la France, l'Allemagne et l'Italie. Il nous faut encore y revenir aujourd'hui, car cette question est une des plus graves qui aient été agitées depuis longtemps. Elle peut avoir des conséquences incalculables sur les destinées de notre pays.

Constatons tout d'abord que trois journaux de Paris, *L'Estafette*, de Jules Ferry, *La Liberté* et *La République Française*, emboîtent le pas à notre Ministre des Affaires Etrangères, et applaudissent cyniquement à ses abominables projets. C'est à ce point, qu'au Palais-Bourbon, on dit tout haut que le ministre français est l'inspirateur de l'antipatriotique brochure du colonel Stoffel contre la Russie, en faveur de l'Allemagne.

M. Spuller a mis, en effet, dans sa tête, que la Russie ne pouvait être qu'*une alliée inutile*, tandis que l'Italie est *une amie précieuse*. Le collègue de M. Tirard accable les ministres italiens de ses prévenances, de ses démonstrations, de ses déclarations ; il s'humilie, il s'aplatit autant qu'il peut.

« Mais nous sommes liés avec l'Allemagne », lui répond-on.

Rien ne le déconcerte. Il ne cesse de parler que pour écrire toujours la même chose, sur le même ton : « J'aime l'Italie ; n'est-ce pas que vous nous aimez aussi ? »

Les Italiens, très surpris de cette insistance, répondent qu'ils sont unis à M. de Bismarck, que leur traité est indestructible, que leur politique d'hier sera celle de demain, qu'elle seule est possible, qu'elle ne peut point ne pas rester la même. Tout cela ne fait qu'enraciner sous le crâne de M. Spuller l'idée fixe qui y est entrée.

Il s'est fait le serment à lui-même de rompre la cordialité des rapports qui existent entre la Russie et la France ; il sacrifiera tout aux compliments des journaux de Crispi.

Il n'est pas difficile. Il ne demande pas autre chose : de bonnes paroles, c'est tout ce qu'il veut. Aussi est-il servi à souhait. Depuis Turin jusqu'à Messine, le mot d'ordre est de le couvrir de fleurs. Crispi a mis la main sur l'homme de ses rêves : un homme qui ne « récrimine pas », qui donne pour instructions aux ambassadeurs de ne pas « récriminer. »

M. Spuller est grisé, et vraiment il délire. Mais nous ne pouvons point sourire de cette posture grotesque. C'est la France qui est en cause. Ce sont ses destinées qui s'agitent dans ce cerveau bizarre.

Le plan de M. Spuller est voulu, prémédité ; il est poursuivi avec une ténacité que rien ne lasse.

Quel sera le résultat de cette sorte d'hystérie italo-allemande dont est atteint M. Spuller ?

Certainement, un échec pour lui et peut-être *un désastre pour la France;* mais rien ne l'arrêtera, à moins que la Chambre des Députés, enfin éclairée, n'y mette ordre.

⁂

Un événement bien imprévu vient de se produire en France. Le fils aîné du comte de Paris, le duc d'Orléans, majeur depuis quelques jours, est venu à Paris, malgré la loi qui interdit aux familles qui ont régné sur la France, et à leurs descendants, le territoire de la République, et s'est présenté au bureau de recrutement de la Seine pour réclamer son inscription sur les listes de la classe appelée cette année sous les drapeaux.

Le Ministre de l'Intérieur, à la suite de cette démarche, a fait purement et simplement arrêter le duc, qui a été condamné mercredi, par le Tribunal Correctionnel, à deux ans de prison, pour infraction à la loi de 1886.

Cet événement a provoqué une certaine émotion dans le pays ; néanmoins, nous croyons qu'elle ne sera que passagère étant donnée l'indifférence actuelle des masses pour tout ce qui touche à la politique pure.

Nous devons cependant faire remarquer que le prince ne demandait simplement qu'à être incorporé dans l'armée comme simple soldat, et que sa venue à Paris ne semble avoir eu aucun but politique.

Les avis sont assez partagés sur la légalité ou l'illégalité de la démarche, et nombre de jurisconsultes prétendent que le droit est du côté du prince par suite de certaines lacunes de la loi précitée.

Nous ne contredirons pas à ces prétentions, mais nous croyons cependant que cette loi est formelle, et que le Gouvernement et les juges n'avaient qu'à l'appliquer avec tous les égards et tous les adoucissements possibles.

La défense du duc d'Orléans a été présentée par un avocat éminent, Me Rousse, du barreau de Paris, dont les accents ont profondément touché l'auditoire. C'est une page magistrale que tout le monde lira avec émotion :

« Le duc est venu en France, uniquement pour faire métier de soldat, dit Me Rousse ; il n'a pris le conseil de personne que de sa jeunesse, et a fait un acte volontaire et personnel qui honore sa jeunesse, honorera toute sa vie.

« Je prie Dieu qu'au jour du danger nous ayons beaucoup d'enfants comme celui-là, des enfants qui viennent, lorsque le sol sera envahi, réclamer le droit et l'honneur de verser leur sang pour la Patrie.

« Dieu veuille que la République française pleine de mansuétude — la République des plus sages — puisse rendre un jour à la France de tels soldats, se souvenant du nom de leurs pères et faisant revivre dans les régiments, des noms glorieux qu'ils n'ont point oubliés.

« Que mon jeune client qui est un silencieux, pardonne à son défenseur.

« Un avocat ne sait pas se taire.

« Quand à vous, messieurs, on a dit que vous vouliez être inflexibles. Je remets le sort — non — la destinée actuelle de ce jeune homme entre vos mains, ainsi que sa cause.

« Et je vous demande de bien examiner si vraiment vous êtes forcés de le condamner.

« Si oui, alors, comme il vous le disait tout à l'heure, il s'inclinera devant votre décision.

« Mais, je le répète en terminant, il n'est pas un de vous, Messieurs, qui ne se dise dans le fond de son cœur : j'aimerais mieux avoir à le défendre qu'à le juger. »

Ces paroles sont dites avec une telle chaleur que, pour la troisième fois, la salle vibre sous les salves d'applaudissements.

Etant donnés les agissements du parti orléaniste depuis l'incarcération du jeune prince à la Conciergerie, il se pourrait que le Gouvernement qui, parait-il avait l'intention de le grâcier aussitôt les délais d'appel expirés, se montrât moins disposé à la clémence. Nous le regretterions, car le duc prisonnier créera plus d'embarras à la République que le duc libre.

·✳·

Notre Ministère, qui était tout récemment à l'agonie, est entré pour quelques jours en convalescence.

Mais le mal qui le ronge est incurable et aucune médication ne pourra le remettre sur pied.

Si la majorité actuelle ne lui devait pas des égards, il y a belle lurette qu'elle aurait procédé à son exécution. Cette exécution a bien failli avoir lieu la semaine dernière, à propos de l'interpellation Le Provost de Launay sur les faux commis à Toulouse par l'administration préfectorale, au profit d'un bohême de la politique, auquel on avait trouvé le moyen, à l'aide de grattages, d'octroyer une majorité de *quatre voix.*

Constans, ayant eu la malencontreuse idée de railler l'interpellateur, sans cependant démentir les faits, un membre de la Gauche s'est élancé à la tribune et à flétri en termes indignés l'attitude du ministre gouailleur, qui a enfin été obligé de promettre à la Chambre qu'une enquête serait ouverte par le Garde des Sceaux sur les faux signalés.

Il est vrai que nous pouvons attendre sous l'orme les résultats de cette enquête. Pas de danger, en effet, que les coupables soient inquiétés, puisque c'est sur l'ordre même de Constans qu'ils ont procédé à la petite opération que l'on sait.

Mais cette affaire a jeté un froid qui pourrait bien avoir, avant peu, des suites fâcheuses pour le Ministère.

*

Nous disions, tout dernièrement, que la Chambre avait invalidé, contre toute justice pour d'aucuns, les députés boulangistes nommés aux élections de Septembre.

Il eût été bien surprenant que le suffrage universel, malgré ses sottises, ne relevât pas le défi, et gardât sur la joue le soufflet que les valets de Reinach et du Ministère lui avaient appliqué.

C'est dimanche dernier qu'ont eu lieu à Paris, les élections destinées à pourvoir aux six sièges vacants de la Seine.

Tous les boulangistes invalidés se représentaient.

Cinq ont été réélus avec des majorités énormes. Un seul est en ballottage, M. Naquet, qui arrive en tête de liste avec une avance qui fait bien augurer pour son succès final.

Lissagaray, se portait à Neuilly contre notre ami Francis Laur, qu'une bande de gredins a tenté d'assassiner au cours d'une conférence récente. Le pauvre homme n'a pu récolter que 4,000 malheureuses petites voix, tandis que Laur en réunissait près de 11,000.

Quel réveil ! quelle surprise et quel échec pour les parlementaires et leur gouvernement !

Après un succès pareil, l'opposition n'a qu'à persévérer dans la tactique qui lui a si bien réussi, c'est-à- dire, qu'elle continue à organiser et à pratiquer la politique du silence et du recueillement jusqu'au jour des actions décisives.

Aux yeux de beaucoup de personnes, les élections de dimanche témoignent que les beaux jours de la République *répressive et oppressive* des libertés nécessaires sont passés.

C'est un régime fini, et qui va d'ailleurs s'achever lui-même en exagérant encore, et en poussant à l'extrême les mesures funestes qui l'ont compromis, puis perdu.

3 Mars 1890.

Nos prévisions d'il y a dix-mois commencent à se réaliser en ce qui concerne l'Empire d'Allemagne.

Le Socialisme menace de tout submerger, de tout emporter.

Les élections au Reichstag, qui ont eu lieu la semaine dernière, en sont la preuve. Les anti-gouvernementaux auront une majorité de plus de soixante voix dans la nouvelle assemblée, après le scrutin de ballottage.

Faisons rapidement un retour vers le passé.

En 1867, les candidats socialistes obtenaient, à Berlin, 57 voix; en 1871, 2,088; en 1874, 11.279; en 1877, 31,122; en 1878, 56,147; en 1884, 68,835; en 1887, 74,259; en février 1890, 115,127.

Et la proportion est la même pour toute l'Allemagne.

On le voit, la marée monte de l'autre côté des Vosges, et le jour est proche où elle balayera tous les obstacles qu'on lui oppose encore.

Partout le socialisme relève fièrement la tête; partout il se dresse menaçant devant le pouvoir oppresseur et tyrannique de M. de Bismarck, ce mauvais génie du vieux monde.

Et ses rancunes sont d'autant plus profondes qu'il se prépare en silence — mais avec une ténacité que rien ne lasse ni ne décourage — depuis plus de vingt ans à la lutte suprême qui va s'achever par un triomphe sans exemple dans les annales d'un peuple.

Cette quasi-victoire des socialistes n'est pas faite pour nous déplaire, car nous ne pouvons oublier qu'ils ont toujours été les adversaires de l'annexion de l'Alsace-Lorraine à l'Empire d'Allemagne.

Nous devons aussi célébrer le succès des candidats protestataires dans nos anciennes provinces du Rhin. Sur quinze députés à élire, *douze protestataires ont été nommés*. Dans trois circonscriptions seulement, des candidats autonomistes ont été élus sans concurrents.

Cette admirable fidélité des départements ravis à la France et le réveil, en Allemagne, des idées d'opposition, donnent de sérieuses espérances pour l'avenir, et fait prévoir que le traité de Francfort sera bientôt déchiré.

Il nous tarde maintenant de savoir quelle digue le pouvoir

menacé va tenter d'opposer aux flots envahissants de la démocratie allemande. On parle déjà de la dissolution du Reichstag, mais ce serait, croyons-nous, un remède pire que le mal, auquel Bismarck et son élève ne s'arrêteront pas, sans doute. Quoi qu'il advienne, nous croyons l'Allemagne à la veille d'une crise qui pourra modifier bien des choses en Europe, et dont la France ne pourra que profiter.

Attendons ! — l'arme au pied toujours.

-*-

Le général Hubert de Castex, commandant du 8me dragons, récemment mis dans la section de réserve du cadre de l'Etat-Major, vient d'adresser à ses troupes un ordre du jour d'adieu conçu dans des termes qui ont soulevé une légitime émotion dans tout le pays.

Le général se plaint — à tort ou à raison — à tort, croyons-nous, de n'avoir pas obtenu avant de quitter l'armée, les étoiles de divisionnaire auxquelles il prétend avoir droit, étant proposé, affirme-t-il, avec le numéro 1 pour le commandement d'une division.

Et il ajoute:

« Vous vous êtes donc étonnés d'une aussi inconcevable défaveur, et vous vous demandez ce que votre général a pu faire d'indigne pour la mériter.

« Quand un ministre n'a pas vécu de notre vie militaire, comment pourrait-il apprécier exactement la nature de nos services et la valeur comparative de nos carrières ? Il ne les connaît pas.

« En butte aux incessantes influences de son entourage immédiat, à des appréciations politiques, à des sollicitations souvent peu fondées, sa bonne foi est facilement surprise.

. . . .

« Bien que le Conseil supérieur de la Guerre ait voté, à l'unanimité, dans sa séance du 11 février, l'avis que je sois nommé immédiatement, le ministre n'en a pas tenu compte.

« *Jamais, sous aucun ministère, semblable iniquité n'a été commise.* »

C'est un peu raide, on en conviendra.

En admettant même que le général de Castex eût raison, sa boutade n'en serait pas moins déplorable au point de vue de la discipline, de cette discipline nécessaire, indispensable, que l'on n'observe plus suffisamment, à notre avis, depuis quelque temps dans l'armée.

Mais ce qu'il y a de plus grave dans cette affaire, c'est que les allégations de M. Hubert de Castex sont absolument fausses en ce qui touche la question d'ancienneté, sur laquelle il base tout son échafaudage de récriminations.

Ce n'est pas, en effet, avec le numéro 1 comme il l'affirme avec tant d'assurance, que le général figure au tableau, mais bien avec le numéro 13 — chiffre fatidique, qui lui a joué un bien mauvais tour, — ce qui modifie singulièrement la question en la simplifiant.

En résumé, le général a commis une GAFFE colossale qui lui coûtera cher, si nous en croyons les renseignements qui nous parviennent.

M. de Freycinet va, paraît-il, le déférer à un Conseil d'enquête qui sûrement, le renverra devant le Conseil de Guerre, où l'on sera d'autant moins disposé en sa faveur que ce n'est pas la première fois que M. de Castex s'insurge contre l'autorité et les règlements militaires.

4 Mars 1890.

Notre Sénat est en train de nous bâcler une petite loi sur la presse, « que je ne vous dis que ça ! »

A l'avenir, gare les amendes et la prison pour les malheureux journalistes qui auront eu l'audace d'insinuer que nos ministres et leurs 800.000 fonctionnaires ne sont pas tous, sans exception, d'intègres personnages.

Mais rassurez-vous. Cette loi n'étendra pas ses effets jusqu'aux Antilles, et nous continuerons de dire dans le *Peuple*, ce que nous pensons de cette bande à Mandrin, arrivée presque nue au pouvoir, et qui, aujourd'hui, grasse à lard, étale cyniquement son insolente prospérité aux yeux de ceux qu'elle dépouille avec le concours des juifs.

On a beaucoup parlé de la pourriture impériale. Il n'y a guère que la pourriture républicaine qui puisse lui être comparée.

Nous en avons tous les jours de nouveaux et de navrants exemples.

Hier encore, une feuille *républicaine* de l'Est, ne signalait-elle pas la disparition d'un sieur B..., *sous-préfet* de V..., coupable d'actes monstrueux sur des petits garçons qu'il attirait dans son cabinet sous un prétexte quelconque, pour en abuser à la mode des sujets de Sa Très-Gracieuse Majesté Britannique.

Qu'a fait le Parquet, en présence du scandale énorme causé dans toute la région par la divulgation de ces faits? Rien ! Qu'a fait le bancal Ministre de notre boiteuse Justice? Rien ! Enfin, qu'a fait le Ministre de l'Intérieur, le héros de Toulouse? Rien, toujours rien !

En vérité, le B... en question a été bien sot de prendre la fuite. S'il était resté à son poste, il y aurait été vraisemblablement maintenu et M. Constans n'aurait pas eu la peine de lui donner un successeur.

Ce qui fait dire au journal en question, un journal républicain, je le répète: «Ah ! elle est jolie, la République Opportuniste ! »

Et il ajoute, d'un air attristé :

« Au nom de la justice et de la morale publique, nous réclamons autre chose, et nous espérons bien qu'il se trouvera un député assez courageux pour interpeller le ministre sur le scandale que nous signalons. »

Nous avons, hélas ! le regret de ne pouvoir partager cet espoir.

Des scandales !... Mais notre vie politique n'est plus faite que de cela !

En voici encore un autre pris dans nos hôpitaux où, depuis que les sœurs en ont été chassées, le vol et la prostitution fleurissent au grand jour sans que l'on ait seulement cherché à enrayer le mal.

C'est le docteur Després, député radical de Paris, par conséquent un homme peu suspect, qui parle :

« Depuis deux ans, dit-il, mes malades sont, sinon mal nourris, du moins beaucoup moins bien qu'avant la laïcisation.

« Lorsque j'ai été élu député, les malades de mon service ont mis à leur lit des fleurs et des drapeaux. Savez-vous ce que j'ai fait pour les remercier ? je leur ai acheté des poulets ; *il y avait dix-huit mois qu'on n'en avait mangé à l'hôpital !* »

C'est le cas de demander, non plus : « Où est le chat ? » comme dans la « question » Bulgare, mais bien : « Où sont les voleurs ? » il nous semble.

« Quant aux bénéfices financiers des laïcisations, les voici, ajoute le docteur Després :

« Dans mon service, à la place d'une sœur, qui coûtait 200 francs, on a mis trois infirmières payées, l'une 2.100 francs, l'autre 1,700 francs, la troisième 1.800 francs. Différence : 5.100 francs.

« La maison municipale de santé est aujourd'hui perdue. Son ancienne réputation est finie. Cette maison est dès à présent signalée comme un lieu où l'on n'est soigné *qu'en raison de l'argent qu'on donne.*

« L'Assistance publique dépensait, en 1881, 26.800.000 francs.

« Aujourd'hui, la dépense est de 34.800.000 francs !

« Et, cependant, les malades sont plus mal soignés. »

Pas de commentaires, n'est-ce pas ?

Puisque nous parlons de scandales et que nous n'avons que la peine de puiser dans le tas, citons-en quelques-uns encore, bien que cette triste besogne ne soit pas faite pour nous réjouir.

On sait depuis longtemps, que notre police ne se fait remarquer ni par son intelligence ni par sa douceur.

Elle a d'ailleurs cela de commun avec toutes les polices du monde, sauf cependant celle de l'Angleterre.

Le fait que je vais raconter s'est passé la semaine dernière, en plein jour, en pleine capitale, et la victime n'est autre que Mme Céline Montaland, la gracieuse sociétaire de la Comédie-Française.

Mme Montaland sortait du Louvre et s'engageait sous les arcades du Palais-Royal pour rentrer à son domicile, lorsqu'en arrivant à l'angle de la place, elle se sentit saisie par le bras et entraînée.

C'était une brute de sergent de ville qui, tout simplement, s'emparait d'elle, sous prétexte qu'il venait de la surprendre *en flagrant délit de racolage !*

Indignée, pleine de colère et de stupéfaction, Mme Montaland protesta, mais tout fut inutile. L'ignoble butor, rendu absolument furieux par sa résistance et les murmures de la foule, lui saisit les deux mains, l'étreignit avec violence et la bouscula en criant :

— « Oui, oui, je la connais, celle-là ! Il y a longtemps que je te surveille, garce ! Je t'ai pincée, tu vas me suivre. »

Au poste, tout s'expliqua, et notre charmante actrice fut relâchée.

L'agent a été révoqué, mais ce n'est peut-être pas tout à fait suffisant.

Après la police, les fonctionnaires :

Mercredi, une jeune fille appartenant à une des meilleures familles de Marseille, suivait le boulevard portant sous le bras une petite boîte. Tout à coup, elle est assaillie par un employé de la régie qui la saisit violemment, l'accusant de porter des cigarettes de contrebande, et lui ordonnant de le suivre au bureau de police.

La malheureuse, en se voyant l'objet d'une pareille attaque, se défend, résiste comme elle peut, mais le misérable la saisit par les jupes, la renverse sur le sol et la traîne jusqu'à une certaine distance. La victime pousse des cris déchirants. A la police, on la fouille, on ouvre la boîte suspecte et le commissaire y trouve... une paire de chaussures.

Ainsi donc, à notre époque, nous en sommes arrivés à ce point de voir la sécurité publique menacée, non point par les malfaiteurs, mais par des fonctionnaires salariés ou par la police elle-même. Le premier venu des employés de la régie se croit le droit de sauter sur un passant et de l'accuser de contrebande, un sergent de ville, celui d'arrêter brutalement une honnête femme sous prétexte d'attentat aux mœurs, et tout cela reste impuni, et les victimes de ces lâches guet-apens n'ont rien à dire, aucune réparation à attendre ! !

Est-ce que nous en serions réduits à nous faire justice nous-mêmes !

Ce sera peut-être bientôt notre seule ressource.

⁕

Ni emprunts, ni impôts, nous ont dit invariablement tous les ministres qui se sont succédé depuis nombre d'années en France.

C'est le refrain aux accents duquel les naïfs électeurs marchaient aux urnes en Septembre dernier.

Mais les élections sont passées, et il leur faut aujourd'hui déchanter.

L'emprunt est officiellement annoncé. De nouvelles ressources vont être demandées à de nouveaux impôts.

Contribuables à vos poches !

Il ne faut à M. Rouvier que sept cents millions ! !

Mais rassurez-vous, ce n'est pas avec 700 millions qu'on équilibrera le budget. On vous priera bientôt, excellents contribuables, de rouvrir votre escarcelle et... vous donnerez toujours... vous donnerez jusqu'à votre dernier sou, heureux. n'est-ce pas ? de prouver votre reconnaissance et votre attachement à des hommes qui s'en sont montrés si dignes et qui les justifient si bien !

Emprunts nouveaux ! impôts nouveaux ? mais vous ne voyez donc pas, malheureux que vous êtes, que tout cela se tient, que tout cela s'enchaîne et entraîne votre pays à la faillite, à travers les ruines de son industrie et de son agriculture !

25 Avril 1890.

M. de Bismarck vient d'être congédié comme un simple valet par Guillaume II.

Les bruits de dissentiments graves entre l'Empereur et le Chancelier, que nous signalions récemment, étaient donc fondés.

Bien qu'attendu, ce dénouement d'une crise qui existait à l'état latent depuis longtemps déjà, a produit une impression profonde en Europe.

Pendant les premiers jours, l'inquiétude a été vive dans toutes les chancelleries et parmi les peuples étrangers où l'on regardait M. de Bismarck comme l'apôtre de la paix (!)

Il y avait à craindre, en effet, l'arrivée au pouvoir du parti militaire, dont le général de Waldersée, l'intime et le confident de l'Empereur, est le chef.

Mais, à la surprise générale, M. de Waldersée a été écarté.

On assure même qu'il y aurait actuellement brouille entre Guillaume et lui.

C'est le général de Caprivi qui a pris la lourde succession de M. de Bismarck. Il est bien entendu que le nouveau Chancelier n'aura que le titre de cette charge, l'Empereur se réservant la direction personnelle de la politique tant intérieure qu'extérieure de l'Allemagne.

C'est peut-être hardi de la part d'un jeune homme sans expérience. Il faut cependant reconnaître que depuis son avènement au trône, Guillaume II a montré des qualités de discernement et de décision qui pourraient bien donner tort aux appréciations précédemment formulées sur son compte.

Une chose maintenant certaine : c'est que le souverain allemand veut, à tout prix, un rapprochement avec le Czar, en même temps qu'il désire inaugurer une politique plus bienveillante vis-à-vis de la France.

Ce serait même cette nouvelle orientation, dont n'était pas partisan M. de Bismarck, qui aurait été cause de la disgrâce de celui-ci.

Nous savons en effet, que, depuis quinze jours, il n'est question, à Berlin, que des moyens les plus propres à désarmer les ressentiments légitimes de la France, et à payer de sacrifices réels, faits par nos vainqueurs, une alliance ou tout au moins une pacification complète des cœurs et des esprits.

La neutralisation de l'Alsace-Lorraine formant avec la Suisse et la Belgique une barrière entre l'Allemagne, la France et l'Italie, serait le gage donné par l'Empereur Guillaume à la paix du monde. Et comme il n'est point homme à se laisser arrêter par les résistances du parti militaire, on peut croire que si ce projet est sien, il ne tardera pas à en saisir l'Europe.

Évidemment, pour motiver ses résolutions aux yeux du peuple allemand, le jeune Empereur invoquera la nécessité de mettre fin au système des armements à outrance, et sa volonté de rendre moins lourd à porter aux malheureux le poids déjà si rude de l'existence.

Il prendra l'univers à témoin de la loyauté de ses intentions. Il montrera largement ouverte la main qu'il nous tend.

Il établira que de la France seule dépendent les destinées meilleures de l'humanité.

Ce sont là, dira-t-on, de gratuites hypothèses, et il est bien inutile de creuser des problèmes qu'on n'aura pas à résoudre.

Qu'en sait-on ?

Il est nécessaire, à notre sens, de saisir l'opinion publique de la question, la plus grande et la plus grave qui se soit imposée depuis un demi-siècle à l'attention du monde. Ce n'est point, en effet, un gouvernement, si fort et si résolu qu'il soit, qui peut répondre aux interrogations qu'à cette heure des scribes berlinois écrivent sous la dictée de leur tout puissant maître. Seule, la nation peut tirer de sa conscience les raisons de repousser ou d'accueillir les ouvertures qui lui seront faites, nous le croyons fermement, avant que la présente année soit tombée dans l'oubli.

Quelle angoisse, pour des cœurs patriotes, que d'avoir à discuter froidement des questions si cruelles ! Oui, cela est incontestable, l'effet serait grand dans l'Europe et même dans l'univers, si, à l'apogée de sa force, l'Empereur Guillaume, reprenant à son peuple cette terre française qu'il a payée de tant de cadavres, la faisait libre, et acquittait à ce prix la rançon des nations courbées dans les bagnes militaires. Comment méconnaître la grandeur de cette action ? Et quelle responsabilité ne pèserait pas sur les épaules de la France si, farouche, résolue aux revanches prochaines, sourde aux fraternelles paroles, muette pour y répondre, elle continuait à serrer dans sa main frémissante ses armes fraîchement fourbies ?

Hélas ! ce serait une clameur indignée qui s'élèverait dans l'Europe contre nous, contre notre implacable orgueil, refusant de nous soumettre, comme tant d'autres peuples, aux fatalités de l'histoire, et ne pouvant nous résoudre à nous avouer vaincus, même quand la générosité du vainqueur efface en partie, volontairement, les effets de notre défaite. Le grand courant de sympathies, si patiemment créé et ménagé depuis dix-neuf ans, se détournerait de nous pour aller baigner de ses flots admiratifs les bottes du philosophe et du philanthrope couronné.

Oui, mais si, dans nos aspirations légitimes aux molles joies de la paix, nous prêtons l'oreille aux tentantes propositions, ne signerons-nous pas, du même coup, notre abdication en tant que nation ? Etre vaincus, c'est un malheur. *Se soumettre, c'est un anéantissement.* Cette situation, dont l'Europe souffre et meurt, ce n'est pas nous qui l'avons créée. Pourquoi, en fin de compte, finirions-nous par payer les frais de l'aventure, en laissant aux autres l'auréole de la générosité ?

Mais, d'un autre côté, quels cataclysmes réserve l'avenir au monde civilisé si nous repoussons dédaigneusement l'occasion, unique sans doute, d'inaugurer l'ère de la paix ?

On voit quelles raisons et quelles objections se heurtent aussitôt qu'on essaye de discuter, même sommairement, des combinaisons encore à l'état d'hypothèses. Mais il faut tout de même réfléchir. En 1870, comme disait philosophiquement le néfaste Napoléon III, nous avons été surpris « en flagrant délit de formation. » Il ne faut pas qu'on nous surprenne, en 1890, en flagrant délit de méditations vagues et indécises.

Malgré tout, quelles que soient les intentions de Guillaume, défions-nous toujours de la douceur allemande, et tenons plus que jamais la Russie pour notre alliée naturelle ; ce sera prudent.

⁂

Nous disions dernièrement, en résumant les événements du Brésil, que ces événements pourraient bien avoir un contre-coup sérieux en Portugal, où les républicains s'apprêtent à donner l'assaut au pouvoir chancelant. Si nous en croyons les nouvelles qui nous parviennent de Lisbonne, le jeune duc de Bragance n'aurait plus que bien peu de jours à jouir de sa couronne, et la proclamation de la République dans ce pays voisin et ami, serait chose à laquelle il faut s'attendre d'un instant à l'autre.

En Autriche, où des troubles sérieux viennent de se produire, la dynastie des Hasbourg paraît aussi très menacée. Jamais encore Vienne n'avait été témoin d'événements aussi graves. Des bandes d'émeutiers ont pillé les débits d'alcool, lapidé les agents de police, auxquels ils ont arraché leurs vêtements.

Sur les lanternes, aux verres brisés, on voyait accrochés

képis, ceinturons, dolmans, etc. Chez une malheureuse frui-
tière, tout le magasin a été déménagé ou détruit. La foule
était tout entière à la folie de la destruction; il y a des
maisons où il ne reste pas un carreau intact.

Or, ces troubles semblent avoir mis le feu à une traînée
de poudre, car à l'heure actuelle, dans tous les corps de
métiers, les ouvriers viennois formulent leurs revendications; les uns cesseront immédiatement le travail si
satisfaction ne leur est pas accordée; les autres annoncent
une grève générale à bref délai.

Mais ce qu'il y a de particulier, ce ne sont pas, jusqu'à
présent, les gros commerçants qui ont été pillés et incen-
diés; ce sont les petits débitants, pour la plupart ruinés
aujourd'hui.

Mais voilà, *ils étaient juifs.*

L'émeute, en même temps que socialiste, était également
antisémitique, et c'est aux cris de : « A bas les juifs !
assommez les juifs ! il faut en finir aujourd'hui avec eux ! »
que les boutiques étaient prises d'assaut et dévalisées.

Des bandes parcouraient les rues, hurlant : « Où demeurent
les juifs ? Nous allons dépouiller les juifs ! » Elles écoutaient
le premier dénonciateur qui se présentait pour accomplir
leur œuvre de destruction.

Il était facile de prévoir, depuis longtemps, qu'on en
arriverait là, car le juif a trop tendu la corde, vraiment.

Maître des banques, de la presse financière et politique,
du marché du monde et des gouvernements; trônant sur le
commerce, supprimant ceux qui lui résistent, maître des
ambassades, des fonctions publiques, faussant tout, acca-
parant tout, monopolisant les sucres, les blés ou les métaux,
échappant à tous les désastres et à toutes les poursuites, se
riant de la ruine publique qu'il provoque, pressurant les
peuples, jouant à coup sûr à l'aide de renseignements que le
monde officiel lui livre, altérant les nouvelles, les publiant
après les avoir faussées. Tel est le tableau de cette fin de
siècle où, terre, minerais, chemins de fer, capitaux, *fournitures de l'Etat,* denrées monopolisées, tout reste dans les
mains du sémite vorace qui s'est rendu odieux dans l'univers
entier.

N'est-il pas temps que cela finisse ?

Les socialistes autrichiens viennent de donner le branle.

Ils seront certainement encouragés et suivis par tous les prolétaires des autres nations, victimes de la rapacité des fils d'Israël.

Les événements de Vienne ne sont donc que le prologue de la pièce qui pourrait bien être jouée le 1er Mai, époque fixée par tous les socialistes du monde pour la grande manifestation qui préoccupe tant, à l'heure actuelle, les gouvernants des nations européennes.

A Paris, les partisans de la violence provoquent réunions sur réunions, dans lesquelles ils prêchent le meurtre, le pillage et l'incendie. D'autres, mieux inspirés, se contentent de recommander une démonstration grandiose, mais pacifique.

Nous espérons que ceux-ci seront écoutés, et que nous n'aurons pas à déplorer les excès auxquels on vient de se livrer à Vienne.

--¥--

Nous avons à noter, avant de finir, une nouvelle crise ministérielle en France.

Il est vrai que ces choses-là ne méritent plus guère la peine d'être signalées.

Constatons cependant la disparition de l'horloger Tirard, et son remplacement, comme Président du Conseil, par M. de Freycinet, qui reste, malgré tout, chargé du département de la Guerre.

Quant à Constans, après avoir abandonné le portefeuille de l'Intérieur pendant huit jours, il l'a retrouvé dans la nouvelle combinaison, de sorte que les choses restent exactement ce qu'elles étaient avant.

Se moque-t-on assez nous !

M. Carnot est en tournée dans le Midi, où on l'acclame « à tout rompre », au dire des gazettes.

Allons, tant mieux !

Nous aurions cependant mieux aimé apprendre que le Ministre des Finances avait enfin trouvé le moyen d'équilibrer son budget, et que les impôts étaient diminués.

Quand on pense que dans certaines grandes villes de notre fortuné pays, on paye actuellement plus de 15 % de contributions directes, sans compter les indirectes qui nous frappent sous toutes sortes de formes !...

Dans ces conditions. on comprend que le voyage de M. Carnot nous laisse froid.

* *

Au moment où nous terminons cette lettre, les dépêches qui nous arrivent de Vienne, annoncent qu'une partie de l'Autriche est en pleine insurrection.

En Galicie, en Bohême ainsi que dans plusieurs grandes villes de l'Empire, les ouvriers sont descendus dans la rue, ont pillé les magasins et ont résisté aux troupes.

De véritables batailles ont eu lieu.

De part et d'autres. il y a des morts et des blessés. Et l'on dit que ce n'est qu'un commencement dont la journée du 1er Mai sera la fin !

En Espagne et en Prusse, les socialistes se préparent.

A Paris nous sommes menacés de la dynamite !

Est-ce cette fois le vent de la Révolution qui souffle?

Les insurrections signalées, en sont-elles le prodrôme ?

Partout, l'anxiété redouble, et cette anxiété est justifiée.

Espérons qu'en France, le Gouvernement aura raison de l'armée du désordre, et que des mesures énergiques nous préserveront des terribles éventualités dont nous sommes menacés.

12 Mai 1890.

Depuis quelques jours, certains journaux ont entrepris une campagne dont nous ne comprenons ni l'intérêt ni l'opportunité.

C'est à propos de l'affaire Schnæbelé, qui s'est passée, il y a trois ans.

Les journaux auxquels nous faisons allusion, accusent le Ministre de la Guerre d'alors — c'était on se le rappelle, le général Boulanger :

1o D'avoir oublié, certain soir, le plan de mobilisation chez une dame de K..., de nationalité allemande.

2o D'avoir été surpris par l'affaire Schnæbelé au moment

où il n'y avait rien de prêt en France, et où l'armée ne pouvait résister à une attaque de l'Allemagne.

3° Enfin d'avoir envoyé un officier en mission secrète à Madrid pour demander à « Bazaine » un plan de guerre contre l'Allemagne ! ! !

Voilà, en résumé, les accusations imbéciles lancées contre le Ministre de la Guerre de 1887.

Qui peut croire vraiment, que le plan de mobilisation ait été oublié de la façon que l'on raconte ?

Quand à la baronne de K... mise si imprudemment en cause, disons en passant qu'elle n'est point allemande, mais anglaise, et que, si elle a jamais eu des relations dans le monde politique, c'est avec quelques-uns des ministres actuels, et non avec le général Boulanger.

La lumière est faite sur ce point.

Pour ce qui est d'un plan de guerre demandé au traître Bazaine, nos lecteurs nous permettront de ne pas insister. L'absurde ne se discute pas.

Quoi qu'en disent les valets d'une presse à gages, qui n'a rien à envier à celle de l'Allemagne pour le mensonge, nous maintenons, nous affirmons qu'en 1887, la France était prête à soutenir une lutte à mort avec la Prusse, et que le ministre, en qui elle avait mis sa confiance, avait tout fait pour lui préparer la victoire.

Les journaux juifs qui le nient aujourd'hui, étaient les premiers à le reconnaître alors.

Oui, tout était prêt. Quelques détails suffiront pour faire comprendre à quel point le chef de notre armée avait tout prévu, tout organisé.

Il était parvenu, en mettant tous les réseaux de France au service de l'autorité militaire, à hâter de 24 ou de 48 heures la mobilisation.

Il avait compris, ainsi que le fait remarquer si à propos un grand organe parisien, que pour sauver la patrie, il fallait s'inspirer des grands révolutionnaires, et tout sacrifier au salut public.

Grâce à lui, la réserve de l'armée territoriale, *dont les Allemands ne soupçonnaient même pas alors la réunion possible,* avait des cadres organisés, des vêtements, des armes, et était appelée, pour remplacer dans les places fortes, l'armée territoriale qui, presque aussitôt, entrait en campagne.

Il existe encore, au Ministère de la Guerre, tout préparés à être soumis à la signature du Président de la République, des décrets que le général Boulanger avait rédigés, et qui forment un ensemble révolutionnaire formidable.

Le premier décret qui devait paraître portait que les femmes et les enfants de ceux qui partaient, restaient désormais à la charge de la République.

Le second décret disait que le jour même de la déclaration de guerre, l'Etat réquisitionnait tout le numéraire disponible non seulement dans les caisses publiques, mais encore dans toutes les banques.

Il n'est pas jusqu'au service d'espionnage qui ne fût admirablement organisé.

Les officiers du service des renseignements savent tous comment, en une nuit, on parvint à s'emparer, à copier, à photographier et à remettre en place, tous les papiers du major Guillaume.

Ils savent aussi comment un officier, dont personne d'entre eux n'a oublié le nom, risquant de se faire prendre et condamner comme voleur, s'enferma un soir dans une pièce de l'Ambassade d'Allemagne, et parvint à fracturer certaine armoire de fer où se trouvaient des documents importants.

Dès le début de l'affaire Schnæbelé, nous étions pour le premier choc, dans un véritable état d'infériorité, mais 24 heures après, une armée de 80.000 hommes était réunie et pouvait entrer en Alsace, prenant à revers les envahisseurs aux prises devant Nancy, avec le VIme corps.

Les trains étaient prêts, les locomotives toujours sous vapeur, les troupes consignées.

Quand l'affaire Schnæbelé eut son dénouement pacifique, le général de Courcy était à Saint-Dié, avec tout son état-major, sous le prétexte d'une inspection quelconque, et prêt à entrer en campagne.

Le général de Galliffet était déjà parti pour gagner son poste de combat.

Et ce n'est pas tout. D'autres mesures avaient encore été prises, mais l'heure n'est pas venue de tout dire...

Ce qui précède est d'ailleurs suffisant pour se rendre compte de la bonne foi de certains de nos confrères.

Certes, nous comprenons qu'on soit l'ennemi d'un homme politique, mais nous trouvons lâche la calomnie et méprisables ceux qui se servent de pareils procédés pour combattre un adversaire.

✳

Les élections municipales de Paris viennent d'avoir lieu.

Sur 83 candidats boulangistes, revêtus de l'investiture, un seul a été nommé.

C'est l'effondrement du parti, l'anéantissement des espérances de l'exilé de Jersey.

Le suffrage universel a de ces revirements, de ces surprises que l'on constate sans pouvoir les expliquer.

Il est vrai qu'en dehors de son chef, pour qui nous professons toujours la même estime, malgré les fautes commises, le parti boulangiste militant n'était composé, à part quelques rares exceptions, que d'une foule d'intrigants et de déclassés bien faits pour dégoûter l'armée des mécontents qui croyait en l'étoile du général.

Lors de l'élection de Paris, le 27 Janvier 1887, ces gens-là étaient encore ignorés des masses, que le patriotisme et la fière attitude de l'ancien Ministre de la Guerre électrisait.

C'est ce qui lui a valu le succès sans lendemain auquel nous avons applaudi.

Mais aussitôt qu'ils ont été démasqués, quand on a vu à quelle tourbe l'on avait affaire, on a craint de tomber de Charrybde en Scylla, l'enthousiasme s'est refroidi, les défections se sont produites, et, finalement, le pays a tourné le dos à l'homme qui ne craignait pas d'employer de tels auxiliaires pour aider au triomphe de sa cause.

Il ne faut pas, selon nous, chercher ailleurs les motifs de son échec, désormais sans appel.

Maintenant que les voilà débarrassés du *péril* boulangiste, nous allons revoir nos parlementaires à l'œuvre.

Déjà, de nouveaux et graves dissentiments viennent d'éclater au sein du parti républicain. Les radicaux se séparent des modérés, les amateurs de portefeuilles démasquent leurs batteries et fourbissent leurs armes, de sorte que la Droite, unie et compacte, n'aura, selon les circonstances, qu'à s'allier aux uns ou aux autres pour rouvrir l'ère, jamais fermée, des crises ministérielles.

Aujourd'hui, date de la rentrée du Parlement, on compte à l'ordre du jour de la Chambre *six interpellations* qui prendront, chacune, une séance environ.

Pendant qu'on les discutera, les lois d'affaires attendront. N'est-ce pas l'habitude ?

Au nombre de ces interpellations, il en est deux cependant que nous considérons comme nécessaires. La première a trait aux événements du Dahomey. La seconde portera sur l'attitude de la police à Paris pendant la journée du 1er Mai.

Ces deux vilaines affaires ont, en effet, besoin d'être tirées au clair, afin de bien établir les responsabilités.

En ce qui concerne le Dahomey, on se rappelle qu'avant la séparation des Chambres, le Sous-Secrétaire d'État aux Colonies déclara, à la tribune du Parlement, que les faits avaient été grossis par la presse, et que rien ne nécessitait l'envoi de renforts sur la Côte des Esclaves où tout était « relativement tranquille ».

Malheureusement, ainsi que l'on s'en doutait d'ailleurs, les assertions du Gouvernement étaient mensongères.

La vérité est que le Dahomey est en pleine insurrection contre nous, que nos comptoirs sont menacés, que nos troupes sont *cernées* à Porto-Novo, que de fréquents combats dans lesquels nous avons perdu beaucoup de monde, ont déjà eu lieu, et qu'il y a à craindre l'anéantissement de la faible poignée d'hommes — deux ou trois cents — qui défendent là-bas l'honneur du drapeau.

Telle est la situation, que sont obligés maintenant de confesser le Ministre de la Marine et ses sous-ordres.

⁂

L'attitude de la police pendant la journée du 1er Mai, exige aussi quelques explications à la tribune, car cette attitude a été véritablement odieuse.

Jamais, en effet, nous n'avions assisté à des scènes aussi révoltantes ; jamais nous n'avions vu les agents animés d'une semblable férocité à l'égard du public.

On signale de partout — la presse est unanime sur ce point — des faits abominables. Des femmes, des enfants, des infirmes ont été frappés avec la dernière violence, assommés et foulés aux pieds. Des mères de famille, qui prenaient l'air aux Champs-Elysées dans l'après-midi, ont été bousculées et menées au poste. Un malheureux garçon, qui s'avançait péniblement avec des béquilles, a été arrêté *parce qu'il ne circulait pas assez vite*, et traîné triomphalement au poste du Palais de l'Industrie. En face de la Bourse de Commerce, un petit garçon de onze à douze ans, qui traversait la place en courant, a été saisi par les brutes avinées de la police et maintenu jusqu'au lendemain en état d'arrestation. Figurez-vous les angoisses des parents, le soir, attendant vainement leur enfant ! Le maréchal de Mac-Mahon lui-même, n'a pas été exempt des grossièretés de ces misérables. Place de la Concorde, un agent, véritable colosse, se précipite sur un enfant et le jette par terre : « Circulez, hurle-t-il, en le voyant étendu sur le sol. »

L'enfant se relève, l'agent le frappe une seconde fois. L'enfant tombe encore.

— « Circulez, n… de Dieu. »

Nouveaux coups, nouvelle chute, *jusqu'à ce que l'enfant ait perdu connaissance !*

On le transporte dans une pharmacie.

On peut dire que, pendant plusieurs heures, Paris a été livré, le 1er Mai, à une véritable troupe de bandits.

En somme, pendant cette mémorable journée, l'ordre n'a été troublé que par la police. Il ne faut pas que de pareilles monstruosités se renouvellent, et la Chambre a le devoir de rappeler à la pudeur le ministre qui les a ordonnées.

Une protestation à la tribune est donc nécessaire. Nous verrons alors si nos représentants oseront se solidariser avec l'homme qui a donné de pareils ordres aux brutes que l'on appelle, par euphémisme sans doute, « les gardiens de la paix. »

❊

Sous la pression de l'opinion publique, le général de Miribel vient enfin d'être nommé chef de l'Etat-Major général de l'armée.

Nous n'avons qu'un regret à formuler, c'est que cette décision n'ait pas été prise quelques années plus tôt, malgré les clameurs des radicaux et des opportunistes, pour lesquels le général réactionnaire est un épouvantail.

Il paraît que la compétence et les talents ne se rencontrent que chez les citoyens de leur parti.

*

Encore un « mignon » scandale à l'horizon.

Le sous-gouverneur du Crédit Foncier, M. Lévêque, vient de donner sa démission.

C'est un affolement sans exemple dans le clan politico-financier.

M. Lévêque résume ainsi les accusations qu'il porte contre notre grand établissement de Crédit :

« Des actes répréhensibles ont été commis, dit-il ; les statuts ont été violés. Les réunions du Conseil n'existent plus, les bilans mensuels ne sont plus dressés. Je me suis plaint.

« Le Gouverneur m'a répondu que cela le regardait seul.

« On prend sur le capital pour faire face à des frais journaliers.

« Les provisions pour dépenses d'émissions augmentent dans des proportions considérables et diminuent d'autant les réserves disponibles. Des sommes, se chiffrant par plus de *vingt millions*, ont été dépensées sans qu'on eût convoqué le Conseil.

« Depuis quelques années, on n'établit plus de budgets.

« Enfin, le Crédit Foncier *joue à la Bourse* et, si des complications extérieures venaient à surgir, alors qu'on serait engagé *comme on l'a été il n'y a pas longtemps*, il en résulterait des pertes considérables pour cet établissement national.

« Le Crédit Foncier veut aussi avoir des fonds secrets. Il distribue des fonds à la presse ! »

Nous serions curieux de connaître les journaux que subventionne le Crédit Foncier, subventions qui, d'après M. Lévêque, s'élèveraient à 22 millions.

Quels sont aussi ces 38 millions de dépenses « pour

d'autres objets » dont M. Lévêque se plaint de n'avoir jamais pu obtenir justification ?

On assure que les émargements correspondant à cette dépense, sont portés sur un livre rouge, et qu'on y voit côte à côte des noms de ministres, de députés, de candidats ministériels et des frais électoraux, *sans compter des prêts politiques au Gouvernement*.

Aussi, hier, à la Chambre, M. Lévêque a eu beau accuser M. Christophle d'avoir distribué des dividendes fictifs, la majorité parlementaire, M. Floquet et le Ministère en tête, n'ont pas voulu d'une Commission d'enquête.

Il faut le silence autour des consciences vendues, des journaux asservis, des ministres appointés.

Toute la boue parlementaire est là !

Bientôt, va venir le tour des Caisses d'Epargne. Nos lecteurs savent déjà ce qui s'y passe, un de nos précédents articles ayant fait le jour sur les tripotages dont ces caisses sont l'objet.

On parle d'une interpellation prochaine ; nous en apprendrons vraisemblablement de drôles.

LES COURSES DE TAUREAUX

26 Mai 1890.

Nous sommes un singulier peuple ; on ne saurait trop le répéter.

Après avoir pris aux Anglais le « Sport » qui, entre parenthèse, est devenu un véritable fléau depuis la création du « pari mutuel » où vont s'engouffrer les économies, et souvent même le nécessaire des classes laborieuses, voilà maintenant que nous empruntons à l'Espagne le hideux spectacle de ses courses de taureaux, et que Paris va offrir au monde la sanglante représentation des tourments que peut imaginer l'aberration humaine à l'encontre d'une bête sauvage.

Nous nous demandons ce que pourront bien gagner les mœurs et la civilisation à ces joûtes barbares, nées d'instincts sanguinaires, qui n'ont franchi les Pyrénées que grâce au désordre des révolutions et des guerres civiles.

N'était-ce pas assez que le Midi eût le triste privilège de ces spectacles d'un autre âge, et conçoit-on que Paris « la Ville Lumière », humaine et charitable par excellence, ait pris aux contrées du soleil une de ses coutumes les plus rétrogrades pour satisfaire la névrose dont elle est envahie !

Je ne sais si nos lecteurs ont une idée bien exacte de ce qu'est une course de taureaux. Comme il est vraisemblable que beaucoup d'entre eux ignorent ce joli « divertissement » et que je n'ai nul désir de m'occuper aujourd'hui de politique, j'en profiterai pour glaner à leur intention quelques notes, jadis écrites sur ce sujet, au lendemain même d'une de ces courses, où ma sensibilité native fut mise à une pénible épreuve.

Je me trouvais alors à Nimes, après avoir sucessivement visité tout le littoral depuis la frontière d'Espagne, et promené mon enthousiasme des montagnes géantes, aux horizons bleus de la Méditerranée.

Ah ! cette Méditerranée ; qu'elle est belle et qu'on l'aime !

Combien il y a de voix confuses et lointaines dans le bruit de ses flots ! Que de civilisations ont sillonné cette mer ! Que de pavillons y ont échangé de signaux ! Que d'événements s'y sont dénoués ! Que d'histoires s'y sont abimées ! C'est par ce chemin que nous est venue la pensée !

La Méditerranée a dévoré des générations et des empires ; elle a fourni des champs de bataille à toutes les nations du monde et des tombeaux à tous les vaincus ; elle a aidé toutes les civilisations ennemies à s'entre-détruire, et souvent elle a vidé d'elle-même la querelle en faisant passer ses flots sur les combattants !...

Les courses de taureaux, à Nimes, ont lieu dans les arènes, l'un des plus élégants spécimens de l'architecture romaine, dont on fait remonter la construction à l'année 140 de notre ère.

Ce monument décrit une vaste ellipse dont le grand axe mesure 133 mètres 40.

Le diamètre de l'arène proprement dite, est de 69 mètres.

La hauteur totale du monument est de 22 mètres.

Le pourtour extérieur a deux étages percés de soixante portiques chacun ; les quatre principaux du rez-de-chaussée communiquaient seuls avec l'intérieur de l'arène pour les jours de fête ou pour l'entrée des animaux et des gladiateurs.

Les luttes de ces hommes qui, volontairement ou le plus souvent par force, combattaient dans l'arène, étaient recherchées avec fureur par le peuple romain. Le gladiateur blessé mettait bas les armes et était à la discrétion du vainqueur qui le tuait, à moins que les spectateurs ne le lui défendissent.

Rappelons, en passant, que le plus célèbre des gladiateurs dont l'histoire fasse mention, et qui, en soulevant les esclaves, mit Rome à deux doigts de sa perte, fut Spartacus.

Mais revenons à la description sommaire de notre monument.

Trentre-quatre gradins montaient du « podium » à « l'attique », c'est-à-dire de la base au sommet. Ils étaient destinés, comme dans nos théâtres, aux diverses classes des citoyens qui les fréquentaient.

Des escaliers rapides et obscurs conduisaient la foule dans une sombre galerie supérieure que l'on ne soupçonne pas du dehors, car elle ne prend jour que par d'étroites meurtrières ménagées dans l'épaisseur de la haute muraille, à côté des colonnes qui supportent « l'attique. »

On ne doit monter sur le faîte du monument que si l'on ne craint pas d'être pris de ce singulier vertige qui attire certains tempéraments du côté du précipice.

A cette hauteur, on peut jouir d'un spectacle imposant.

D'un côté et à pic, les boulevards et les rues de Nîmes se déploient et se confondent ; de l'autre, apparaît un vaste cratère béant et ruiné, dont les détails pittoresques portent à réfléchir sur les œuvres les plus durables de l'homme.

On se demande, en présence de tant de dévastation et de solitude, si les monuments ne sont pas comme les hochets des civilisations qui passent, en les conservant ou en les mutilant suivant leurs besoins ou les services qu'elles en attendent.

Je ne puis, on le comprendra, énumérer ici toutes les phases historiques qui se sont déroulées autour de ce majestueux monument, qui a vu trop longtemps son arène ensanglantée par le sacrifice de malheureux captifs ; plus tard, par ceux qui étaient soupçonnés ou qui s'avouaient comme les disciples du Christ et qui, pour cela, étaient livrés aux bêtes féroces par une théocratie fanatique.

A une époque beaucoup plus rapprochée, les galeries et les arceaux des arènes subirent en détail un long et dernier outrage, car ils furent envahis par une population mêlée qui y construisit son nid à sa guise, et dont le pot-au-feu de chaque jour contribua à enfumer ses vénérables pierres.

Peu à peu, cette fourmilière a disparu, et l'amphithéâtre a repris de sa forme première ce que les ravages du temps et des hommes ont voulu en laisser.

La première fois que j'assistai à une « Corrida » dans les arènes de Nimes, la course était donnée par une « quadrilla » espagnole, à la tête de laquelle se trouvait le célèbre Mazantini.

Un taureau devait être mis à mort.

Dès midi, trente mille spectateurs se pressaient sur les gradins de pierre du monument.

A 2 heures précises, la quadrilla fit son entrée dans le cirque.

Mazantini portait un habit de velours mauve, tout constellé de paillettes d'argent qui étincelaient sous les rayons d'un soleil de feu.

Derrière lui, venaient les cinq « toréadors » en costumes moins éblouissants, mais d'une richesse également remarquable.

Enfin, les « picadors », vêtus de noir et montés sur de maigres chevaux, complétaient le cortège.

Brusquement, la porte du « toril » s'ouvrit, livrant passage à l'animal qui allait, dans quelques minutes, teindre de son sang le sable fin de l'arène.

Il fit quelques pas, puis s'arrêta, comme fasciné par cette foule, par le silence qui régnait alors, et par ce faste qui l'environnaient.

Ce moment d'hésitation fut de courte durée. Apercevant le toréador, il fouetta l'air de sa queue et fondit sur lui avec impétuosité.

Mais celui-ci était déjà hors d'atteinte, et les cornes de

l'animal ne trouvèrent devant elles que la « muleta », qu'il lacéra furieusement.

Cet exercice préliminaire, répété par toute la troupe, dura quelques minutes, après quoi vint le tour du « banderillero » qui attendait, calme, au milieu de l'arène, l'attaque du taureau.

Tout à coup, il s'élance..., il bondit..., mais bientôt, deux pointes de fer finement aiguisées, en forme d'hameçon, s'enfoncent dans ses chairs! Poursuivi, attaqué, attaquant, impressionné par les couleurs de feu qui passent dans son regard, surexcité par les cris de la foule, sa rage grandit de seconde en seconde. Il ne sait plus, ne voit plus. Dans son instinct, il veut tuer, anéantir ceux qui le traquent et lui font du mal. Les chairs fouillées par les lances, il se jette à l'aventure, tête baissée, la queue battant l'air, donnant de la corne, ruant, brisant les obstacles. Blessé, meurtri, l'œil injecté et la gueule baveuse, il continue à bondir. Malheur à qui se trouvera sur sa route !

Un « torero », surpris par un brusque retour de l'animal, n'a pas le temps d'éviter son attaque; il est lancé dans l'espace et retombe lourdement sous les pieds de la bête qui s'apprête à le mettre en pièces. Déjà ses vêtements sont en lambeaux, son sang coule par les terribles blessures qu'il reçoit ; l'anxiété est à son comble. Tout le monde est debout, hâletant, le cœur angoissé. Alors, prompt comme la pensée, Mazantini accourt avec la muleta déployée sur laquelle le taureau, fou de rage et de douleur, se précipite. Le malheureux torero est sauvé, mais incapable de faire un mouvement; on l'emporte au plus vite hors de l'arène pendant que la foule imbécile applaudit et crie : « Bravo, taureau ! »

Tout à coup, la trompette retentit.

Le silence se fait profond.

Il n'est interrompu que par les beuglements lamentables de la victime, blanche d'écume, dont les instants sont désormais comptés.

C'est, en effet, le signal de mort.

Mazantini s'arme de l'épée.

Moment solennel, pendant lequel l'émotion la plus violente étreint tous les cœurs ; minute suprême qui va décider du sort de la bête ou du sort de l'homme, où la force brutale va se dresser, terrible, en face de la force intelligente mise au service de la plus condamnable des causes.

Enfin, voici pour la dernière fois la « muleta » déployée.

De la main gauche, Mazantini l'agite et la présente au taureau dont il attend froidement l'attaque.

Elle est foudroyante.

D'un bond, l'animal est sur le toréador qui le reçoit au bout de son épée.

Mazantini a frappé juste ; un flot de sang jaillit, le taureau tombe, le drame est joué !...

Soixante mille bras s'agitent, trente mille gosiers crient, l'enthousiasme est à son comble.

En un clin d'œil, l'arène est jonchée de fleurs, de chapeaux, de mouchoirs, de cigares, d'oranges, d'objets de toutes sortes.

On dirait que l'odeur du sang a grisé tout ce peuple, dont le délire va croissant

La foule escalade les gradins et se précipite comme un torrent dans le pourtour de l'amphithéâtre, enjambe les balustrades et s'empare de Mazantini qu'elle emporte triomphalement en dehors de l'enceinte où il a joué sa vie.

Pendant ce temps, les picadors passent une corde au cou du taureau mort et l'entraînent au galop des chevaux !

. . . .

> N'est-ce pas qu'il est noble, un tel amusement :
> Qu'il révèle à la France un peuple intelligent,
> Et que, lorsqu'en sortant, on heurte un misérable,
> On se sent le cœur tendre et l'âme charitable *?*

Voilà ce qu'on va voir à Paris ! Voilà les divertissements auxquels sa population va applaudir !

N'est-ce pas une honte pour notre capitale ? Une honte que la presse, jadis hostile, *maintenant complice*, aurait pu, aurait dû empêcher !

C'était assez que nous eussions les courses de chevaux *qui sont bêtes ;* pas n'était besoin d'avoir les courses de taureaux, *qui sont barbares.*

24 Juin 1890.

Le comte de Beust, ancien Chancelier d'Autriche-Hongrie, parlant dans ses mémoires, que nous venons de parcourir, de la guerre de 1870, cite un fait qui n'est pas pour donner tort aux allégations contenues dans notre dernière lettre, au sujet de l'attitude de M. de Bismarck envers les représentants de la France, chargés de négocier les préliminaires de la paix.

Voici, en effet, ce que disait à M. de Beust, quelques années plus tard, le Chancelier allemand, relativement à ces négociations :

« L'armistice touchait à sa fin, et je dis à Thiers : Ecoutez, Monsieur, voilà une heure que je *subis* votre éloquence, il faut une fois en finir ; je vous préviens que je ne parlerai plus français ; je ne parlerai qu'allemand.

« — Mais, Monsieur, répondit Thiers, je ne comprends pas un mot d'allemand.

« — Ça m'est égal, répliquai-je, je ne parlerai qu'allemand.

« — Là-dessus, Thiers m'adressa de nouveau une très belle allocution ; je le regardai et lui répondis en allemand. Il alla et vint pendant une demi-heure, *en joignant les mains ;* enfin, il m'apporta ce que je souhaitais et je me mis aussitôt à parler français. »

M. de Beust — un Allemand cependant — ne peut s'empêcher de flétrir comme elle le mérite une attitude aussi peu digne d'un homme d'Etat, en présence d'une nation vaincue.

« Bismarck racontait cela fort gaiement, dit-il, comme s'il se fût agi d'une histoire banale. Il paraissait n'avoir pas conscience *de la dureté de cœur* que marquait son récit railleur.

« Le succès n'absout pas tout. »

Tel est l'homme sur le sort duquel quelques gazettes oublieuses ont aujourd'hui le triste courage de s'apitoyer, au lieu de se réjouir, comme nous, de sa disgrâce et de ses souffrances morales.

Quand on a vu 1870 et ses horreurs ; quand on a été témoin des atrocités commises à cette époque au nom de la

force qui, paraît-il, prime le droit ; quand on a, en plus de
la défaite, été obligé de subir les railleries et les insultes
du vainqueur, on n'a pas le droit de ne plus se souvenir !

Très intéressante, d'ailleurs, la partie des mémoires de
M. de Beust, relative aux événements de l'année néfaste, où
nous trouvons entre autres relations importantes, cet aveu de
Bismarck : « Que si Metz avait tenu seulement quelques
semaines de plus, l'armée qui assiégeait Paris aurait été
obligée de se replier sur la frontière, ce qui eût pu modifier
du tout au tout l'issue de la campagne. »

C'est probablement pour cela que le traître Bazaine s'est
hâté de livrer les clefs de la ville.

Ce qui ressort aussi clairement des mémoires du chancelier Austro-Hongrois, c'est que, contrairement aux assertions de nos ministres d'alors, jamais l'Autriche n'a promis
à la France un concours effectif en cas de conflit avec
l'Allemagne.

Bien plus, tout en nous étant sympathique, le gouvernement de François-Joseph, à la veille des hostilités, et par
conséquent bien avant de savoir sous quel drapeau se
rangerait la fortune des armes, avait courtoisement, mais
énergiquement blâmé l'attitude agressive de la France vis-à-
vis de la Prusse, dès que celle-ci nous eût donné satisfaction
en retirant la candidature du prince de Hohenzollern, objet
des justes protestations du gouvernement impérial.

On ne pouvait donc s'attendre, dans ces conditions, à voir
l'Autriche, affaiblie déjà par sa défaite de 1866, se ranger à
nos côtés pour soutenir une guerre qu'elle désapprouvait.

Quant à la prétendue insulte faite à notre ambassadeur à
Berlin par le Roi de Prusse, M. de Beust n'y croit pas et les
raisons qu'il donne à ce sujet nous paraissent sérieuses.

Nous nous excusons auprès de nos lecteurs, de faire ainsi
un retour sur le passé, mais il nous a paru intéressant,
puisque nous avions l'occasion de parler encore de M. de
de Bismarck, de noter en passant des révélations destinées
peut-être à jeter un peu de clarté sur des événements que
les hommes qui les ont provoqués n'ont pas manqué de
dénaturer à leur profit.

On sait que la mode est maintenant à tout ce qui vient d'Espagne.

Nous avons déjà les courses de taureaux, nous allons avoir le choléra.

Ce n'est encore qu'une épidémie bénigne, il est vrai, mais comme elle est espagnole, elle grandira.

Elle rôde sur la frontière, et si l'on n'y met ordre, bientôt l'on pourra dire, avec raison cette fois, qu'il n'y a plus de Pyrénées.

Des mesures, qui seront sans doute efficaces sont prises, et il est à présumer que nous n'aurons pas à loger cet hôte incommode.

Nous apprenons, à la dernière heure, que l'Angleterre est définitivement et officiellement entrée dans la Triple Alliance.

Nous reparlerons dans notre prochaine correspondance de ce grave événement.

21 Juillet 1890.

L'horizon politique qui, depuis quelque temps, était redevenu serein, semble se charger de nouveaux nuages.

En ce qui touche directement la France, un fait grave vient de se produire.

Il s'agit de la mainmise par l'Angleterre, avec le consentement de l'Allemagne, sur Zanzibar où la France avait des droits formellement reconnus par une convention datant de 1862, renouvelée en 1886.

C'est à la suite d'un accord survenu entre les cabinets de Londres et de Berlin, et sans que nous fussions ni pressentis ni prévenus que l'Angleterre, violant cyniquement ses engagements, déchirant ses traités, a étendu son protectorat sur une île où s'imposait notre influence et sur laquelle devait flotter notre pavillon.

Ainsi, l'Angleterre sera donc désormais, en cas de conflit avec la France, maîtresse absolue de nos possessions dans ces mers, ainsi que de Madagascar où ses missionnaires et ses diplomates ont toujours cherché à entraver notre action civilisatrice.

La Réunion se trouve aussi, par ce fait complètement

isolée de la mère patrie et forcément abandonnée à toutes les surprises des événements.

Mais en dehors du coup porté à notre influence, et du danger nouveau qui se révèle inopinément à nous, il y a l'outrage fait à la France, mise de côté, dédaignée, déclarée « quantité négligeable » par ceux-là mêmes qui ont traité avec elle et qui ont reçu sa parole.

On ne se douterait pas, vraiment, à voir le sans-gêne de l'Angleterre, que nous dépensons un milliard par an pour entretenir une flotte et une armée de 3.000.000 d'hommes.

A quoi donc sert tout cela si nous ne sommes pas capables de faire respecter nos droits foulés aux pieds par une nation insolente, rappeler à la pudeur un peuple qui viole si délibérément ses engagements?

A noter aussi l'incurie de nos diplomates, qui n'ont su ni voir ni prévenir.

Il y a longtemps que nous l'avons dit : M. Herbette et M. Waddington représentent mal la France là où précisément elle aurait besoin d'être le mieux représentée. C'est à l'insuffisance, à l'aveuglement de ces deux diplomates que nous devons toutes les surprises, tous les mécomptes de ces dernières années. Pendant qu'ils contemplent les étoiles, dans la sérénité de leur insouciance, ils ne voient pas les complots qui se trament contre nous; ils ne songent pas à l'ennemi qui nous guette et qui pourrait envahir nos frontières, avant même qu'ils en fussent informés, les malheureux !

Nous nous demandons si, en présence de ce fait énorme, qui date d'hier mais qui passionne moins la plupart de nos compatriotes que l'affaire Gouffé, notre Ministre des Affaires Étrangères ne va pas rendre aux douceurs de la vie privée ces personnages néfastes qui compromettent la France et dont toute la presse demande le rappel.

La question de Zanzibar fait en ce moment l'objet d'actives négociations entre les cabinets de Paris et de Londres, mais une chose demeure dès maintenant acquise, c'est que nous devons nous incliner devant le fait accompli et nous contenter d'une petite compensation nullement en rapport avec le dommage causé. Nous ne savons encore quelle sera cette compensation, les négociations étant tenues secrètes et une interpellation sur ce sujet ayant été ajournée afin de ne pas entraver les efforts de notre diplomatie.

Nous avons dit, au début de cet article, que le protectorat de l'Angleterre sur Zanzibar était le résultat d'une entente entre cette puissance d'une part, et l'Allemagne de l'autre. On pense bien que celle-ci n'a pas fait une gracieuseté à celle-là uniquement dans le but de lui être agréable. Il est donc probable, pour ne pas dire certain, qu'en dehors de la cession d'Héligoland à l'Allemagne, l'Angleterre a consenti à jouer un rôle actif dans la Triple Alliance. C'est du moins l'opinion qui prévaut dans les cercles politiques, que cet événement a surpris, bien que les sympathies de lord Salisbury pour l'Allemagne fussent depuis longtemps et partout connues. Il est vrai que les promesses ou les engagements de l'Angleterre ne tirent guère à conséquence; nous en savons quelque chose, mais il y a cependant un danger de plus pour nous, sur lequel nos hommes d'Etat feront bien de méditer sérieusement.

Nous n'oublions pas non plus qu'il y a une autre question à régler entre la France et l'Angleterre: la question des pêcheries de Terre-Neuve qui revêt en ce moment un caractère d'acuité inquiétant. De ce côté également, nos droits sont précis et l'on ne songe pas cette fois, croyons-nous, à les contester, mais les négociations engagées entre les deux gouvernements sont rendues extrêmement difficiles par l'attitude peu concilliante des Terreneuviens, qui entendent priver brutalement la France des avantages dont elle jouit dans leurs eaux pour la pêche de la morue et du homard. Ils vont même jusqu'à menacer de passer sous le pavillon américain au cas où le gouvernement britannique ne leur donnerait pas complète satisfaction sur ce point.

Nous espérons que notre Ministre des Affaires Etrangères aura raison de ces difficultés.

⁕

L'usurpateur qui règne à Sofia par la grâce de l'Autriche, vient de commettre une infamie qui pourrait bien, avant peu de temps, provoquer une insurrection dans les provinces balkaniques.

On sait qu'à la suite d'un semblant de complot ayant, dit-on, pour but de détrôner le prince Ferdinand, le principal inculpé, le major Panitza, un ami de la Russie et du prince de Battenberg, fut condamné à mort.

Dire comment fut obtenue cette condamnation nous paraît inutile après ce qu'on en sait déjà ; nous ne parlerons pas non plus des tortures corporelles qui furent infligées à Panitza pendant sa détention dans les prisons de Sofia, la presse européenne tout entière les ayant flétries avec plus d'autorité que nous ne pourrions le faire nous-mêmes.

Mais ça été une stupéfaction générale quand, il y a quinze jours, on apprit que le condamné, à la grâce duquel tout le monde croyait, avait été fusillé, en cachette, à l'aube, dans un terrain vague, par un régiment sûr, sans que le malheureux eût pu obtenir la faveur suprême d'embrasser sa femme et de serrer une dernière fois sur son cœur ses pauvres enfants !

Ce n'est pas par de pareils actes que le prince Ferdinand consolidera son trône.

—✳·

Guillaume II voyage toujours ; c'est un véritable souverain ambulant.

C'est la Suède qui a pour le moment l'honneur de posséder l'Empereur allemand.

Sa visite au roi Oscar n'est pas absolument une visite d'étiquette ; elle n'est pas davantage une visite d'agrément, qu'on en soit bien convaincu.

Guillaume n'est allé en Norwège et en Suède que pour déterminer l'accession de la Scandinavie à la Triple Alliance.

Il y a eu échange de vues, pourparlers, entente, sinon traité en forme.

La chose a dû être vite faite, car nous ne saurions nous faire la moindre illusion sur les dispositions et les sentiments du roi Oscar, qui ne cache pas que « sa raison est allemande. »

Ses faits, ses gestes et ses dires, trahissent d'ailleurs clairement ses inclinations.

« La Suède, déclarait-il récemment, restera neutre AUSSI

LONGTEMPS QUE POSSIBLE, mais si elle tire l'épée, CE NE SERA JAMAIS CONTRE L'ALLEMAGNE. »

En présence de ces dispositions, il est difficile de ne pas comprendre ce que le roi Guillaume II est allé faire dans les pays du Nord.

De Stockholm, l'Empereur doit se rendre à Saint-Pétersbourg pour faire une dernière tentative auprès du Czar.

Reste à savoir l'accueil qui l'attend à la Cour de Russie, et comment Alexandre III recevra ses ouvertures. Ce n'est certes pas trop préjuger que de leur prédire un échec certain.

4 Août 1890.

La question bulgare est toujours et plus que jamais le point noir sur lequel reste fixée l'attention inquiète de l'Europe.

Le monde politique attend avec anxiété le retour du prince Ferdinand de Cobourg à Sofia, où il reviendrait, dit-on, sur les pressantes instances de son premier ministre, pour proclamer l'indépendance de la Bulgarie.

Il est peu probable que le bourreau du major Panitza ait le temps de mettre à exécution les projets fantaisistes que l'audacieux Stambouloff a suggérés à sa faible intelligence, car, si nous en croyons des bruits qui circulent avec persistance, un nouveau coup de théâtre serait à la veille de se produire à Sofia.

On affirme en effet, et il serait aujourd'hui à peu près certain que le prince Alexandre de Battenberg préparerait une véritable expédition en Bulgarie, dans le but de détrôner Ferdinand et de redevenir souverain de la principauté.

Il paraîtrait, de plus, que cette entreprise, bien que hardie, ne laisserait pas que d'être facilement réalisable, Alexandre ayant dans l'armée bulgare un grand nombre d'intelligences et presque tous les officiers gagnés à sa cause.

Son arrivée en Bulgarie coïnciderait avec un soulèvement général des troupes stationnées dans les diverses contrées de la principauté. En même temps, aurait lieu un soulèvement civil ; on s'emparerait *violemment* du prince Ferdinand et de son ministre Stambouloff, après quoi, on proclamerait à nouveau Alexandre de Battenberg prince de Bulgarie.

On affirme même que le Czar, qui serait instruit de toutes ces choses, aurait promis de laisser s'accomplir les événements projetés, sans faire la moindre opposition.

Ce serait la revanche de la Russie.

*

Un journal parisien, l'*Intransigeant*, annonçait dernièrement qu'un traité d'alliance était définitivement signé entre la France et la Russie.

Nous ne croyons pas que les choses soient aussi avancées que le dit notre confrère, mais il y a néanmoins de sérieuses raisons de penser que les pourparlers dans ce sens sont en bonne voie.

Ce qu'il y a de certain, c'est que l'on considère actuelment, à Saint-Pétersbourg, la situation comme très grave et que, dans les sphères politiques, personne ne cache que l'on touche à un moment extrêmement critique.

Toutes les feuilles officieuses sans exception, même celles qui nous sont le moins favorables, préconisent l'alliance immédiate avec la France, comme le seul moyen pouvant mettre les deux Etats à même d'écraser la coalition allemande.

Pour tous ceux qui connaissent la Russie et la liberté relative dont jouissent les journaux, cette note unanime émane évidemment du Ministre de l'Intérieur.

Dans les cercles gouvernementaux, on va plus loin ; on dit tout haut que le traité d'alliance offensive et défensive doit être conclu immédiatement, et surtout, *publié officiellement*.

Evidemment, on n'envisage pas sans inquiétude les événements importants qui se préparent dans la péninsule balkanique, événements qui forceront sans doute la Russie à sortir bientôt de la réserve qu'elle s'est imposée.

Les choses en seraient même arrivées à ce point que le baron de Mohrenheim, fervent partisan de l'alliance Franco-Russe, aurait reçu tout dernièrement des instructions précises à ce sujet. D'un autre côté, nous savons que le général

Wannowski, Ministre de la Guerre de Russie, actuellement à Vichy, a été avisé de ce qui se passe et s'est mis immédiatement en rapport avec son ambassadeur, qu'il est appelé à seconder en ce qui concerne les choses militaires.

« C'est ainsi, comme le dit une correspondance de Saint-Pétersbourg, qu'on se prépare à recevoir dignement l'Empereur Guillaume lors de la visite qu'il se propose de nous faire prochainement. Notre Czar blanc veut pouvoir refuser carrément toutes les offres et déclarer hautement qu'il ne craint ni les menaces, ni même l'amitié de l'Allemagne. »

⁂

Le bruit court, depuis quelques jours, que, pour amadouer la France, et l'engager à renouveler ses traités de commerce avec l'Italie, le Roi Humbert va obliger Crispi à céder à un personnage plus sympathique à la France, le portefeuille des Affaires Etrangères.

On dit, d'autre part, que l'Empereur d'Allemagne ne verrait pas d'un mauvais œil la retraite de Crispi, auquel il reproche sa correspondance avec M. de Bismarck, dont il est resté l'ami intime et l'admirateur passionné.

D'après certains journaux, Guillaume II prétendrait même que Crispi communique à l'ex-chancelier toutes les affaires de la Triple Alliance, malgré les observations de l'Ambassadeur de Prusse à Rome. C'est ce qui l'aurait décidé à demander son remplacement au Roi sous forme de lettre autographe, revêtant le caractère d'un ultimatum.

Il est bien entendu que nous ne croirons à cette nouvelle que lorsqu'elle sera officiellement confirmée, bien qu'il paraisse cependant certain que l'Italie soit disposée à toutes sortes de choses pour nous faire prendre le change au sujet de ses sentiments à notre égard.

Mais nous espérons bien que M. Ribot, qui vient de remporter un véritable succès diplomatique au sujet des négociations avec l'Angleterre, relativement à Zanzibar, ne se laissera pas influencer par les avances intéressées de cette nation qui n'implore la France que pour mieux la trahir et la frapper, de concert avec l'Allemagne, le moment venu.

Certes, l'Italie débarrassée de Crispi, c'est quelque chose, mais ce n'est pas assez, et tant que son gouvernement fera partie de la Triple Alliance, nous ne pourrons que nous détourner d'elle avec mépris et la laisser se débattre au fond du gouffre où l'a plongée la vanité d'un homme, et où, lentement, elle agonise.

Le mieux que nous ayons à faire, nous ne saurions trop le redire, c'est de laisser au temps, qui travaille pour nous, le soin d'achever son œuvre. La politique de sentiment, pratiquée sous le second Empire, n'est plus de saison ; nous en avons fait l'expérience à nos dépens, surtout en ce qui concerne l'Italie, et il est à présumer que cette expérience nous servira.

31 Août 1890.

Tout le monde sait qu'aux yeux de la nation allemande, la France est un pays barbare, peuplé de sauvages, avec lesquels il n'est pas de relations possibles. C'est, du moins, ce que ces excellents reptiles d'au-delà du Rhin proclament sur tous les tons depuis bientôt vingt ans.

Il est vrai que partout, l'on sait maintenant à quoi s'en tenir à ce sujet, et la meilleure preuve en est dans les milliers de visiteurs qui envahissent chaque année Paris et la France, alors que l'Allemagne et sa capitale restent désertes.

Aussi, ne nous arrêterions-nous pas à ces insanités d'une presse qui est la honte de l'Europe, si nous n'avions à raconter un petit fait qui s'est passé il y a peu de jours, à quelques kilomètres de la frontière, fait autour duquel les Allemands voudraient bien organiser la conspiration du silence, mais que nous autres Français avons le devoir de relever et de soumettre au jugement impartial du monde.

On verra ainsi, une fois de plus, de quel côté se trouve la barbarie et si c'est l'Allemagne qui, comme elle le prétend avec une certaine impudence, a le monopole de la civilisation.

La semaine dernière, un ballon partait de Nancy, monté par quatre personnes. Après avoir plané quelques instants sur la ville, l'aérostat, entraîné par un courant, fut poussé vers la frontière d'Allemagne, qu'il franchit aux environs de Sarrebrück.

Bien que sans passeport, le ballon traversa sans incident plusieurs villages ; mais, ayant été aperçu par des soldats allemands au moment où il planait à 800 mètres d'altitude environ, sur une petite ville dont le nom n'est plus présent à notre mémoire, les aéronautes entendirent tout à coup une sonnerie de clairon et distinguèrent immédiatement après, dans le crépuscule, un mouvement inusité de militaires qui semblaient se préparer en toute hâte à une manœuvre quelconque.

Nos quatre voyageurs furent bientôt fixés sur cette alerte de la garnison et sur les desseins des soudards allemands à leur égard.

En effet, quelques minutes s'étaient à peine écoulées qu'une petite pièce d'artillerie était braquée sur l'aérostat et lui envoyait une première décharge qui, heureusement, ne l'atteignit pas.

A plus de vingt reprises les Allemands firent feu sur nos compatriotes, qu'un hasard vraiment providentiel préserva d'une catastrophe horrible.

Lorsqu'ils furent hors d'atteinte, ils virent, à l'aide de leur longue-vue, les soldats de Guillaume remiser leur « instrument » et rentrer ensuite dans leur caserne.

N'y a-t-il pas, dans cette tentative criminelle commise froidement, lâchement, contre d'inoffensifs aéronautes français une nouvelle leçon et un utile enseignement dont nous laissons à nos compatriotes le soin de tirer eux-mêmes la morale ?...

*

L'Empereur Guillaume vient de rentrer dans ses États, retour de Russie, mais non pas de Saint-Pétersbourg, où le Czar n'a pas voulu le recevoir par crainte des manifestations anti-allemandes qui devaient se produire, et que la police n'aurait, paraît-il, pu empêcher.

Nous pouvons affirmer de nouveau que ce voyage du jeune Empereur est une déception complète au point de vue politique.

Guillaume n'a rien pu obtenir d'Alexandre III, qui entend

rester l'arbitre de la situation, appuyé sur la France, l'amie et l'alliée naturelle de son pays.

Le jeune Souverain n'a pas été plus favorisé sous le rapport militaire, car les manœuvres auxquelles il a assisté à Narva n'ont été qu'une brillante parade sans valeur tactique, destinées seulement à occuper, à amuser celui qui s'est invité pour voir de près l'armée russe.

« Si vous voulez assister aux vraies manœuvres russes, disait, il y a quelques jours, un haut personnage qui touche de près à la famille impériale et qui est en même temps l'un des principaux chefs de l'armée, allez dans l'Ouest, à Rovno, en Volhynie, où se trouve le quartier général. Vous y verrez notre armée sous les ordres de deux généraux de la plus haute valeur, Gourko et Dragomiroff. Tous les deux, en cas de guerre avec la Triple Alliance, seraient choisis par le Czar, l'un pour commander une armée contre la Prusse, l'autre pour commander une seconde armée contre l'Autriche. »

Aux manœuvres de l'Ouest, il y avait huit corps d'armée, six brigades et neuf divisions de cavalerie.

A Narva, Guillaume n'a vu défiler devant lui que cinq divisions ! ! ! C'est maigre, n'est-ce pas ?

Non, qu'on le sache bien, il n'y a rien de changé par la nouvelle tentative de l'Empereur d'Allemagne. Il neige encore, et il neigera longtemps entre Saint-Pétersbourg et Berlin.

Nous ne voulons retenir de ce voyage qu'une chose, c'est qu'on est prêt à crier : « Vive la France ! » sur les bords de la Néva, comme nous sommes prêts à crier : « Vive la Russie ! » sur les bords de la Seine.

Le général de Boisdeffre, qui avait été personnellement invité par le Czar à assister aux grandes manœuvres russes, est rentré à Paris.

Le général était en grande tenue à l'arrivée de Guillaume II. Son uniforme français, *seul uniforme étranger* au milieu des uniformes russes, a produit sur tous les assistants une grande impression.

Le Czar en personne a présenté le général au Souverain Allemand, et à plusieurs reprises, pendant les manœuvres, on a vu Alexandre III donner lui-même au général de Boisdeffre des explications.

Disons que Boisdeffre est le Sous-Chef d'Etat-Major du général de Miribel, et que sa présence en Russie, à l'exclusion de tous autres officiers étrangers, pendant les manœuvres de Narva, a une signification qui n'a pas plus échappé à Guillaume II qu'à son entourage.

*

La remise d'Héligoland à l'Allemagne vient d'avoir lieu, en conformité du traité intervenu récemment entre cette puissance et l'Angleterre.

A cette occasion, le Souverain allemand a prononcé un discours qui n'est pas fait pour rassurer les amis de la paix.

Ses menaces à l'adresse de la France, qu'il appelle « l'ennemi héréditaire », les souvenirs de 1870 qu'il ressuscite, la phrase dans laquelle il loue le nom de Werth, la tirade où il glorifie la conquête des provinces perdues jadis, jettent la consternation partout.

C'est là une maladresse qui est, parait-il, vivement blâmée et regrettée, même par la population de Berlin, qui finit par croire qu'à côté de très fortes qualités intellectuelles, Guillaume II doit avoir quelque part sur la boîte crânienne, une petite fêlure.

Pour nous, c'est précisément la bizarrerie, l'incohérence de ce mystique insaisissable qui nous effraie pour l'avenir.

Quand on pense, en effet, que la paix du monde réside uniquement dans une pareille cervelle, quelle confiance peut-on avoir dans sa durée ?

Et dire que l'Europe tout entière peut être ensanglantée, bouleversée par un caprice de cet homme ; n'est-ce pas épouvantable !!!

*

Voilà que l'on recommence à faire plus de bruit que jamais autour du boulangisme.

Des journalistes, qui paraissent avoir reçu les confidences du général pendant la campagne qui vient de finir, en profitent pour publier, sans nom d'auteur, dans le *Figaro*, des révélations qu'ils feraient certainement mieux de taire.

De ces révélations, nous ne retiendrons qu'une chose : la

preuve que le général Boulanger s'est toujours énergiquement opposé au coup de force que ne cessait de lui conseiller M. Naquet.

Cette preuve est aujourd'hui faite d'une façon irréfutable.

Toujours, Naquet en revenait à son coup d'Etat. Une fois, il fut pressant, plus catégorique ; la chose était facile ; il fallait se décider et ne pas perdre de temps.

Le général, après avoir écouté attentivement, lui répondit :

« J'ai beaucoup réfléchi à tout ce que vous m'avez dit.

« Ce coup de force serait peut-être un bien, mais souvenez-vous du prince Louis Napoléon. Il était Président de la République, il tenait tout le pouvoir exécutif : l'armée, la police, la magistrature, les préfets, tout en un mot.

« Il n'avait devant lui qu'une Chambre impopulaire ; la France était avec lui. Paris aussi. Eh bien ! malgré tous ces atouts, il y a eu une résistance de plusieurs jours.

« Louis Napoléon a failli ne pas réussir.

« Moi, j'ai le Ministère de la Guerre, mais je ne suis pas le maître de tout le Gouvernement ; je ne compte même pas sur tous les généraux. Il en est peut-être qui n'obéiraient pas. Pour les y décider, il suffirait d'un commencement de résistance du Président du Sénat ou de la Chambre, et cette résistance se produirait, soyez-en sûr. J'en viendrais à bout, soit, mais alors, *c'est la guerre civile*, c'est déjà affreux, mais il y a plus.

« Je fais le coup, supposons-le. Pendant quinze jours, nous avons des précautions à prendre, des soulèvements à réprimer, l'armée est toute à cette tâche. *Alors l'Allemagne nous attaque, impossible de mobiliser au milieu d'une telle crise ; nous sommes envahis, vaincus, mutilés. Non, je ne veux pas exposer le pays à ce péril, je ne veux pas de cette responsabilité, je n'en veux pas.* »

Cela se passait au restaurant Durand, trois jours après la chute du Ministère Goblet, dont faisait partie le général Boulanger. M. Naquet, devant des considérations aussi graves, qui ne s'étaient pas jusqu'alors présentées à son esprit, n'insista pas.

On voit que nous avions raison quand nous disions que nous croyions à la parole de l'ancien Ministre de la Guerre et à la loyauté de ses intentions.

Mais que penser de ces gens qui, après s'être servis de la popularité *et de la bourse* d'un homme pour se faire une situation et un nom, alors qu'il est tombé, perdu par eux, préparent dans l'ombre la trahison et livrent sans pudeur à la malignité publique les secrets que cet homme leur a confiés ?

« Je ne veux pas, écrit aujourd'hui l'exilé de Jersey, qualifier ceux qui ne m'ont entouré que pour m'exciter à des fautes, *à des compromissions*, à des imprudences, *à des attentats* pour surprendre mes secrets et se faire payer de prétendus services qui leur étaient payés d'autre part.

« J'ai eu le tort de ne pas écouter les avertissements d'amis qui me mettaient en garde contre leurs manœuvres et leurs futures démonstrations.

« J'ai payé ce tort de la proscription, qui était utile pour m'apprendre à connaître les hommes, *si on peut appeler ainsi ceux qui font le répugnant métier de pourvoyeurs de la Haute Cour après m'avoir demandé de les recommander devant le suffrage universel.* »

Très justes, mais hélas ! trop tardives réflexions.

✳

Nous avons dit, dans notre dernière correspondance, que le différend survenu entre la France et l'Angleterre au sujet de Zanzibar, avait été réglé, grâce à l'attitude énergique de notre Ministre des Affaires Etrangères, d'une façon honorable pour la France.

L'Angleterre a reconnu notre protectorat sur Madagascar ; de plus, la France voit s'étendre ses possessions en Afrique de la frontière d'Algérie jusqu'au bassin du Niger.

Malgré les critiques que cet arrangement a provoquées, nous considérons que le succès de M. Ribot est réel et qu'il n'y a qu'à nous applaudir du résultat obtenu. Il pouvait être beaucoup moindre.

C'est aussi l'opinion de Stanley, qui estime que les avantages du traité sont tout en faveur de notre pays, et que la France a fait là un excellent marché.

Pour le célèbre explorateur, on a peut-être exagéré l'importance de la fertilité des régions du lac Tchad, mais il faut que le Gouvernement anglais ait été bien mal renseigné par ses missionnaires pour avoir cédé aussi facilement de pareilles régions ; car, lorsque la France aura construit son fameux chemin de fer Transsaharien, ce qui, d'après Stanley, est chose très réalisable, ces contrées acquerront une valeur exceptionnelle, tant au point de vue commercial qu'au point de vue politique.

Acceptons-en donc l'augure.

FIN

NICE — IMPRIMERIE DE L'ÉCLAIREUR — NICE
27, Avenue de la Gare

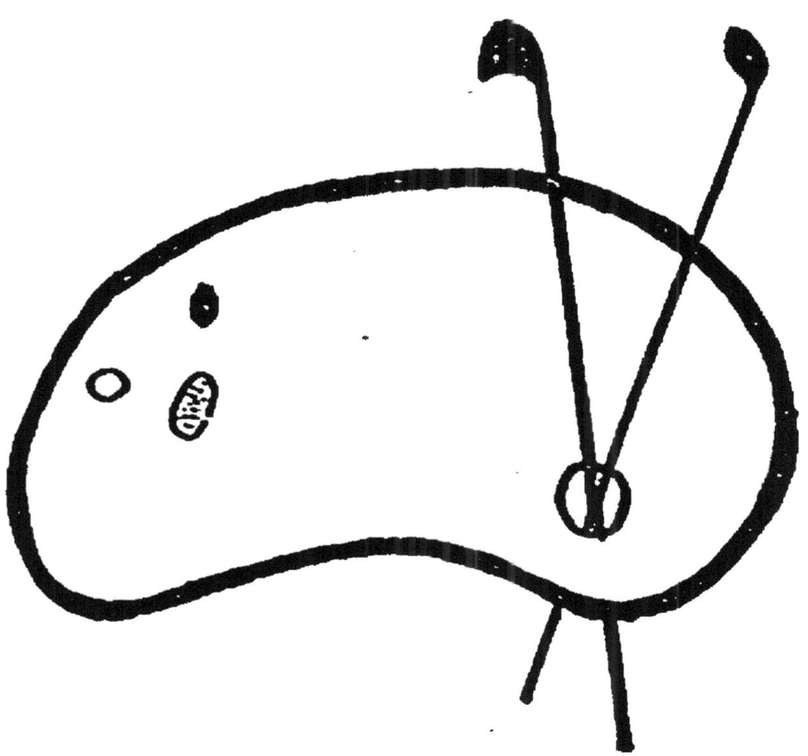

ORIGINAL EN COULEUR

NF Z 43-120-8

9 782013 658003